Brigitte Wallstabe-Watermann, Antonie Klotz,
Dr. Gisela Baur, Hans G. Linder

Anlegen mit ETF

Geld bequem investieren mit
ETF und Indexfonds

Stiftung Warentest

Inhaltsverzeichnis

- 4 Was wollen Sie wissen?

11 ETF verstehen
- 13 Was sind ETF? Der schnelle Überblick
- 22 ETF vertrauen auf wissenschaftliche Erkenntnisse

27 Grundregeln der Geldanlage
- 28 Mein großer Plan
- 33 Schluss mit falscher Geldanlage
- 42 Ohne Ziel kein Weg

45 Alle ETF im Überblick
- 46 Aktien-ETF: Es müssen nicht Dax oder Dow Jones sein
- 57 Renten-ETF sorgen für Stabilität
- 65 Spezial-ETF für besondere Anlageideen

67 Mein ETF-Plan
- 70 Bequem anlegen – die Pantoffel-Portfolios
- 76 Mit dem Pantoffel-Sparplan gut für das Alter vorsorgen
- 80 Geschenktes Geld vom Chef in ETF investieren
- 84 Im Alter noch sinnvoll anlegen
- 88 Nachhaltig und ethisch korrekt investieren mit ETF
- 94 Investieren in Krisenzeiten

97 Meinen ETF-Plan umsetzen
- 98 Gut und günstig – das passende Depot
- 103 Wie finde ich gute ETF?
- 108 Weitere Auswahlkriterien
- 113 ETF richtig kaufen
- 116 Das Depot richtig anpassen
- 118 Wenn ETF aufgelöst werden
- 119 ETF richtig versteuern

127 ETF für Fortgeschrittene
- 128 Geografisch: Länder und Regionen
- 134 Angesagt: Branchen und Themen
- 138 Trendig: Faktoren und Strategien
- 143 Andersartig: Rohstoffe und Edelmetalle
- 145 Kompakt: Paketlösungen

103 1. Wahl: Mit der Finanztest-Bewertung passende ETF finden

28 Das Terrassenmodell: Geld anlegen nach Plan

134 Eigene Ideen: Wie Sie mit ETF auf Themen und Trends setzen

Stiftung Warentest | Anlegen mit ETF

46 Aktien-ETF: Der Renditebaustein für Ihr Depot

70 Die Finanztest-Strategie: Ganz bequem zum Erfolg

98 Kosten: Mehr Ertrag mit einem günstigen Depot

147 Echte und vermeintliche Risiken
148 Kritik an der Konstruktion von ETF
150 Angst vor dem Herdenverhalten

156 Hilfe
156 Fachbegriffe erklärt
161 Die großen Indexanbieter
162 Die großen ETF-Anbieter
163 Die günstigsten Depotanbieter auf einen Blick
164 Die Kosten für ETF-Sparpläne
166 Diese ETF sind 1. Wahl
172 Stichwortverzeichnis
176 Impressum

Was wollen Sie wissen?

ETF? Das haben Sie schon mal gehört, aber können sich nicht viel darunter vorstellen? Mit diesem Buch möchten wir das ändern. Denn ETF sind für Privatanleger der ideale Weg, um damit langfristig Geld anzulegen und zu vermehren. Sie sind zugleich sicher, günstig, transparent und vielseitig einsetzbar. Aber sehen Sie selbst!

Was bedeutet eigentlich „ETF"?

Zugegeben, der Begriff klingt ziemlich technisch. Die Abkürzung ETF steht für „Exchange Traded Fund". Es handelt sich um börsengehandelte Indexfonds, eine Spielart von Investmentfonds. Diese sammeln das Geld vieler Anleger und stecken es dann in eine Vielzahl von Aktien, Anleihen & Co. ETF können Sie laufend an der Börse kaufen und verkaufen, Sie bleiben also flexibel. In aller Regel zeichnen ETF so genau wie möglich die Entwicklung eines Index wie zum Beispiel des Deutschen Aktienindex (kurz: Dax) nach: Legt der Dax um 6 Prozent zu, wird auch ein ETF auf den Dax 6 Prozent klettern. Es gibt ETF auf viele verschiedene Indizes, es gibt Aktien-ETF, Anleihen-ETF und vieles mehr. Die wichtigsten Formen stellen wir Ihnen in diesem Buch vor. Interessant zu wissen: Bestimmte ETF sind gerade für Privatanleger besonders gut geeignet. Denn sie sind einfach zu verstehen, kostengünstig und obendrein praktisch in der Handhabung. In diesem Buch erfahren Sie dazu alles Wissenswerte.

Sind ETF besser als „herkömmliche" Fonds?

Meist ja, wie die Statistiken belegen. Bei herkömmlichen Fonds entscheidet der Fondsmanager, in welche Wertpapiere er investiert. Einem Großteil der Manager gelingt es aber nicht, besser abzuschneiden als der Vergleichsindex – schon gar nicht dauerhaft. Kaum einer hatte zum Beispiel nach der Finanzkrise das Kunststück geschafft, sowohl im Kursabschwung als auch im rasch einsetzenden Aufschwung besser zu sein als der allgemeine Markttrend. Mit ETF schneiden Anleger dagegen immer genauso schlecht oder so gut ab wie der Markt. Auch weisen sie deutlich günstigere Gebühren auf als aktiv verwaltete Fonds. Je geringer die Kosten einer Anlage, desto mehr „Ware" bekommt man für sein Geld – und desto höher kann am Ende das Anlageergebnis ausfallen.

Ist es eine gute Idee, in einer Börsenkrise ETF zu kaufen?

Börsencrashs kommen leider immer wieder vor, wie die Geschichte lehrt. Doch noch jeder Börsencrash konnte in den vergangenen Jahrzehnten nach einigen Jahren wieder aufgeholt werden, und die Kurse kletterten weiter nach oben. Wenn Sie also eine langfristige Anlageperspektive haben und daher beabsichtigen, Ihr Geld mindestens zehn, besser noch 15 Jahre und länger zu investieren, spricht nichts dagegen, auch in unsicheren Börsenzeiten einzusteigen. Wichtig: Sie sollten für sich zuerst klären, wie viel Risiko Sie eingehen können und wollen, und dann Ihr Investment international möglichst breit streuen. ETF auf gut diversifizierte globale Aktienindizes sind dafür besonders geeignet. Wie Sie dabei am besten vorgehen und wie Sie sich ein gut strukturiertes ETF-Portfolio aufbauen, all dies erfahren Sie in diesem Buch.

Mein Bankberater hat mir noch nie ETF empfohlen. Warum?

Banken verdienen an ETF weniger: Beim Kauf eines ETF wird nur eine Ordergebühr wie bei Aktien fällig. Wenn Sie Kunde einer Direktbank sind, kostet Sie der Kauf von ETF-Anteilen im Wert von 5 000 Euro kaum mehr als 10 bis 20 Euro, bei Billiganbietern noch viel weniger. Bei herkömmlichen Fonds wird dagegen ein Ausgabeaufschlag fällig, der bei Aktienfonds schon mal 5 Prozent betragen kann. Im Beispiel wären das 250 Euro. Inzwischen räumen Direktbanken oft hohe Rabatte auf Ausgabeaufschläge ein. Ferner zahlen die Fondsgesellschaften den Banken jährlich Bestandsprovisionen dafür, dass deren Kunden ihre Fondsanteile behalten. Das gibt es bei ETF nicht, oder sie sind mickrig. Kurz gesagt: Banken haben mehr davon, wenn sie herkömmliche Fonds verkaufen.

Was ist der Vorteil von Aktien-ETF?

Die Deutschen sind traditionell als Aktienmuffel bekannt. Doch unzählige Studien belegen, dass auf lange Sicht Aktienanlagen die einträglichsten Renditen bringen. Denn nur über sie lässt sich an unternehmerischem Erfolg und am allgemeinen Wirtschaftswachstum auf einfache Art und Weise teilhaben. Mithilfe von ETF können Sie gleichzeitig in viele verschiedene Unternehmen und Branchen investieren. Wenn es dann mal bei ein paar der Firmen nicht so gut läuft, ist das nicht so schlimm, weil Sie Ihr Anlagerisiko breit gestreut haben. Wichtig ist aber, dass Sie Ihr Geld langfristig, also mindestens zehn Jahre oder länger, an der Börse zur Arbeit schicken. Denn kurzfristig kann es dort schon mal ordentlich krachen. Außerdem sollten Sie nicht Ihr gesamtes Geld in Aktienanlagen stecken. Mehr dazu finden Sie im Abschnitt „Aktien-ETF" ab S. 46.

Sind Aktien-ETF riskanter als herkömmliche Aktienfonds?

Nein. Aktien-ETF und von einem Fondsmanagement aktiv gemanagte Aktienfonds sind vom Risiko her vergleichbar – vorausgesetzt, sie sind im selben Anlagesegment unterwegs und legen die Kundengelder zum Beispiel an den Aktienbörsen weltweit an. Wenn es zu einem Crash kommt, wird ein ETF auf einen Weltaktienindex prozentual in etwa genauso viel an Wert einbüßen wie der Index selbst. Bei einem aktiv gemanagten Weltaktienfonds kann der Verlust noch viel höher ausfallen, aber auch geringer. Keiner kann Ihnen im Vorhinein sagen, ob Sie genau auf einen der meist wenigen Glückspilz-Fonds gesetzt haben. Bei ETF ist das anders – sie entwickeln sich immer so wie der Markt selbst. Mehr dazu „Was sind ETF? Der schnelle Überblick", S. 13.

Kann ich mit ETF bequem regelmäßig sparen?

ETF auf weltweite Börsenbarometer sind geradezu ideal, um auch als Börseneinsteiger regelmäßig und bequem Geld anzulegen – und auf diese Weise langfristig ein kleines oder großes Vermögen aufzubauen. Schon für geringe monatliche Anlagebeträge können Sie Ihr Geld damit sehr kostengünstig investieren. Vorausgesetzt, Sie haben einen langfristigen Anlagehorizont, sind Aktien-ETF als Sparplan höchst attraktiv. Auch deshalb, weil Sie anders als mit festen Verträgen den Plan jederzeit anpassen können: Sie können Ihre Raten erhöhen oder im Notfall auch aussetzen. Wie das ETF-Sparen genau funktioniert, erfahren Sie unter „Mit dem Pantoffel-Sparplan gut für das Alter vorsorgen", ab S. 76. Besonders einfach wird es, wenn Sie sich dabei am Konzept des Finanztest-Pantoffel-Portfolios orientieren. Mehr dazu siehe „Bequem anlegen", S. 70.

Sind ETF gut für die Altersvorsorge?

Unbedingt! Wenn Sie auf weltweit anlegende ETF setzen, haben Sie die Chance, zu sehr vertretbaren Kosten langfristig auskömmliche Renditen zu erzielen – und das bei langfristig überschaubarem Risiko. Näheres dazu erfahren Sie im Kapitel „Mein ETF-Plan", ab S. 67. Wichtig ist, dass Sie Ihre private Altersvorsorge möglichst frühzeitig angehen.

Wenn Sie dabei auch auf Aktien-ETF setzen, sollten Sie Ihr Geld mindestens zehn Jahre, besser 15 Jahre lang anlegen – und nicht unbedingt zu einem fixen Zeitpunkt das gesamte Geld benötigen. Denn sollte es an der Börse wieder einmal krachen, müssen Sie in der Lage sein, ein Tief aussitzen und auf höhere Kurse warten zu können.

Wie finde ich gute ETF?

Es gibt rund 1 800 ETF in Deutschland, auf den ersten Blick macht das die Suche nach einem oder zwei guten Papieren erst einmal schwer. Doch keine Sorge, wir haben das riesige Angebot für Sie gesichtet und stellen in diesem Buch eine Reihe solider ETF vor. Darunter finden Sie sicherlich welche, die Ihre Anforderungen erfüllen. Gut zu wissen: Finanztest stellt das komplette ETF-Angebot regelmäßig auf den Prüfstand. Dabei werden alle Fonds nach festen Kriterien gefiltert und beurteilt. Die geeignetsten jeder Fondsgruppe erhalten die Auszeichnung „1. Wahl". Eine Auswahl empfehlenswerter ETF haben wir für Sie in der Tabelle „Diese ETF sind 1. Wahl", ab S. 166 zusammengestellt. Weitere Erläuterungen zur Auswahl von passenden ETF finden Sie im ganzen Buch und insbesondere im Abschnitt „Wie finde ich gute ETF?" ab S. 103.

Wo kann ich ETF kaufen?

Der Name deutet es schon an: Exchange Traded Fund steht für börsengehandelter Fonds. ETF werden also wie Aktien an der Börse gehandelt. Sie müssen sich aber nicht selbst aufs Börsenparkett begeben. Als Allererstes benötigen Sie dazu ein Wertpapierdepot bei einer Filial- oder Direktbank – egal, ob Sie auf einmal eine größere Summe anlegen oder regelmäßig mithilfe eines Sparplans in ETF investieren möchten. Das Depot ist der Dreh- und Angelpunkt für all Ihre Geschäfte mit Wertpapieren. Sie sollten jedoch nicht das erstbeste wählen, denn es gibt beträchtliche Kostenunterschiede, die die Rendite Ihrer Anlage in ETF nachhaltig beeinflussen können. Wie Sie ein passendes und günstiges Depot finden und einrichten, erfahren Sie im Kapitel „Meinen ETF-Plan umsetzen", S. 97.

Kann ein ETF eigentlich pleitegehen?

Nein, ein ETF kann genauso wenig wie ein aktiv gemanagter Fonds pleitegehen. Das liegt daran, dass beide als „Sondervermögen" konstruiert sind. Das Sondervermögen gehört stets den Käufern der Fondsanteile. Die rechtlichen Vorgaben schreiben vor, dass dieses Sondervermögen immer getrennt vom Vermögen der Fondsgesellschaft oder des ETF-Anbieters bei einer Depotbank treuhänderisch verwaltet wird. Sollte die Fondsgesellschaft oder der ETF-Anbieter selbst Insolvenz anmelden müssen, bleibt daher das Vermögen der Anleger unberührt. Es ist und bleibt Eigentum der Kunden.

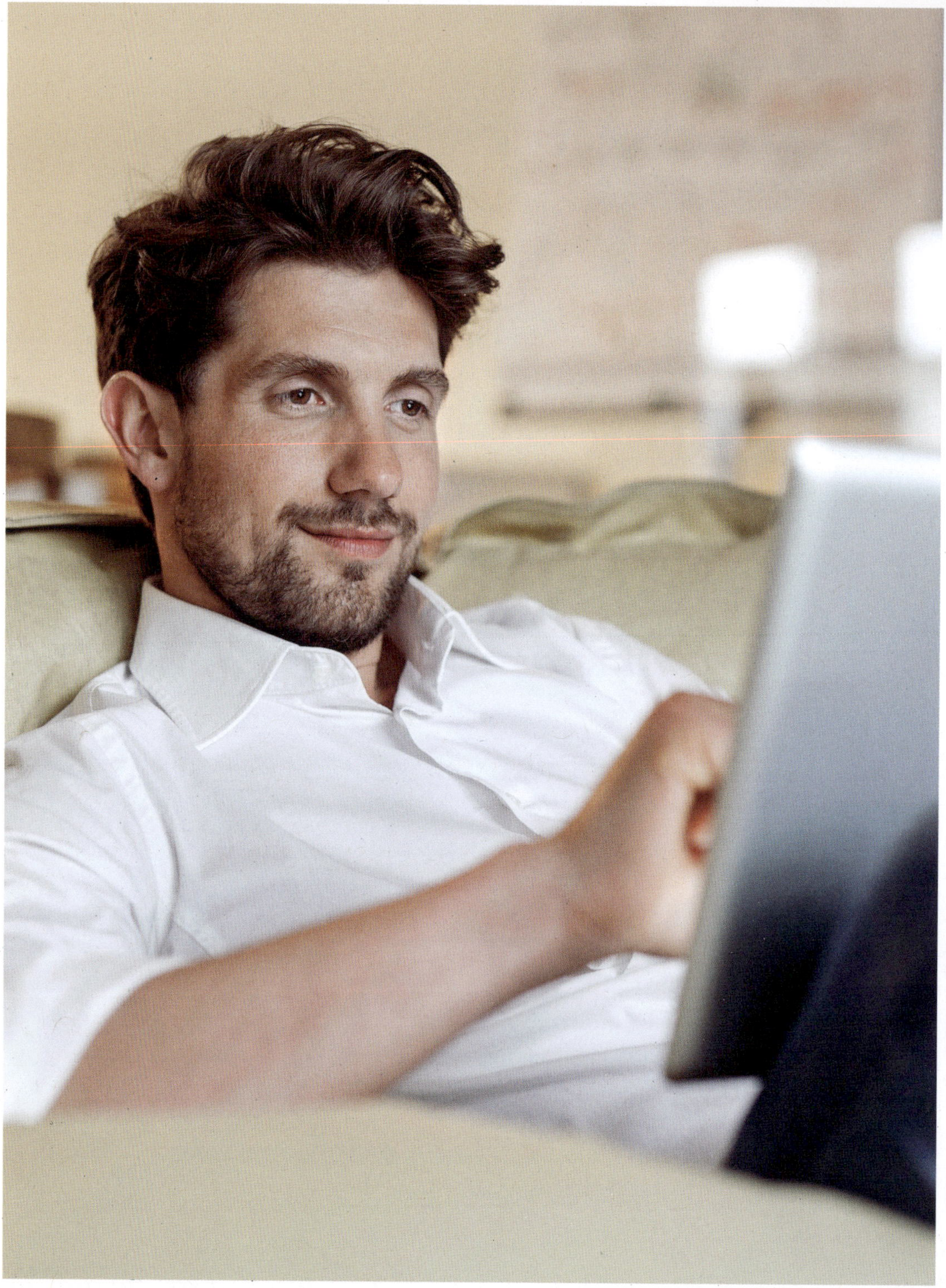

ETF verstehen

Indexfonds sind ideal für alle, die langfristig Vermögen aufbauen möchten – egal ob mit kleinen oder großen Beträgen. Denn ETF sind kostengünstig, flexibel, chancenreich und für Privatanleger einfach zu handhaben.

Große Enttäuschungen, das lehrt uns die Geschichte, waren oft Auslöser für bedeutende Veränderungen. Die „Erfindung" von Indexfonds für Privatanleger im Jahr 1976 ist ein Paradebeispiel dafür. Wie kam es dazu? John C. Bogle, der Chef einer amerikanischen Investmentgesellschaft, war frustriert, weil er und seine hoch bezahlten Fondsmanager es nicht geschafft hatten, mit ihren Fonds dauerhaft besser zu sein als das wichtigste US-Börsenbarometer, der Aktienindex Standard & Poor's 500. Für Bogle war klar: Es ist Zeit, neue Wege einzuschlagen.

So ähnlich mag es Ihnen auch gehen. Sie haben dieses Buch vermutlich gekauft, weil auch Sie Ihr Erspartes solide anlegen und mehren wollen. Gerade in Zeiten niedriger Zinsen ist dies wichtiger denn je. Und vielleicht haben Sie mit Ihren bisherigen Geldanlagen ähnliche Erfahrungen wie Bogle mit seinen Fondsmanagern gesammelt. Glückwunsch! Denn mit diesem Buch erfahren Sie alles Wesentliche zum Thema Exchange Traded Funds, kurz ETF – von den wichtigsten Grundregeln über die geeignete Strategie bis hin zum Kauf und der Verwaltung der passenden Produkte. Ganz unabhängig davon, ob Sie Anfänger in Sachen Geldanlage beziehungsweise ETF sind oder bereits erste Erfahrungen gesammelt haben: In diesem Buch finden Sie viele praktische Tipps zum Thema. So stellen wir auch

HÄTTEN SIE'S GEWUSST?

Es klappt leider viel zu selten, dass **Fondsmanager** dauerhaft ein glückliches Händchen beweisen und stets überwiegend die Aktien kaufen, die sich besonders gut entwickeln.

Der US-Indexanbieter S & P Dow Jones Indices kommt in einer Studie zu dem Ergebnis, dass in den 10 Jahren bis Mitte 2019 nur 12,1 Prozent aller aktiv gemanagten US-Aktienfonds das Kunststück gelungen ist, ihren Vergleichsindex zu schlagen.

In Europa schafften dies im gleichen Zeitraum sogar nur 8 Prozent der Fonds mit Schwerpunkt Eurozone.

passende ETF vor, damit Sie sich aufwendiges Suchen sparen können.

Doch bevor wir uns all diesen Aspekten widmen, gilt es zwei Fragen zu klären: Was ist ein ETF, und was unterscheidet ihn von einem „normalen" Fonds? Rein formal betrachtet sind beide Sondervermögen, die von einer Investmentgesellschaft verwaltet werden. Ein Sondervermögen stellt man sich am besten wie eine große Geldsammelbox vor – und jedem Fondsinhaber gehört ein Stückchen davon. Während sich bei einem herkömmlichen Fonds ein Team von Managern überlegt, wie es das Geld in der Box investiert, kommen in die ETF-Kiste sozusagen einfach nur die Papiere, die einem Wertpapierindex zugehörig sind.

Ein Index bildet die Entwicklung eines Wertpapiermarktes ab. Am bekanntesten sind Aktienindizes, aber es gibt auch Anleihen- oder Rohstoffindizes. Der Anbieter eines Index legt fest, welche Werte in einem Index vertreten sind. Im Deutschen Aktienindex Dax sind das zum Beispiel die 30 größten börsennotierten deutschen Firmen. Da sich für ein Indexinvestment wie ETF keine hoch bezahlten Manager den Kopf zerbrechen, welche Papiere gekauft werden sollen, sondern dies durch den Index vorgegeben ist, sind die Kosten weitaus niedriger. Und da trotz umfangreicher Analysen die Profis meist nicht schlauer sind als der Markt und daher häufig keine bessere Auswahl treffen, bleibt am Ende bei ETF nun mal für die Fondskäufer mehr übrig.

Genau das hatte Bogle Mitte der 70er-Jahre erkannt. Er gründete eine neue Fondsgesellschaft, nannte sie „Vanguard" und wies seine Mitarbeiter an, künftig auf eine aktive Aktienauswahl völlig zu verzichten und nur noch den S&P 500-Index „passiv" nachzubilden. Alle 500 dort gelisteten Aktien sollten exakt nach ihrem Gewicht im Index gekauft und die Aufteilung beibehalten werden, egal ob es mit den Kursen auf- oder abwärts ging. Mit seinem neuen Indexfonds gab er privaten Anlegern erstmals die Möglichkeit, äußerst kostengünstig in den Aktienmarkt einzusteigen. Denn sein Indexfonds auf den amerikanischen Leitindex, der „Vanguard 500 Index Fund" entwickelte sich genau wie der Standard & Poor's 500-Index. Der Vanguard-Chef war überzeugt davon, dass sein neuer Fonds langfristig klar besser laufen würde als die Mehrzahl der aktiv gemanagten Konkurrenzprodukte. Anleger mussten also nicht mehr auf die relativ geringe Chance wetten, einen der wenigen Fonds zu erwischen, die dauerhaft bessere Ergebnisse als ihr Vergleichsmaßstab erzielen. Bogle beschrieb das Prinzip später so: „Suche nicht die Nadel im Heuhaufen, kaufe einfach den Heuhaufen."

Was sind ETF? Der schnelle Überblick

Mit ETF können Sie einfach einen kompletten Börsenindex kaufen – das bringt oft weit bessere Erträge als die meisten Fonds, die aktiv von Experten gemanagt werden.

Anders als herkömmliche Fonds verzichten Indexfonds darauf, vermeintliche Gewinneraktien auszuwählen. Sie suchen nicht nach günstigen Kauf- und Verkaufszeitpunkten, betreiben also kein „Timing". Ob es raufgeht mit den Kursen oder runter, ist einem Indexfonds egal, er bleibt mit seinem gesamten Anlagevermögen investiert. Klettert der Index um 3 Prozent, legt auch ein Indexfonds um 3 Prozent zu, fällt er um 3 Prozent, gibt er entsprechend um 3 Prozent nach. Mit dieser sturen Nachbildung schnitt der Vanguard 500 schon bald besser ab als die meisten seiner aktiven Konkurrenten – übrigens auch als die meisten Privatanleger, die ihr Depot mit Einzelaktien bestücken. Das bessere Abschneiden ist aber nur einer von mehreren

5 WICHTIGE VORTEILE VON ETF

1 Breite Streuung. Sie reduziert das Risiko und erhöht langfristig den Ertrag, da Anleger mit einem einzigen Produkt komplette Aktien- und Anleihenmärkte nachbilden können.

2 Geringe Kosten. Sie lassen vom Ertrag der Kapitalanlagen netto mehr übrig als normale Fonds, da die Gebühren bei Kauf und Verkauf sowie auch die laufenden Kosten günstiger ausfallen.

3 Bessere Performance. Sie bringen langfristig mehr Ertrag als vergleichbare Investments, wie zahlreiche Studien belegen.

4 Laufender Börsenhandel. Er sorgt für hohe Liquidität und Flexibilität, da Käufe und Verkäufe jederzeit getätigt werden können.

5 Transparenz. Die Index-Nachbildung bringt Berechenbarkeit, weil die Bestandteile eines Börsenbarometers stets einsehbar sind und der Kurs sich immer nahezu parallel zum Indexverlauf bewegt.

Vorteilen von ETF („5 wichtige Vorteile" links): Ein weiterer Vorzug ist, dass ein Indexfonds auf den S&P 500 breit gestreut ist. Er vereint 500 Aktien aller wichtigen Branchen, während aktiv gemanagte Fonds selten mehr als 50 bis 100 Einzeltitel halten, private Anleger in der Regel noch viel weniger. Das senkt potenziell das Risiko. Denn Diversifikation, wie Streuung in der Fachsprache heißt, hat sich als beste Methode erwiesen, um allzu heftige Kursausschläge eines Aktiendepots zu dämpfen.

Die Hoffnung Bogles, mit seinem Indexfonds schnell Erfolg bei Anlegern zu haben, wurde allerdings bitter enttäuscht. Von einigen Kritikern wurde er für verrückt erklärt. Manche warfen ihm sogar „unamerikanisches Verhalten" vor, weil er sich mit Durchschnittserträgen zufriedengab und nicht den Ehrgeiz entwickelte, den Aktienindex übertrumpfen zu wollen. Unterstützung erhielt Bogle von Wissenschaftlern, die aufgrund ihrer Forschungsergebnisse Indexfonds als überlegene Anlageinstrumente ansehen. Sie ermunterten ihn daher weiterzumachen.

Erst nach und nach wurde Bogle ernst genommen, und sein Indexfonds wurde tatsächlich zur Vorhut – wie die deutsche Übersetzung von „Vanguard" lautet – einer weltweiten Entwicklung hin zum passiven Investieren, dem „Indexing".

Einen entscheidenden Zusatzschub erhielt seine Idee 1993, als die US-Gesellschaft State Street erstmals einen Indexfonds an

> **Gut zu wissen**
>
> **ETF sind börsengehandelte Indexfonds.** Sie bilden einen vorher festgelegten Börsenindex – wie den Dax – nach. Im Gegensatz zu aktiv gemanagten Fonds „wetten" sie nicht, dass bestimmte Aktien oder Anleihen besser laufen als der Durchschnitt, und sie investieren das Geld der Anleger immer komplett, egal ob die Börsenkurse steigen oder fallen.

die Börse brachte. Er wird genauso gehandelt wie Aktien, deshalb erhielt er den Namen Exchange Traded Fund, übersetzt börsengehandelter Fonds und abgekürzt ETF. Dieser ETF bildete den US-Aktienindex S&P 500 nach. Der SPDR S&P 500 ETF, ausgesprochen „Spider" (Spinne), ist seit Jahren der größte ETF der Welt. Anfang 2020 verwaltete er rund 320 Milliarden US-Dollar.

Ein zusätzlicher Schub für Indexfonds kam nach der Finanzkrise 2008. Großanleger wie Versicherungen, Pensionsfonds und Stiftungen erkannten zunehmend die Vorzüge des Indexing, und auch Privatanleger entdeckten ETF. Der Börsencrash und der anschließende Wiederaufschwung der Kurse hatten den Anlegern vor Augen geführt, dass es nur wenigen Profis gelungen war, sowohl im Abschwung als auch im folgenden Aufschwung besser abzuschneiden als der Markt. Diejenigen, die frühzeitig Aktien verkauft und damit einen Teil der Crash-Verluste vermieden hatten, stiegen meistens zu spät wieder ein, als die Kurse ab März 2009 steil nach oben schossen.

> ❝ **Investiere 10 Prozent in kurzfristige Staatsanleihen und 90 Prozent in einen günstigen S&P-Indexfonds.**
>
> Warren Buffett

Bogles Vision hat sich zwar spät, aber dafür umso beeindruckender erfüllt. Ende 2019 umfasste der weltweite Markt für ETF und ETF-ähnliche Papiere ein Volumen von rund 6,3 Billionen US-Dollar. Sogar der Milliardär Warren Buffett, der als erfolgreichster aktiver Investor der vergangenen Jahrzehnte gilt, adelte ihn mit dem Rat an seine Erben: „Investiere 10 Prozent in kurzfristige Staatsanleihen und 90 Prozent in einen günstigen S&P 500-Indexfonds. (...) Ich bin überzeugt, dass diese Investmentstrategie langfristig zu Ergebnissen führen wird, die die Mehrheit der anderen Investoren in den Schatten stellen werden, die hoch dotierte Vermögensverwalter beschäftigen."

In Deutschland sind für Privatanleger Indexfonds fast ausschließlich in der börsengehandelten Form als ETF erhältlich. Die Premiere ist noch nicht so lang her. Erstmals zugelassen wurden sie im April 2000 –

HÄTTEN SIE'S GEWUSST?

Ende 2016 betrug der Wert aller Anlagen in ETF weltweit 3,42 Billionen Dollar, 2019 waren es bereits 6,3 Billionen – ein Plus von rund 85 Prozent binnen drei Jahren.

Rund 80 Prozent der 6,3 Billionen Dollar verwalteten die drei größten ETF-Anbieter der Welt, die US-Investmentfirmen BlackRock (in Deutschland iShares), Vanguard und State Street.

In Europa betrug Ende 2019 der Wert aller Anlagen in ETF gut eine Billion Dollar. Das entspricht weniger als einem Viertel des amerikanischen ETF-Marktes.

Ende 2016 lag die Zahl aller ETF-Produkte weltweit bei 4 808, Ende 2019 waren es über 7 800. In Deutschland konnten Anleger Anfang 2020 aus rund 1 800 Aktien- und Anleihen-ETF wählen.

Quellen: ETFGI, BlackRock, Deutsche Börse AG

---

bis Anfang 2020 kletterte die Zahl der an der Frankfurter Börse gehandelten ETF auf rund 1 800. Anders als klassische Fonds, für die es von der Fondsgesellschaft täglich nur einen offiziellen Preis gibt, werden ETF an der Börse wie Einzelaktien fortlaufend gehandelt.

Wie aber funktionieren ETF überhaupt? Und was sollten Sie als Anleger wissen, wenn Sie sich dafür interessieren? Der sperrige Begriff ETF steht ja für „Exchange Traded Funds", also börsengehandelte Indexfonds. Sie weisen drei Hauptmerkmale auf: Sie folgen einem Index, sind Fonds und börsengehandelt. Was hat es damit auf sich? Fangen wir mit dem Index an, denn um ihn dreht sich alles.

Nur wenige Indizes eignen sich als Basis fürs Depot

ETF kopieren eine große Zahl an Börsenbarometern aus aller Welt. Wie aber funktioniert die Nachbildung? Und warum weisen weltweite Indizes für viele Privatanleger große Vorteile auf?

Wenn Sie sich darüber informieren wollen, wie sich die Aktienkurse in Deutschland entwickeln, schauen Sie vermutlich, wo der Deutsche Aktienindex, kurz Dax, steht. Der deutsche Leitindex spiegelt die durchschnittliche Kursentwicklung der 30 wichtigsten deutschen börsennotierten Unternehmen wider, von A wie Adidas bis W wie Wirecard. Am Dax lässt sich auf einen Blick der Börsentrend erkennen. Die Wertentwicklung eines bestimmten Zeitabschnitts – zum Beispiel eines Jahres – kann man dann ganz einfach durch den Vergleich von zwei Zahlen errechnen. Ausgangspunkt des Dax ist der 31. Dezember 1987, für diesen Tag wurde sein Niveau mit 1 000 Punkten festgelegt. Bis Mitte April 2020 kletterte er auf rund 10 700 Zähler, sein Wert hat in diesen gut 30 Jahren also mehr als das Zehnfache erreicht.

Da jeder ETF einen Börsenindex nachbildet, ist die Wahl des geeigneten Index ganz besonders wichtig, denn der Anlageerfolg hängt überwiegend davon ab. Das Börsenbarometer bestimmt die Chancen und Risiken des ETF. Erst später geht es darum, welche ETF-Anbieter die besten Produkte auf den jeweiligen Index offerieren.

Woraus ein Index genau besteht, können Sie leicht nachvollziehen, da die Regeln transparent sind und Sie die Zusammensetzung im Internet und in anderen Medien jederzeit verfolgen können. Wir haben die wichtigsten Informationen zu sinnvollen Indizes für Sie zusammengestellt. Die Übersicht finden Sie im Kapitel „Alle ETF im Überblick", ab S. 45.

Für die Börsentendenz in Deutschland ist der Dax zwar das wichtigste Barometer, aber als Basis für einen ETF weist er erhebliche Mängel auf – zumindest mit Blick auf die Bedürfnisse langfristig orientierter Privatanleger: Er ist auf ein Land beschränkt und mit nur 30 enthaltenen Aktiengesellschaften nicht breit gestreut.

Mit einem ETF über 1 600 Aktien aus 23 Ländern kaufen

Indizes, die eine Vielzahl an Aktien oder Anleihen aus verschiedenen Ländern und Branchen enthalten, eignen sich deshalb besser als ETF-Basisinvestments. Finanztest versteht darunter Indizes, die in ihrem Anlagesegment keiner Ergänzung bedürfen.

Das beste Beispiel dafür ist der MSCI World, der mehr als 1 600 Aktien großer und mittlerer Unternehmen aus 23 Industrieländern umfasst und Wertpapiere aus allen wichtigen Branchen enthält (siehe die Grafik „Die Branchengewichtung im MSCI World" auf S. 18). Er erfüllt damit alle Bedingungen für ein Basisinvestment. Noch besser geeignet ist der MSCI All Country World (ACWI), der zusätzlich noch die wichtigsten Aktien des Schwellenländer-Index MSCI Emerging Markets umfasst und insgesamt mehr als 3 000 Aktien aufweist.

Die meisten ETF-Anbieter in Deutschland verwenden die Indizes des Indexanbieters MSCI, wenn sie einen Weltindex nachbilden. Aber es gibt auch einen großen Konkurrenten: FTSE Russell. Zu diesem Indexanbieter, der zur Gruppe der Londoner Börse gehört, ist 2012 der ETF-Pionier Vanguard gewechselt. Ihm waren die Gebühren, die MSCI verlangt hat, zu hoch. Das Pendant zum MSCI World ist der FTSE Developed World, zum MSCI Emerging Markets der FTSE Emerging Markets und zum MSCI ACWI der FTSE All World. Diese drei FTSE-Indizes beinhalten sogar noch einige

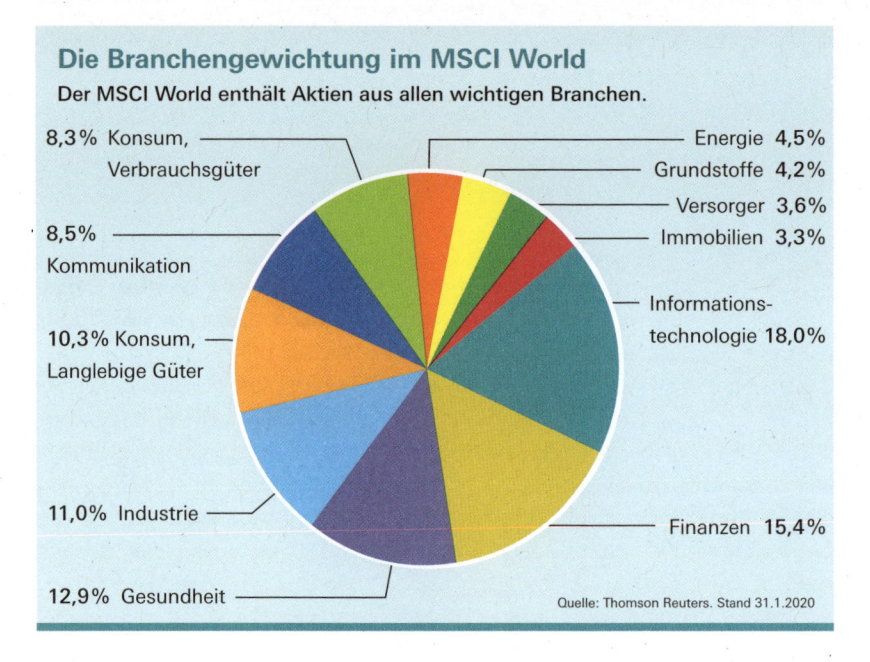

Die Branchengewichtung im MSCI World

Der MSCI World enthält Aktien aus allen wichtigen Branchen.

- 8,3 % Konsum, Verbrauchsgüter
- 8,5 % Kommunikation
- 10,3 % Konsum, Langlebige Güter
- 11,0 % Industrie
- 12,9 % Gesundheit
- Energie 4,5 %
- Grundstoffe 4,2 %
- Versorger 3,6 %
- Immobilien 3,3 %
- Informationstechnologie 18,0 %
- Finanzen 15,4 %

Quelle: Thomson Reuters. Stand 31.1.2020

Hundert Aktien mehr als die entsprechenden MSCI-Indizes. Die Renditeentwicklung verlief in den vergangenen Jahren nahezu parallel zu derjenigen der MSCI-Indizes. Da Vanguard einen Teil seiner ETF Ende Oktober 2017 an der Frankfurter Börse eingeführt hat, spielen die FTSE-Indizes seither auch in Deutschland eine größere Rolle.

Gute ETF auf die Welt-Indizes von MSCI und FTSE finden Sie im Kapitel „Alle ETF im Überblick" ab S. 45. Neben ETF auf diese globalen Börsenbarometer gibt es zahlreiche ETF auf Aktienindizes von Ländern, Regionen, Branchen und zunehmend auch auf Themen und Strategien. Mehr dazu erfahren Sie im Kapitel „ETF für Fortgeschrittene" ab S. 127.

Das Geld der Anleger ist gut geschützt

In „Indexfonds" steckt auch das Wort „Fonds". Es deutet darauf hin, dass ETF enge Verwandte von aktiven Investmentfonds sind. Die wichtigste Gemeinsamkeit ist die gleiche Konstruktion als Sondervermögen, denn sie bürgt für Sicherheit. Warum? Bei Sondervermögen gehören die Vermögenswerte den Käufern der Anteile an Fonds oder ETF. Es muss „abgesondert" vom Vermögen der Fondsgesellschaft bei einer Depotbank verwahrt werden, im Fachjargon heißt das treuhänderische Verwaltung. Die Depotbank wacht darüber, dass die Fondsgesellschaft das Vermögen der Kunden nicht für eigene Zwecke verwenden kann.

Damit ist sichergestellt, dass das Sondervermögen im Falle von Verlusten oder gar einer Insolvenz der Investmentgesellschaft vor dem Zugriff der Fondsgesellschaft und deren Gläubigern geschützt ist. Das Sondervermögen ist und bleibt immer im Eigentum der Kunden, egal was passiert. Da ETF rechtlich Investmentfonds sind, werden auch bei ihnen die Anteile der Anleger als Sondervermögen strikt getrennt vom Vermögen der ETF-Anbieter aufbewahrt.

Ein ETF-Anleger trägt also nur das Risiko der Anlagen, die im Fonds stecken, aber nicht das Risiko, dass der ETF-Anbieter pleitegehen könnte.

ETF entwickeln sich meist besser als aktiv gemanagte Fonds

Wie herkömmliche Fonds eignen sich ETF besonders gut für Sparpläne, also fürs regelmäßige Anlegen. Das wird vor allem für die Altersvorsorge immer wichtiger. Aber auch bei anderen langfristigen Sparzielen, etwa beim Sparen für die Ausbildungskosten der Kinder oder Enkel, sind sie eine gute Wahl. Bei langfristigen Sparplänen wirken sich Renditeunterschiede aufgrund des Zinseszinseffekts gravierend aus – je länger die Anlagedauer ist, umso mehr.

→ Der Zinseszins

Der Zinseszinseffekt ist einer der wichtigsten „Verbündeten" von Sparern. Erhält ein Anleger auf sein investiertes Geld eine Zinszahlung, die der Sparsumme hinzugefügt wird, wird die Zinszahlung beim nächsten Zahlungstermin mitverzinst. Auf diese Weise mehrt sich das Geld schneller als ohne Zinseszinseffekt. Je länger man spart, desto stärker kommt der Effekt zum Tragen.

Eine für jeden Sparer leicht nachvollziehbare Möglichkeit, mit ETF langfristig Vermögen aufzubauen, stellt das Pantoffel-Portfolio der Stiftung Warentest dar, das im Kapitel „Mein ETF-Plan" ab S. 70 ausführlich beleuchtet wird.

Wenn Sie in einen ETF-Sparplan investieren, bleiben Sie, anders als beispielsweise bei einer Kapitallebensversicherung, jederzeit flexibel. Sie können die Sparrate monatlich oder in einem anderen Intervall überweisen und die Höhe beliebig anpassen. Wenn sich die Lebens- oder Einkommenssituation ändert, kann man auch einmal eine Weile ganz pausieren. Neben diesen Gemeinsamkeiten von ETF mit klassischen Investmentfonds gibt es aber wichtige Unterschiede.

▶ **Langfristig** schneiden ETF im Schnitt besser ab als aktiv gemanagte Fonds. Es gibt zahlreiche Untersuchungen, die dies belegen. Das gilt, weil die Kosten deutlich niedriger sind. ETF sind nicht nur in der Anschaffung wesentlich günstiger, sondern auch im Bestand: So weisen Standard-ETF pro Jahr Gesamtkosten von unter 0,1 Prozent bis ca. 0,5 Prozent auf. Aktive Aktienfonds dagegen berechnen im Durchschnitt 1,5 bis 2,0 Prozent. Auch die fondsinternen Handelskosten sind bei Standard-ETF viel niedriger, weil es in Indizes nur selten und meist nur kleine Anpassungen gibt. Langfristig summiert sich der Kostenvorteil zu erheblichen Beträgen.

▶ **Die Transparenz** ist bei ETF größer als bei aktiven Fonds. Da ETF Indizes nachbilden, deren Zusammensetzung und

Gewichtung jederzeit einsehbar sind, haben Anleger stets den Überblick. Bei aktiven Fonds wissen Anleger dagegen nicht, welche Wertpapiere das Management gerade kauft oder verkauft. Das erfahren sie bestenfalls im Nachhinein. Und sie sind nie vor Fehlentscheidungen der Fondsmanager gefeit, die viel Ertrag kosten können. Allerdings werden ETF den Index, den sie nachbilden, nie schlagen, wie es einer Minderheit der aktiven gemanagten Fonds mittel- und langfristig gelingt.

Wie lässt sich der Index nachbilden?

Wie werden ein Index und ein Fonds zum Indexfonds? Ganz einfach, könnte man meinen, indem alle Bestandteile eines Börsenindex eins zu eins gekauft werden und in das Sondervermögen übergehen. So hat es John Bogle 1976 vorgehabt, als er den ersten Indexfonds aus der Taufe hob. Seine Methode nennt sich daher „physische Nachbildung". Aber es gibt auch andere Möglichkeiten der Indexnachbildung, die ihre eigenen Vorzüge und Nachteile aufweisen. Details dazu erfahren Sie im Abschnitt „Weitere Auswahlkriterien" ab S. 108.

Dividenden – auszahlen lassen oder ansammeln?

Einen erheblichen Teil der Erträge von Aktien steuern Dividenden, die regelmäßigen Ausschüttungen der Unternehmen, bei.

> **Gut zu wissen**
>
> **Wo können sich Anleger** am besten über einzelne ETF schlau machen und sie miteinander vergleichen? Gesetzlich vorgeschrieben sind die „Wesentlichen Anlegerinformationen", die im Internet auf der Homepage der Anbieter abrufbar oder bei Banken erhältlich sind. Sie müssen auf zwei Seiten die wichtigsten Fakten des ETF detailliert darlegen. Daten zur Fondszusammensetzung, den Kosten, der Anlagewährung, der Wertentwicklung in Fondswährung und der Behandlung von Dividenden stehen in den Factsheets, die meistens einmal monatlich aktualisiert werden und ebenfalls im Internet einsehbar sind. Noch einfacher: Die Stiftung Warentest bietet die wichtigsten Daten für viele Fonds und ETF gegen eine geringe Gebühr unter test.de/fonds.

Nach verschiedenen Untersuchungen machen sie je nach Land und Zeitraum langfristig zwischen einem Drittel und der Hälfte der Gesamterträge aus. Auf Dividenden haben ETF-Besitzer den vollen Anspruch. Denn ETF sind ja, wie wir gehört haben, Sondervermögen, die hundertprozentig den Käufern gehören.

Aber was passiert mit den Dividenden? Es gibt, wie bei aktiven Fonds, zwei Möglichkeiten: Sie werden regelmäßig an die Anleger ausgezahlt – von jährlich bis zu viermal pro Jahr –, oder sie werden automatisch wieder im ETF angelegt und erhöhen entsprechend den Wert des ETF. Der erste Weg wird als „ausschüttend" bezeichnet, der zweite als „thesaurierend".

Wer auf laufende Zahlungen Wert legt, kann ausschüttende ETF wählen, wer dagegen einen langfristigen Vermögensaufbau im Sinn hat – etwa für die Altersvorsorge –, fährt mit der thesaurierenden Variante besser. Denn die Erträge werden ohne Transaktionskosten umgehend wieder angelegt und erhöhen damit den Anlagebetrag. Der Zinseszinseffekt sorgt dafür, dass sich das Wachstum des Kapitals durch die Thesaurierung beschleunigt, je länger die Erträge wieder angelegt werden, umso mehr.

ETF werden wie Aktien an der Börse laufend gehandelt

Was ist beim Börsenhandel, dem dritten Bestandteil des Namens „börsengehandelter Indexfonds", zu beachten? ETF werden wie Aktien an der Börse gehandelt, in Deutschland am häufigsten auf der vollelektronischen Handelsplattform Xetra, die der Deutschen Börse gehört.

Das geht so einfach und schnell wie beim Kauf einer Aktie oder Anleihe. Keine Sorge, Sie als Privatanleger müssen nicht selbst an der Börse handeln. Sie bräuchen dafür einen Vermittler, zum Beispiel eine Bank. Viele praktische Tipps zum Handel oder warum Sie jeden Auftrag limitieren sollten, finden Sie im Abschnitt „ETF richtig kaufen" ab S. 113.

→ Beispielrechnung: Mit ETF die Kosten im Griff behalten

Angenommen, ein aktiv verwalteter Fonds schneidet im reinen Anlageergebnis exakt gleich gut ab wie ein ETF und erzielt im Schnitt 7,5 Prozent Rendite pro Jahr. Setzt man bei einem ETF relativ hohe Kosten von 0,5 Prozent an, werden daraus 7,0 Prozent, bei einem aktiven Fonds mit relativ günstigen 1,5 Prozent Kosten dagegen nur 6,0 Prozent. Mit dem ETF kommen Anleger bei einer Anlagesumme von 10 000 Euro nach zehn Jahren auf 19 671,51 Euro, mit dem aktiven Fonds nur auf 17 908,48 Euro. Das heißt, der Kostenvorteil des ETF von einem Prozentpunkt bewirkt, dass der ETF-Anleger 1 763,03 Euro mehr im Depot hat. Da gilt das Sprichwort: „Kleine Ursache, große Wirkung". Der Zinseszinseffekt macht sich hier stark bemerkbar.

Die Kosten Ihres Investments gehören zu den Einflussfaktoren, die Sie weitgehend selbst bestimmen können, denn sie sind im Voraus bekannt und beeinflussen das Anlageergebnis – die Performance – ganz entscheidend. Es macht eben einen Unterschied, ob die Kosten 20 Prozent der Durchschnittsrendite aufzehren, wie in unserem Beispiel für den aktiven Aktienfonds, oder 6,7 Prozent für einen ETF. Bei Anleihen-ETF spielen die Kosten eine noch größere Rolle für das Gesamtergebnis, weil die Zinsen derzeit so niedrig sind, dass ein oder zwei Zehntelprozentpunkte Mehrkosten einen erheblichen Teil der Rendite vernichten.

ETF vertrauen auf wissenschaftliche Erkenntnisse

Namhafte Wirtschaftsforscher haben die Grundlagen für die „Erfindung" der Indexfonds geschaffen. Und sie haben wesentlich zur Weiterentwicklung des ETF-Angebots beigetragen.

John C. Bogle ist zwar so etwas wie der „leibliche Vater" von Indexfonds für Privatanleger. Aber es gibt auch einen „geistigen Vater": Professor Paul A. Samuelson, der 1970 als erster US-Amerikaner mit dem Nobelpreis für Wirtschaft (genauer: Alfred-Nobel-Gedächtnispreis) ausgezeichnet worden ist. Er hatte 1974 in einem wissenschaftlichen Beitrag gefordert, jemand solle doch einen Investmentfonds auflegen, der einfach nur passiv den breiten US-Aktienindex S&P 500 nachbildet. Er war sich sicher: Nach Abzug der Kosten werde es kein aktiver Anleger auf Dauer schaffen, den Index zu schlagen.

Bogle schilderte viele Jahre später, dass ihm diese Herausforderung keine Ruhe gelassen habe, bis er mit dem Vanguard 500 Index Fund dann 1976 Samuelsons Wunsch erfüllen konnte. Der Nobelpreisträger lobte Bogle kurz danach in einer Kolumne im Wirtschaftsmagazin „Businessweek" überschwänglich: „Meine Gebete wurden früher als erwartet erhört." Fast 30 Jahre später legte Samuelson augenzwinkernd noch eine Schippe drauf: „Ich stufe Bogles Erfindung von Indexfonds gleichrangig ein mit der Erfindung des Rads, des Alphabets, Gutenbergs Buchdruck sowie gutem Wein und Käse", pries er ihn in einem Vortrag.

Der Wirtschaftsprofessor hatte seine Forderung nach einem Indexfonds mit den Ergebnissen seiner eigenen wissenschaftlichen Forschungen und denen anderer Ökonomen zur „Modernen Portfoliotheorie" (MPT) begründet. Samuelson, der von der

„New York Times" nach seinem Tod 2009 in einem Nachruf als „führender Wirtschaftswissenschaftler des 20. Jahrhunderts" gewürdigt wurde, hat die Moderne Portfoliotheorie maßgeblich weitergedacht.

Entwickelt hatte die MPT aber bereits 1952 Harry Max Markowitz, der dafür 1990 den Nobelpreis erhielt. Sie bildet die Grundlage für zahlreiche Forschungsarbeiten über die Grundregeln der Kapitalanlage und die Wirkungsweise der Finanzmärkte – und ist zur Basis des passiven Investierens geworden. Markowitz hatte erstmals den wissenschaftlichen Nachweis erbracht, dass Diversifikation, also Streuung der Investments auf verschiedene Anlagen, einen positiven Effekt auf das Risiko und die Rendite eines Portfolios ausübt. Wenn Anleger ihr Vermögen auf verschiedene Anlagen verteilen, bewirkt das auf der Ertragsseite einfach nur, dass die Renditen der Anlagen gemittelt werden. Die Risiken hingegen werden dadurch tatsächlich sogar überproportional reduziert. Die Diversifikation verbessert also das Rendite-Risiko-Verhältnis.

> **Diversifikation ist das Einzige, was es an der Börse umsonst gibt.**
>
> Harry Max Markowitz

Die einzelnen Vermögenswerte sollten, wie es in der Fachsprache heißt, möglichst wenig miteinander korreliert sein: Ihre Wertentwicklung sollte sich also nicht gleichgerichtet entwickeln, sondern unterschiedlich auf wirtschaftliche, finanzielle und politische Einflüsse reagieren. Salopp gesagt: Ein Hersteller von Sonnencreme profitiert von einer lang anhaltenden Schönwetterperiode, ein Regenschirmhersteller dagegen von schlechtem Wetter. Wer als Anleger auf beide Produzenten setzt, macht sich von Wettereinflüssen weitgehend unabhängig.

Es macht daher laut Markowitz wenig Sinn, ein Depot aufzubauen, das vorwiegend aus Autoaktien oder Bankwerten verschiedener Länder besteht. Viel besser ist es, das Geld auf viele Branchen und Länder aufzuteilen.

Hier sind ETF ideal, da es kostengünstige Indexfonds für eine große Zahl von Anlageklassen gibt, also für verschiedene Märkte (Aktien, Anleihen, Rohstoffe), Regionen, Branchen, Strategien und Anlageformen. Mehr dazu erfahren Sie im Kapitel „ETF für Fortgeschrittene" ab S. 127. „Diversifikation ist das Einzige, was es an der Börse umsonst gibt", brachte Markowitz seine Erkenntnisse auf einen griffigen Nenner.

Was meinte er damit? Ein gut diversifiziertes Portfolio hat immer ein besseres Rendite-Risiko-Verhältnis als einzelne Bausteine daraus – seien es einzelne Aktien, Länder oder Branchen. Und das Rendite-Risiko-Verhältnis ist die Größe, auf die es am Ende ankommt, wenn man Geldanlagen bewerten und vergleichen möchte. Nur dank

HÄTTEN SIE'S GEWUSST?

Die drei Wissenschaftler Dimson, Marsh und Staunton von der London Business School berechnen seit vielen Jahren die realen, also inflationsbereinigten Erträge von Aktien, Anleihen und kurzfristigen Staatspapieren (englisch Bills) für 21 Länder bis ins Jahr 1900 zurück. Das Ergebnis für diese Staaten zusammen bis Ende 2019 sieht so aus:

Aktien kamen auf eine durchschnittliche reale (also inflationsbereinigte) jährliche Rendite von 5,2 Prozent,

Anleihen erzielten mit 2,0 Prozent erheblich weniger,

kurzfristige Zinspapiere mit 0,9 Prozent lediglich gut ein Sechstel von Aktien.

Addiert man zu diesen realen Renditen die Inflationsrate hinzu, die in den 21 Ländern im Schnitt 2,8 Prozent betrug, brachten **Aktien 8,0 Prozent „sichtbare" Rendite** pro Jahr.

Diversifikation kommt man also leicht zu einem besseren Portfolio.

Indexfonds stellen damit Privatanlegern das gleiche Handwerkszeug zur Verfügung wie den Profis. Manche Experten sehen in ETF daher die „Demokratisierung der Geldanlage", weil sie gleiche Möglichkeiten für alle schaffen. Private Anleger mit geringen Ersparnissen können die Vorzüge breiter Streuung zu ähnlich niedrigen Kosten erzielen wie Großanleger. Und sie brauchen, wenn sie langfristig investieren, keinen teuren Rat von Banken, Vermögensverwaltern oder Finanzberatern. Sie brauchen kein Herrschaftswissen, um so erfolgreich anlegen zu können wie Profis. Oder, wie es der Münsteraner Wirtschaftsprofessor Martin T. Bohl ausdrückt: Vermögensanlagen mit passiven Investitionsstrategien „benötigen vergleichsweise wenig Know-how", zudem sei „immer ein guter Zeitpunkt für eine passive Anlage", da künftige Kursentwicklungen an den Börsen ohnehin nicht prognostiziert werden könnten.

Diese Schlussfolgerungen sind für die Anleger wichtig

Die Moderne Portfoliotheorie ist zwar nicht unumstritten und hat auch in der Finanzkrise ab 2008 Schrammen abbekommen, weil nahezu alle Märkte gleichzeitig einbrachen und deshalb auch eine breite Streuung kaum vor starken vorübergehenden Verlusten schützte; aber sie gilt unverändert als die Basis der Investmenttheorie. Ihre grundlegenden Erkenntnisse, mit denen die Überlegenheit des passiven Investierens untermauert wird, lassen sich kurz und stark vereinfacht so zusammenfassen:

- **Risiko und Ertrag** hängen eng miteinander zusammen. Eine höhere langfristige Rendite wird in der Regel mit einem erhöhten Risiko in Form starker Kursschwankungen erkauft.
- **Das Risiko eines Gesamtportfolios** lässt sich mit breiter Streuung über mehrere Anlageklassen hinweg deutlich senken, ohne dass die Rendite in gleichem Maße darunter leiden muss.
- **Den entscheidenden Einfluss** auf die Rendite eines breit gestreuten Depots übt die Asset Allocation aus. Darunter versteht man die Verteilung der Ersparnisse auf die unterschiedlichen Anlagegattungen. Bei Wertpapieren sind das Aktien und Anleihen (oder andere Zinsanlagen wie Tagesgeld). Mit anderen Worten: Je höher der Aktienanteil am Geldvermögen ist, desto höher ist auch die erwartete langfristige Rendite.
- **Das, was die meisten Anleger** als entscheidend für den Anlageerfolg ansehen, spielt dagegen nur eine untergeordnete Rolle: die gezielte Auswahl einzelner Aktien („Stockpicking") und der Versuch, mit dem richtigen Zeitpunkt von Kauf und Verkauf („Market Timing") mehr Ertrag zu erzielen.
- **Auf Dauer scheitert** die große Mehrheit der Anleger – Profis wie Privatanleger – daran, ihren Vergleichsindex zu schlagen. Denn ein Credo der Portfoliotheorie lautet: „Niemand ist langfristig klüger als der Markt."

All das sind wichtige Argumente dafür, bei der langfristigen Geldanlage auf ETF zu setzen. Doch bevor Sie jetzt sofort loslegen und ETF kaufen, ist es ratsam, sich zunächst mit ein paar wichtigen Regeln für Ihre Finanzplanung sowie mit typischen Fehlern von Geldanlegern vertraut zu machen. Die haben wir im folgenden Kapitel zusammengestellt. Danach kann es an die Umsetzung Ihrer persönlichen Anlageziele gehen.

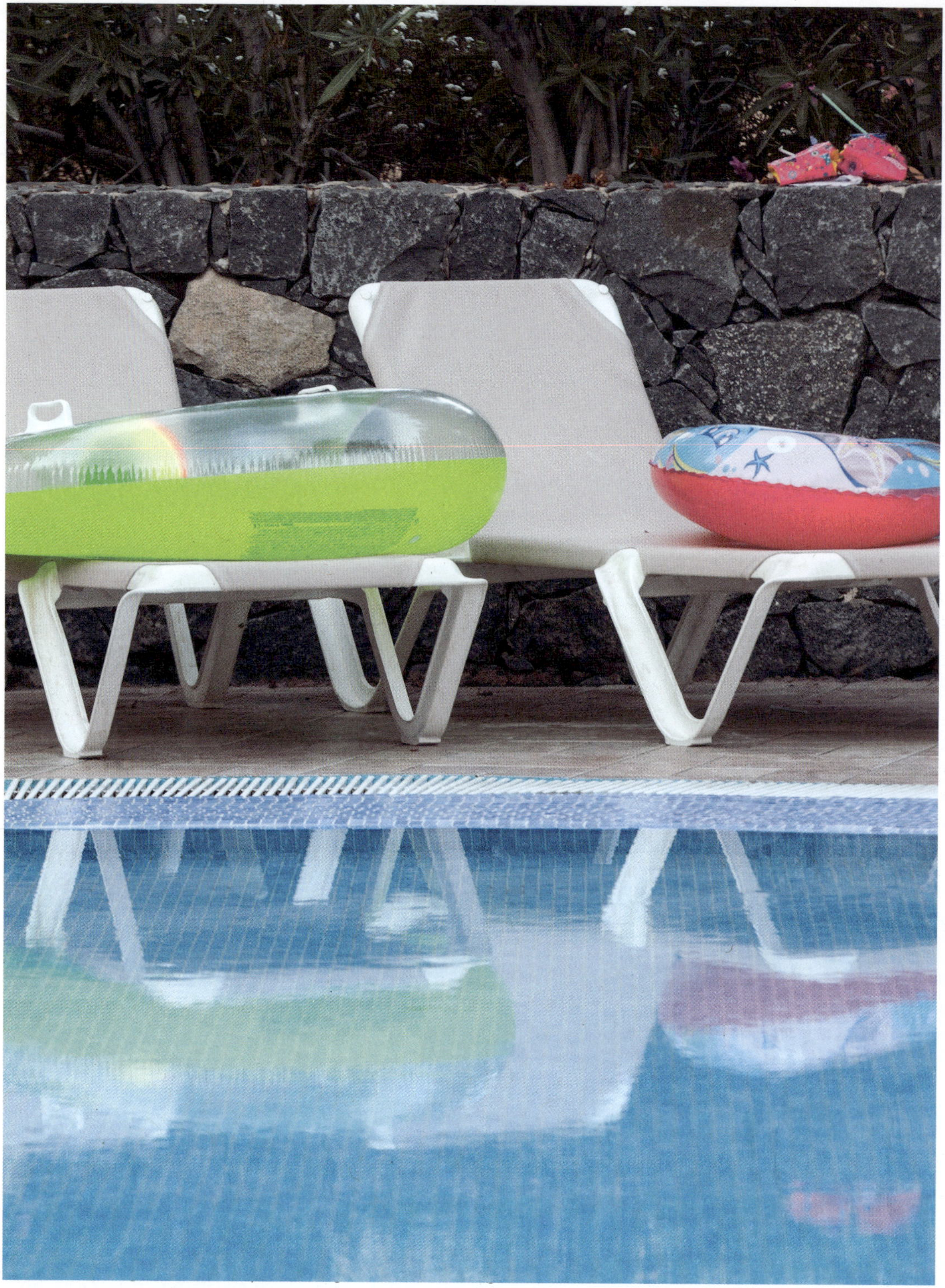

Grundregeln der Geldanlage

Gut geplant ist halb gewonnen. Diese Lebensweisheit gilt ganz besonders für die Geldanlage. Nur wenn Sie systematisch vorgehen und Fehler vermeiden, haben Sie gute Aussichten, sich auf lange Sicht ein Vermögen aufzubauen.

Viele schaffen es nicht, sich eine finanzielle Reserve für die Altersvorsorge aufzubauen – entweder weil sie sich erst gar nicht mit dem Thema beschäftigen oder weil sie eine falsche Vorgehensweise wählen. Dabei ist es gar nicht so schwierig, die Grundlagen zu verstehen, die wir auf den folgenden Seiten kurz vorstellen. Denn nur wenn Sie Ihre privaten Finanzen im Griff haben, sollten Sie sich an die langfristige Geldanlage wagen.

ETF sind ein gutes Instrument für den Vermögensaufbau. Aber: Sie sind nicht für jeden Zweck geeignet. Bevor Sie sich also in Ihren ETF-Plan (siehe Kapitel „Mein ETF-Plan" ab S. 67) stürzen, sollten Sie Ihre Finanzen komplett überprüfen. Denn es ist wichtig, dass Sie nur das Geld für eine langfristige Anlage verwenden, das Sie wirklich dafür entbehren können, und dass Ihr ETF-Depot zu Ihren finanziellen Bedürfnissen passt. Im Folgenden verraten wir Ihnen, wie Sie Ihren persönlichen ETF-Plan in Ihre komplette Finanzplanung einbinden können, und zeigen, wie Sie die häufigsten Fehler bei der Geldanlage vermeiden.

Mein großer Plan

Eine gute Anlagestrategie basiert auf einer soliden Finanzplanung. Und die ist gar nicht so kompliziert.

Eine vergleichbare Erfahrung hat fast jeder schon einmal gemacht: Erst hat man den Urlaub so richtig genossen, aber leider ein wenig über seine Verhältnisse gelebt, und dann streikt nach der Rückkehr auf einmal auch noch die Waschmaschine. So etwas ist natürlich ärgerlich. Doch problematisch und womöglich teuer wird es erst, wenn keinerlei finanziellen Reserven für solche unerwarteten Mehrausgaben vorhanden sind – und auf die Schnelle das Girokonto deutlich ins Minus rutscht, um die Reparatur zu stemmen.

Doch das sollte nur die seltene Ausnahme und nicht die Regel sein. Denn auf Dauer kann man mit einer nachlässigen Einstellung zu den eigenen Finanzen einiges an Geld verlieren. Was das alles mit dem Thema Geldanlage in ETF zu tun hat, fragen Sie sich jetzt? Eine ganze Menge! Denn Geld in ETF anlegen sollte nur derjenige, der es auch wirklich längerfristig übrig hat und entbehren kann. Auf gut Deutsch: Dafür müssen Sie dauerhaft etwas mehr einnehmen, als Sie regelmäßig ausgeben.

Wenn es Ihnen jedoch immer wieder passiert, dass Sie – vielleicht sogar trotz eines passablen monatlichen Einkommens – in den Miesen landen, dann sind Sie gut beraten, als Allererstes einen Kassensturz zu machen. Für einen guten Überblick führen Sie am besten zwei bis drei Monate ein Haushaltsbuch – besonders gewissenhafte Zeitgenossen führen es sogar laufend. Klingt altmodisch, ist aber sehr hilfreich.

Das Terrassenmodell schafft Ordnung

Nehmen wir an, Sie haben es mithilfe Ihres Haushaltsbuchs geschafft, dass Ihnen regelmäßig Geld übrig bleibt. Wie gehen Sie jetzt mit dieser Erkenntnis um?

Sinnvoll ist es, sich am vierstufigen Terrassenmodell für den Vermögensaufbau zu orientieren.

Terrasse 1:
Die laufenden Ausgaben

Auf der ersten Stufe geht es darum, seinen laufenden Zahlungsverkehr zu regeln. Dafür braucht man ein gutes und günstiges Girokonto. Finanztest veröffentlicht regelmäßig Übersichten zu den besten Girokonten (test.de/girokonten; der Download kostet 1,50 Euro). Wer zu einem leistungsstarken Anbieter wechselt, kann leicht mehr als 100 Euro pro Jahr einsparen – Geld, das man in den Vermögensaufbau stecken kann.

Stiftung Warentest | Grundregeln der Geldanlage

Mit dem Terrassenmodell richtig sparen

Das vierstufige Modell stellt einen systematischen Vermögensaufbau sicher. Wenn Sie die vier Stufen nacheinander nehmen, bleiben Sie kurzfristig liquide und bauen langfristig Vermögen auf.

1 Die laufenden Ausgaben

Auf dem Girokonto sollte in etwa ein monatliches Nettogehalt liegen, um die regelmäßigen Zahlungen stets abwickeln zu können. Dann läuft man nicht Gefahr, in den teuren Dispokredit zu rutschen.

2 Der Notgroschen

Auf einem verzinsten Tagesgeldkonto werden zwei bis drei Netto-Monatsgehälter geparkt. Vorsichtige packen noch ein bis zwei Monatsgehälter dazu. Das Geld auf dieser Stufe dient als Sicherheitsreserve und kann für kurzfristige Ausgaben verwendet werden.

3 Geld für größere Anschaffungen

Haben Sie mittelfristige Sparziele wie ein Auto oder eine Immobilie, legen Sie Ihr Geld möglichst sicher und so an, dass es verfügbar ist, wenn Sie es benötigen. Geeignet sind vor allem Festgeld und, falls es wieder höhere Zinsen gibt, auch kurzlaufende Anleihen oder ETF auf Indizes mit Anleihen kurzer Laufzeiten.

4 Die Altersvorsorge

Hier landet das Geld, das nach dem Erklimmen der ersten drei Stufen frei bleibt für den langfristigen Vermögensaufbau. Eine gute Basis bildet ein Mix aus Aktien-ETF und Zinsanlagen. Als Zinsanlagen bieten sich wahlweise Tagesgeld oder ETF auf marktbreite Indizes auf sichere Euroland-Anleihen an (siehe „Bequem anlegen – die Pantoffel-Portfolios", S. 70).

Auf dieser Ebene legt man zunächst also das Geld beiseite, das man für die laufenden monatlichen Ausgaben braucht. Es empfiehlt sich, ständig etwa eine durchschnittliche Monatsausgabe auf dem Girokonto parat liegen zu haben. Aber nicht mehr, denn in aller Regel gibt es auf das hier deponierte Geld gar keine oder allenfalls minimale Zinsen zu verdienen.

Wichtige Grundregel: Ein Abrutschen in den Dispositionskredit sollte für Sie möglichst tabu sein. Denn der Überziehungskredit auf dem Girokonto ist besonders teuer: Selbst im Juli 2019 lag der durchschnittliche Dispozins in Deutschland nach den Ermittlungen der Finanztest-Redaktion immer noch bei mehr als 9,5 Prozent. Zum Vergleich: Der Leitzins der Europäischen Zentralbank (EZB), zu dem sich Banken bei der EZB Geld leihen können, lag zu diesem Zeitpunkt bei null Prozent.

Terrasse 2: Der Notgroschen

Haben Sie auf dem Girokonto das erste Finanzpolster liegen, geht es weiter auf Terrassenstufe 2. Hier gilt es, eine eiserne finanzielle Reserve aufzubauen, damit man von einer unvorhergesehenen Ausgabe finanziell nicht auf dem falschen Fuß erwischt wird. Damit man bei Bedarf jederzeit an das Geld herankommt, bietet sich ein verzinstes Tagesgeldkonto als Parkplatz an. Angesichts der aktuellen Nullzins-Politik der EZB sind die Zinsen darauf derzeit allerdings ebenfalls sehr niedrig, den Ausgleich der Teuerung schafft man damit nicht. Daher ist es nicht sinnvoll, auf dieser Stufe als Notreserve zu viel Geld auf Tagesgeldkonten zu parken.

Nach einer Daumenregel sollte man in der Notfallreserve etwa zwei bis drei Netto-Monatsgehälter deponieren – je nach eigenem Sicherheitsbedürfnis und finanziellem

Spielraum. Sehr Vorsichtige satteln noch ein bis zwei Nettomonatsgehälter drauf.

Terrasse 3:
Geld für größere Anschaffungen

Hat man auf Terrasse 2 das Geld für die Notreserve zusammen, geht es weiter auf Stufe 3. Dort spart man Geld für mittelfristige Ziele an. Das kann zum Beispiel das Eigenkapital für eine Eigentumswohnung sein, die man in ein paar Jahren erwerben möchte. Oder das Geld für ein sechsmonatiges Sabbatical – eine Auszeit vom Job, vielleicht verbunden mit einer langen Reise. Klar ist: Wie viel Geld auf dieser Stufe zu sparen ist, hängt vom Ziel selbst ab. Wie man beim Sparen vorgeht, hängt wiederum davon ab, wie viel Zeit man sich geben will, um es zu erreichen.

Wenn man sein Ziel schon in zwei, drei Jahren erreichen möchte, sollte man beim Sparen darauf vorsichtiger agieren, als wenn man sich länger Zeit lassen kann. Daher gilt: Je näher das angepeilte Sparziel liegt, desto stärker muss man auf sichere Zinsprodukte und weniger auf börsennotierte Investments setzen. Infrage kommen zum Beispiel Anlageformen wie Festgelder oder auf die Spardauer abgestimmte Anleihen von soliden Schuldnern.

Terrasse 4: Die Altersvorsorge

Erst wenn man diese drei Stufen nacheinander erklommen und auf jeder die entsprechende Summe angehäuft hat, sollte man sich um seinen langfristigen Vermögensaufbau kümmern. Jetzt kann man die übrigen freien Mittel investieren sowie Gelder, die man nun idealerweise auch Monat für Monat aus dem laufenden Einkommen aufbringen kann, um sein Vermögen dauerhaft zu mehren. Nun gilt: Je länger der Sparhorizont, desto stärker kann man hier auf langfristig renditestarke Anlagen wie Aktien-ETF (siehe S. 46) setzen. Denn eines ist klar: Mit Zinsanlagen allein lässt sich derzeit nicht einmal die Inflationsrate schlagen, langfristig ist das vor allem mit Sachwertanlagen wie Aktien zu schaffen.

→ **Töpfe 1 bis 3 wieder auffüllen!**
Haben Sie auf Terrasse 1 bis 3 Geld entnommen, sollten Sie Ihre Sparanstrengungen darauf verwenden, zunächst den Geldtopf auf dieser Stufe wieder zu füllen. Mit ETF-Sparplänen zum Beispiel können Sie flexibel reagieren: Sie können jederzeit mit den Zahlungen pausieren, wenn das dafür verwendete Geld zwischenzeitlich besser für ein anderes Sparziel eingesetzt werden sollte. Sind die Geldtöpfe auf Stufe 1 bis 3 wieder gefüllt, können Sie den ETF-Sparplan bequem und ohne Zusatzkosten wieder aufnehmen. So bleiben Sie stets liquide, behalten aber gleichzeitig das Ziel des langfristigen Vermögensaufbaus im Blick.

Eine bequeme und einfache Möglichkeit für den langfristigen Vermögensaufbau stellen wir Ihnen mit dem Konzept des Finanztest-Pantoffel-Portfolios vor (siehe Kapitel „Mein ETF-Plan" ab S. 70).

Wer sich bei der Strukturierung seiner Finanzen an das Terrassenmodell hält, bleibt nicht nur Monat für Monat flüssig. Er weiß auch, wie groß sein Spielraum ist, sinnvollen Vermögensaufbau mit ETF zu betreiben.

> **Gleichzeitig auf verschiedenen Ebenen zu sparen – diesen Fehler begehen viele.**

Wenn Sie das Terrassenmodell für sich nutzen möchten, sollten Sie daher die einzelnen Stufen Schritt für Schritt erklimmen. Es ist nicht sinnvoll, von Stufe 1 mit einem großen Satz direkt auf Stufe 4 zu springen. Mit einer Ausnahme: Sparverträge auf Vermögenswirksame Leistungen (VL), die man inzwischen auch in ETF anlegen kann. Wer per Tarifvertrag Anspruch darauf hat, sollte sie abschließen, um nicht bares Geld zu verschenken (siehe „Geschenktes Geld vom Chef in ETF investieren" ab S. 80). Geringverdiener erhalten auch noch staatliche Zulagen und Prämien dazu.

Gleichzeitig auf verschiedenen Ebenen zu sparen – diesen Fehler begehen viele. Oft geschieht dies auf den „guten Rat" von Bankberatern oder Versicherungsvermittlern hin. So kommt es immer wieder vor, dass ein Berufseinsteiger eine private Rentenversicherung abschließt und Monat für Monat schauen muss, dass er die Rate aufbringen kann und dafür womöglich sein Girokonto überzieht. Wer in diese Falle getappt ist, betreibt Vermögensaufbau auf Pump – dass sich das langfristig nicht lohnen kann, liegt auf der Hand. Ebenso wenig ist es sinnvoll, gleichzeitig auf allen Stufen zu sparen. Das führt schnell zur finanziellen Überforderung. Damit all dies nicht passiert, empfiehlt sich die Orientierung am Terrassenmodell, das in jedem Alter und in jeder Lebenslage leicht umsetzbar ist.

Das Ziel bestimmt das Mittel

Die perfekte Geldanlage? Sollte hohe Renditen erwirtschaften, dazu zugleich vollkommen sicher und jederzeit wieder veräußerbar sein, wenn man anderweitig dringend Geld benötigt. Klingt gut? Gibt es aber leider nicht, auch wenn windige Berater gerne versuchen, diesen Eindruck zu erwecken.

Mithilfe des „magischen Dreiecks der Geldanlage" (siehe Grafik S. 32) lässt sich dieses Spannungsfeld gut darstellen. Jedes Anlageprodukt hat demnach in den drei Dimensionen des magischen Dreiecks ein klares Profil, das es von anderen Anlageprodukten unterscheidet. Ein Anleger, der auf der Suche nach einem zu ihm passenden Anlageprodukt für eine Stufe seines persönlichen Terrassenmodells ist, sollte sich dies vor Augen halten:

Rendite Wie hoch ist der möglicher Wertzuwachs?

Das magische Dreieck
Eine Geldanlage ist entweder sicher oder rentabel oder jederzeit verfügbar, jedoch nie alles zugleich.

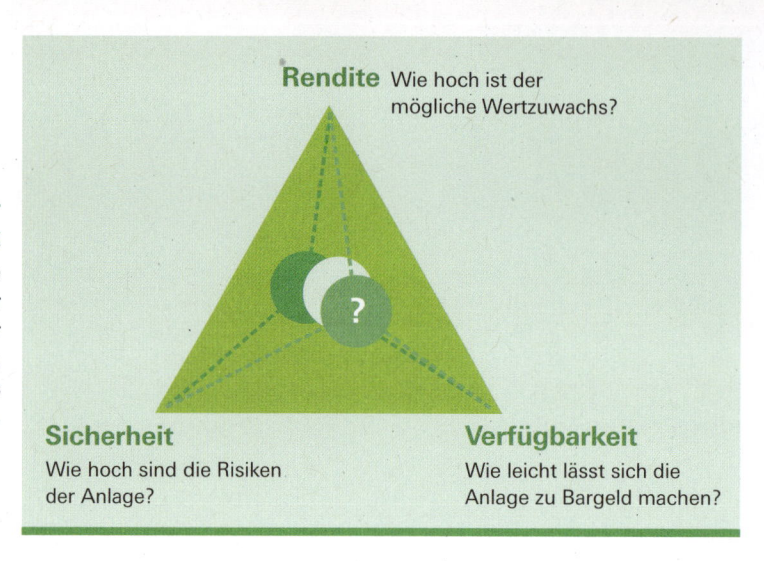

Sicherheit Wie hoch sind die Risiken der Anlage?

Verfügbarkeit Wie leicht lässt sich die Anlage zu Bargeld machen?

▸ **Sicherheit** bedeutet den Werterhalt des eingesetzten Geldes. Bei Verkauf oder Auflösung der Geldanlage bekommt man also sein Geld vollständig zurück; umgekehrt lässt sich daher unter dem Begriff Risiko die Möglichkeit verstehen, dass man mit einer Geldanlage einen Verlust erleidet. Die Sicherheit einer Geldanlage hängt davon ab, welchen Risiken sie unterworfen ist. Bei börsennotierten Geldanlagen sind hier zum Beispiel Kurs- oder Wertschwankungen gemeint, bei Sparanlagen der Banken können es das Niveau und die Solidität der Einlagensicherung sein.

▸ **Verfügbarkeit** (Liquidität) besagt, wie rasch sich eine Geldanlage wieder „verflüssigen", sprich zu Geld machen lässt. Bei Aktien oder auch ETF, die börsentäglich laufend gehandelt werden, ist das beispielsweise kein Problem, bei Immobilien dagegen kann sich der Verkaufsprozess über Monate hinziehen.

▸ **Rendite** (Rentabilität) meint den Ertrag, den man mit einer Geldanlage einfahren kann. Die Rendite wird üblicherweise dargestellt als das Verhältnis aus dem Ertrag einer Geldanlage zum Kapitaleinsatz innerhalb eines bestimmten Zeitraums. In aller Regel wird die Rendite als ein auf die Laufzeit eines Jahres umgerechneter durchschnittlicher Prozentwert angegeben. Zur Rendite zählen nicht nur Wertveränderungen etwa in Form eines Kursanstiegs, sondern auch Zuflüsse aus Zinsen und Dividenden.

Das größte Spannungsverhältnis besteht grundsätzlich zwischen Rentabilität und Sicherheit: Als besonders sicher geltende Anlagen erbringen in aller Regel eine vergleichsweise geringe Rendite. Umgekehrt gehen höhere Renditechancen mit mehr Risiko einher. Warum das so ist, liegt auf der Hand: Wenn zwei Anlageformen vollkommen sicher wären, würde jeder die Alternative wählen, die mehr Rendite verspricht. Eine höhere Renditechance ist somit eine Kompensation für ein erhöhtes Risiko.

Auch Rentabilität und Liquidität lassen sich kaum vereinen. Liquide Anlagen sind üblicherweise mit vergleichsweise geringen

Renditen verbunden. Als Beispiel sei hier das Tagesgeldkonto genannt: Guthaben darauf können jederzeit abgehoben werden, wegen der Einlagensicherung ist das Geld zu so gut wie 100 Prozent sicher angelegt, aber die Verzinsung ist gerade in Nullzinsperioden äußerst gering. Ein Tagesgeldkonto als Geldparkplatz für den Notgroschen ist eigentlich für jedermann ein Must-have und daher für Stufe 2 des Terrassenmodells besonders praktisch. Für die längerfristige Geldanlage kann es gerade in Marktphasen, in denen ein Zinsanstieg wahrscheinlich ist, ebenfalls als Sicherheitsbaustein neben Aktien-ETF geeignet sein.

Privatanleger sind folglich gut beraten, Geldanlageprodukte anhand der drei Eckpunkte des magischen Dreiecks unter die Lupe zu nehmen und für jede Stufe ihres Finanzplans das passende auszuwählen. Das gilt auch für ETF: In der weit gefassten Produktkategorie ETF gibt es große Unterschiede, inwieweit die drei Kriterien jeweils erfüllt werden. Darüber hinaus lassen sich weitere Aspekte, etwa ethisch-ökologische Kriterien, in die Betrachtung einbeziehen.

Schluss mit falscher Geldanlage

Jedes Jahr gehen hierzulande Milliarden durch falsches Investieren verloren. Wer die häufigsten Fehler kennt, kann sie abstellen und mehr Vermögen schaffen.

Die Deutschen verfügen über relativ hohe Einkünfte und sparen seit Jahrzehnten viel. Damit müssten sie doch inzwischen zu den reichsten Bürgern Europas gehören, oder? Leider nein. Eine Studie der Europäischen Zentralbank zeigt: Der „Median"-Deutsche – derjenige, der genau mehr als die eine Hälfte der Bevölkerung besitzt, aber weniger als die andere Hälfte, kommt gerade mal auf knapp 60 000 Euro Vermögen, während ein entsprechender EU-Bürger nach Abzug der Schulden rund 100 000 Euro besitzt. Ein Grund dafür ist, dass Bundesbürger viel öfter zur Miete wohnen als andere Europäer. Doch auch mit dem Geld, das sie in Finanzanlagen stecken, gehen sie suboptimal um. Sie vertrauen es am liebsten Banken oder Versicherungen an. Die Börse ist für viele ein Ort, an dem man spekuliert statt investiert. Mit teuren Folgen.

Fehler 1: Zu wenig auf langfristige Renditechancen schauen

Das Sicherheitsbedürfnis spielt für deutsche Anleger offenbar eine weitaus größere Rolle als die Rendite, die eine Anlage verspricht. Die Folge davon ist, dass Aktieninvestments wegen möglicher Kursschwankungen noch immer gemieden werden. Lediglich gut 10 Prozent des Geldvermögens stecken in Aktien oder sonstigen Anteilsrechten, weitere rund 9,8 Prozent in Anteilen an Investmentfonds, zu denen auch ETF zählen. Das zeigen Daten der Deutschen Bundesbank. Der große Rest schlummert in Spareinlagen und Bargeld, Versicherungen und anderen Alterssicherungssystemen.

Das Problem dabei ist: Mit Geldanlagen auf Konten und Sparbüchern wird man bei den aktuellen Minizinsen nicht reicher, sondern ärmer. Denn die Inflation nagt beständig an der Kaufkraft des Geldes. Das bedeutet: Später kann der Sparer sich vom Ersparten weniger leisten.

Dass Aktien die langfristig bessere Geldanlage sind, gilt aber auch in Zeiten mit höheren Zinsen. Die Rendite der Börsen liegt auf Dauer eben über der von Bankeinlagen. Das zeigen Berechnungen zur Rendite von Aktienindizes der Finanztest-Redaktion. Demnach konnten Anleger in den vergangenen 25 Jahren immer positive Erträge erwirtschaften, wenn sie ihr Geld längerfristig an der Börse angelegt hatten. Nur wer ein ganz schlechtes Timing bewiesen hat und zum Beispiel im April 2008 sein gesamtes Geld in den russischen Aktienmarkt investiert hat, sitzt heute noch auf Verlusten. Denn dieser Markt hat seinen anschließenden Zusammenbruch noch nicht aufgeholt. Wer sein Vermögen allerdings aufteilt und am besten noch nach und nach investiert hat, profitierte. Denn egal, ob Schwellenländer oder entwickelte Länder – die Börsen bescherten ihren Anlegern hohe Gewinne (siehe Grafik „Wer durchhält, profitiert"). Und das, obwohl die Zeiten alles andere als ruhig waren: In die vergangenen 25 Jahre fielen einige Crashs wie das Platzen der Dotcom-Blase um die Jahrtausendwende und die Einbrüche nach der Finanzkrise 2008/2009. Die maximalen Kursverluste der Indizes lagen bei gut 60 Prozent – in China sogar bei mehr als 80 Prozent. Doch wer die Schwankungen aussaß, lag richtig. Anleger, die am besten in mehreren Ländern investierten, mussten also nur gute Nerven und einen langfristigen Horizont mitbringen.

Diese Entwicklungen liefern daher einen eindrucksvollen Beleg dafür, dass es sinnvoll ist, sich beim privaten Vermögensaufbau am Terrassenmodell zu orientieren: Denn nur Anleger, die über genügend Reserven verfügen, um Aktienbestände lange Zeit liegen zu lassen, können es sich leisten, Kursschwankungen auszusitzen.

Doch selbst die kleine Gruppe an Bundesbürgern, die sich aufs Börsenparkett wagt, scheint eine falsche Vorstellung davon zu haben, welche Strategien langfristig Vermögen schaffen. Das zeigt eine groß angelegte

Wer durchhält, profitiert

Wenn Anleger gute Nerven und einen langfristigen Horizont mitbrachten, haben sie in den vergangenen 25 Jahren an den Weltbörsen gute Renditen eingefahren – zwischenzeitlichen Verlusten zum Trotz.

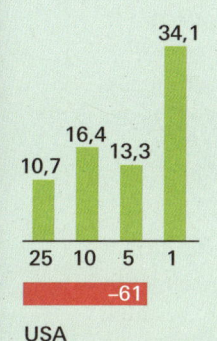

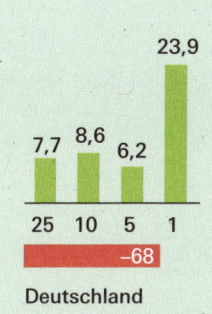

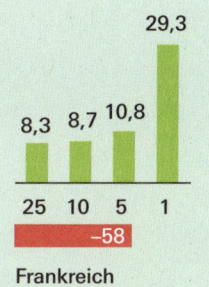

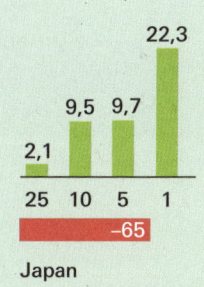

USA
25	10	5	1
10,7	16,4	13,3	34,1

Maximaler Verlust: −61

Deutschland
25	10	5	1
7,7	8,6	6,2	23,9

Maximaler Verlust: −68

Frankreich
25	10	5	1
8,3	8,7	10,8	29,3

Maximaler Verlust: −58

Japan
25	10	5	1
2,1	9,5	9,7	22,3

Maximaler Verlust: −65

Wertentwicklung des jeweiligen MSCI-Index (in Euro, mit vollständiger Wiederanlage der Dividende) in Prozent pro Jahr seit 25, 10, 5, 1 Jahren

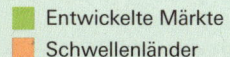

- Entwickelte Märkte
- Schwellenländer
- Maximaler prozentualer Verlust, größter Einbruch nach einem zuvor erreichten Höchststand.

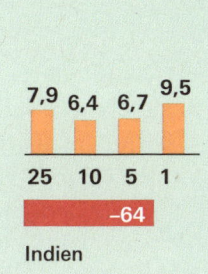

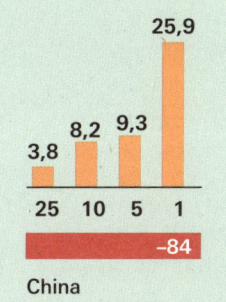

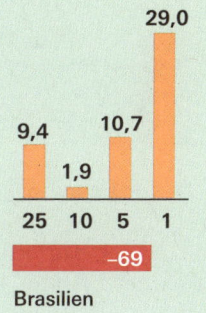

Indien
25	10	5	1
7,9	6,4	6,7	9,5

Maximaler Verlust: −64

China
25	10	5	1
3,8	8,2	9,3	25,9

Maximaler Verlust: −84

Brasilien
25	10	5	1
9,4	1,9	10,7	29,0

Maximaler Verlust: −69

Quellen: Refinitiv, eigene Berechnungen. Untersuchungszeitraum: 31.12.1994 bis 31.12.2019

HÄTTEN SIE'S GEWUSST?

Zu ihren Ersparnissen haben die Deutschen schon ein ganz eigenes Verhältnis:

75 Prozent haben bei dem Wort **Eigenheim** positive Assoziationen, immerhin noch 71 Prozent verbinden den Begriff **Geld sparen** mit angenehmen Gedanken. Doch beim Thema Börse schlägt die Stimmung um: Das Wort **Wall Street** erzeugt bei gerade einmal 12 Prozent der Deutschen positive Gefühle, **Börse** bei 22 Prozent.

Das fand eine Umfrage der Direktbankeninitiative „Pro Aktie" heraus. Die Börse gilt vielen offenbar als reine Zockerbude.

Untersuchung von 40 000 Depots über einen Zeitraum von zehn Jahren im Auftrag von Finanztest. Die Wirtschaftsprofessoren Andreas Hackethal und Steffen Meyer untersuchten die Wertpapierdepots von Direktbankkunden und werteten den Depot-Mix, die Kontenbewegungen und die Rendite aus. Mit ernüchterndem Ergebnis. Zwischen 2005 und 2015 gingen den Anlegern etwa 5,6 Prozent Rendite jährlich durch die Lappen. Denn nach der durchschnittlichen Bestückung der Depots mit 80 Prozent Aktien und 20 Prozent Rentenpapieren wäre eine Rendite von 8,7 Prozent pro Jahr realistisch gewesen. Erreicht haben die Anleger aber im Schnitt nur 3,1 Prozent pro Jahr.

Nach Erkenntnis der Experten sind es nur wenige falsche Handlungsmuster, die den Anlageerfolg nachhaltig schmälern. Es lohnt sich daher, sie genau anzusehen. Denn nur wer die Fehler kennt, kann sie vermeiden und erfolgreich investieren.

Fehler 2: Zu wenig streuen

Gerade einmal zwölf Aktien – so viele verschiedene Titel hielten die Besitzer der 40 000 untersuchten Depots im Schnitt. Doch zwölf Aktien sind ganz eindeutig zu wenig, um sein Anlagerisiko zu streuen.

Wichtig ist es, „Klumpenrisiken" zu vermeiden. Das heißt, Anleger sollten möglichst weitgehend ausschließen, dass ein Ereignis alle Aktien im Depot gleichermaßen in Schieflage bringt. Ein Beispiel dazu: Hohe Ölpreise sind ein Segen für einige der großen

Renditekiller Aktienauswahl

8,7 Prozent Rendite pro Jahr hätten die untersuchten Depots im Zeitraum zwischen 2005 und 2015 nach der Marktentwicklung erzielen können. Lediglich 3,1 Prozent haben die Anleger erreicht. Größter Renditekiller war die Auswahl der Einzelaktien, die sich die Anleger ins Depot geholt haben. Sie drückten die Rendite um 7,7 Prozent.

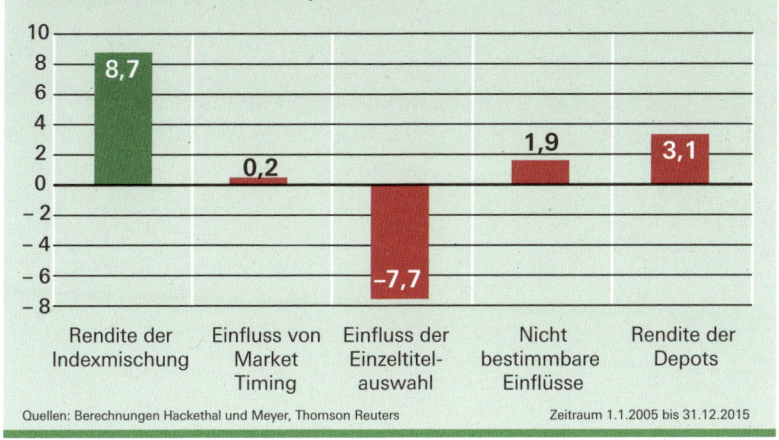

	Wert
Rendite der Indexmischung	8,7
Einfluss von Market Timing	0,2
Einfluss der Einzeltitelauswahl	−7,7
Nicht bestimmbare Einflüsse	1,9
Rendite der Depots	3,1

Quellen: Berechnungen Hackethal und Meyer, Thomson Reuters. Zeitraum 1.1.2005 bis 31.12.2015

Ölförderer und alle Zulieferer der Ölindustrie, zudem für die Hersteller alternativer Energieausrüstung, weil sich Investitionen in andere Antriebe und Stromgewinnungsverfahren besser rentieren. Wenn Sie gerade mal zwölf Aktien im Depot haben und sechs davon aus einem dieser Bereiche stammen, könnte die Hälfte Ihres Vermögens leiden, wenn der Ölpreis plötzlich ins Rutschen gerät. Viel besser, wenn man dann auch Unternehmen besitzt, die von niedrigen Energiekosten profitieren, zum Beispiel aus energieintensiven Branchen wie der Stahlindustrie.

Genau wie mit Einzelaktien können auch Fondsanleger ein Klumpenrisiko aufbauen, sobald sie sich auf einzelne Länder, Regionen oder Themen konzentrieren. Ein Lied davon singen können alle Anleger, die sich zur falschen Zeit auf Trendthemen wie Solarunternehmen in Deutschland oder Schwellenländer vor der Finanzkrise konzentriert haben.

→ Vorsicht: Home Bias

Sie haben viele deutsche Aktien? Glückwunsch, dann sind die vergangenen Jahre für Sie wohl gut gelaufen. Oder sollte man besser sagen: Glück gehabt? Viele Anleger stürzen sich besonders auf Aktien aus Deutschland. Das ist gefährlich: Ihr Vermögen und Ihre Zukunft sind vermutlich ohnehin eng mit der wirtschaftlichen Entwicklung hierzulande verknüpft. Vermutlich haben Sie Ihren Arbeitsplatz hier, vielleicht eine Immobilie, sind künftig vom Rentensystem abhängig und vieles mehr. Läuft es hier irgendwann schlecht, würde auch Ihr Vermögen darunter leiden.

Der „Home Bias", also die Neigung, vor allem Aktien aus dem eigenen Land zu erwerben, ist weltweit bekannt – nützlich ist er nicht. Im

Durchschnitt lag der Deutschlandanteil der untersuchten Depots bei 43 Prozent, nach der Kapitalisierung der weltweiten Aktienmärkte dürfte er aber nur bei rund 3 Prozent liegen.

Viele Anleger hoffen offensichtlich, dass sie nur Gewinner im Depot haben, und fürchten, deren Performance durch weitere Aktien zu verwässern. Damit begehen sie einen grundlegenden Denkfehler. Denn wenn eine Aktie, ein Land oder eine Branche gewinnt, müssen die anderen nicht unbedingt verlieren. Es sind nämlich nicht einzelne Ereignisse, die Kurse und Dividenden auf Dauer stützen. Die Börsenkurse steigen im Schnitt alle, solange die Wirtschaft wächst. Wer auf einen Index statt auf Einzelunternehmen setzt, wird daher auf jeden Fall profitieren.

Wie stark ein Depot durch die Auswahl einzelner Aktien in Gefahr ist, lässt sich wissenschaftlich durch das Chance-Risiko-Verhältnis messen. Genau das haben die Professoren Hackethal und Meyer bei ihren Untersuchungen gemacht. Mit einem eindeutigen Ergebnis: Am schlechtesten stand das Fünftel der Depots da, in denen die geringste Anzahl an Aktien lag. Aber selbst das Fünftel der untersuchten Depots mit den meisten Einzeltiteln konnte nicht glänzen: Deren Chance-Risiko-Verhältnis lag noch meilenweit unter dem des weltweiten Aktienindex MSCI World. Ein ETF darauf hätte also nicht nur die Nerven geschont, sondern auch weit bessere Ergebnisse geliefert.

Fehler 3:
Spekulieren statt Investieren

Lesen Sie Börsenbriefe? Oder haben Sie ein paar Freunde, mit denen Sie sich regelmäßig über die heißesten Anlagetipps austauschen? Und haben Sie schon einmal eine Aktie von einem Unternehmen gekauft, von dem Sie ein paar Wochen vorher noch nicht einmal wussten, dass es existiert? Dann sind Sie vermutlich ein ganz typischer deutscher Aktienanleger.

Das zumindest zeigt ebenfalls die Studie der Professoren Hackethal und Meyer. In den untersuchten Portfolios sind breit streuende Fonds oder ETF eher die Ausnahme. Die Kunden der Direktbanken setzten lieber auf einzelne Unternehmen – mit Schwerpunkt Deutschland und dabei vor allem auf kleine spekulative Titel, die den Gesamtmarkt nicht repräsentieren.

Diese Fokussierung auf einen kleinen Ausschnitt des weltweiten Aktienmarktes, anstatt einfach auf den weltweiten MSCI-Index zu setzen, macht die Ergebnisse nicht nur weniger berechenbar: Sie bringt die Anleger vor allem um viel Geld.

Kein anderer Faktor hat die Performance der untersuchten Depots so stark nach unten gezogen (siehe Grafik „Renditekiller Aktienauswahl", S. 37). Nur zur Verdeutlichung: Bei einer Anlagesumme von 10 000 Euro ging den Anlegern im Schnitt innerhalb von zehn Jahren ein potenzieller Gewinn von beinahe 9 500 Euro durch die Lappen!

Aktive Anleger zahlen drauf

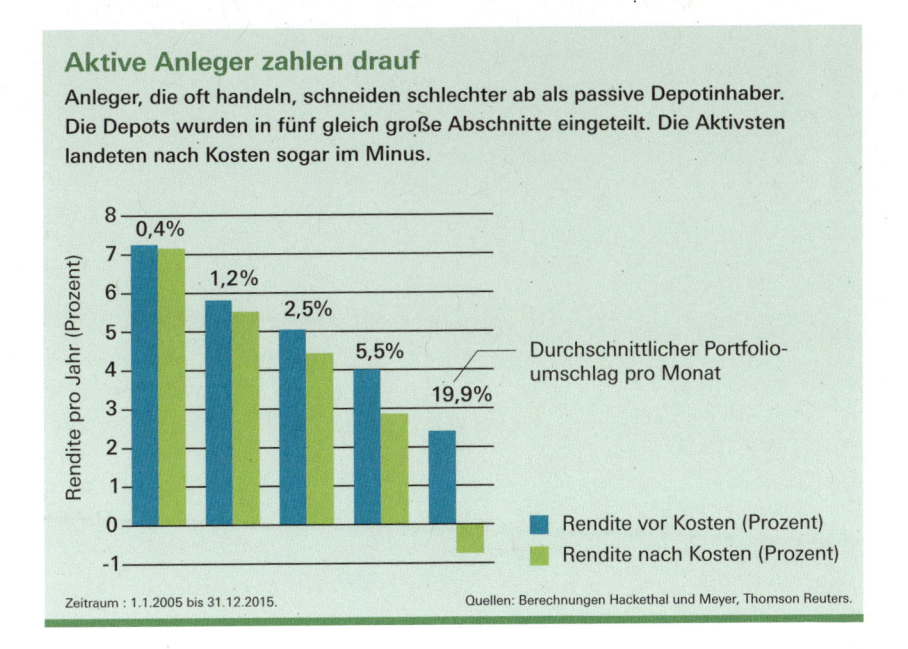

Anleger, die oft handeln, schneiden schlechter ab als passive Depotinhaber. Die Depots wurden in fünf gleich große Abschnitte eingeteilt. Die Aktivsten landeten nach Kosten sogar im Minus.

Balken mit durchschnittlichem Portfolioumschlag pro Monat: 0,4 %, 1,2 %, 2,5 %, 5,5 %, 19,9 %.

Rendite pro Jahr (Prozent).

- Rendite vor Kosten (Prozent)
- Rendite nach Kosten (Prozent)

Zeitraum: 1.1.2005 bis 31.12.2015. Quellen: Berechnungen Hackethal und Meyer, Thomson Reuters.

Fehler 4: Zu häufig umschichten

Sicher gibt es gute Gründe, ein Wertpapier zu verkaufen. Wenn Sie zum Beispiel Kapital brauchen, weil Sie eine Immobilie anschaffen möchten. Es kann auch sein, dass Ihre Vermögensaufteilung nach starken Kursbewegungen durcheinandergeraten ist oder Ihr Anlagebedürfnis anders geworden ist, weil sich Ihre Lebenssituation verändert hat.

Ein schlechter Grund ist es aber, auf kurzfristige Trends zu hoffen. Etwa, dass Sie ein Papier verkaufen, weil Sie es für „ausgelutscht" halten, um auf eine vermeintliche künftige Börsengranate zu setzen. Denn die Finanztest-Studie zeigt nicht nur, dass die Anleger hier wenig Gespür besitzen. Sie beweist auch, dass solcher Aktionismus die Rendite weiter drückt.

Denn Handeln kostet Gebühren (siehe „Gut und günstig – das passende Depot" ab S. 98). Das mindert die Gewinne und zehrt sie im schlimmsten Fall sogar auf. Die Anleger, die die Professoren Hackethal und Meyer unter die Lupe genommen haben, waren zwar ganz unterschiedlich aktiv: Im Schnitt veränderten sie allerdings jedes Jahr ihre Depots um 24 Prozent – und das ist viel. Die aktivsten 5 Prozent krempelten ihren gesamten Bestand sogar mindestens zweimal im Jahr komplett um.

Ein teurer Spaß. Im Schnitt kostete das Handeln die Anleger 0,9 Prozent Rendite. Ein Fünftel der Anleger, nämlich die mit den meisten Trades, verspielten ihre gesamten Gewinne und machten nach Kosten sogar ein Minus mit ihrer Geldanlage. Die wenigsten Depotbesitzer folgen offensichtlich dem Rat von Experten, die Kosten aller Aktionen im Blick zu behalten und im Zweifel ein Logbuch darüber zu führen.

Auffällig ist aber auch, dass die Rendite der passiveren Anleger auch ohne Betrachtung der Kosten deutlich höher liegt als die der Vieltrader. Sie haben wohl nicht nur die besseren Nerven, sondern auch die bessere Depotmischung.

Fehler 5: Nach dem richtigen Zeitpunkt suchen

Davon träumen wir alle: Aus 1 000 Euro innerhalb von zehn Jahren 57 200 Euro machen. Das hätte ein Anleger geschafft, der zwischen 2005 und 2015 nur in den Wochen im Dax investiert war, in denen es aufwärts ging. Umgekehrt hätten Anleger aber auch einen Albtraum erleben können. Wer nur in den schlechten Wochen dabei gewesen wäre, hätte am Ende gerade mal 13 Euro übrig gehabt. Und das in Zeiten, in denen die Börsen wirklich gut liefen. Fast 290 Prozent legten die Kurse zwischen März 2005 und März 2015 zu. Kurse schwanken eben, auch in einem soliden Aufwärtstrend. „Wie Herr und Hund", meinte der bekannte Investor André Kostolany, sei das Verhältnis zwischen Konjunktur und Börse. Während der Herr – die Konjunktur – gemächlich seinen Weg geht, bleibt der Hund – die Börse – mal ein gutes Stück zurück, mal läuft er weit voraus. Das ist meist der Stimmung der Investoren und damit der Börsenpsychologie geschuldet.

> **Anleger sind nicht sehr erfolgreich darin, die richtige Prognose zu stellen.**

Kaufen, wenn die Kurse niedrig sind, und verkaufen, wenn sie hochstehen – klingt gut? Klappt aber leider nicht wirklich. Auf gute Wochen folgen nicht immer schlechte, und Anleger sind nicht sehr erfolgreich darin, die richtige Prognose zu stellen. Das ergibt sich zumindest aus der Finanztest-Studie. Gerade mal 0,2 Prozent mehr Rendite erzielten Anleger durch günstige Kauf- und Verkaufszeitpunkte – ohne Berücksichtigung der damit verbundenen Handelskosten. Und die dürften die Gewinne mehr als wieder aufzehren.

Dafür erhöht sich das Risiko erheblich, einen kräftigen Aufwärtstrend zu verpassen oder in einen Crash zu laufen. Buy and hold von weltweit anlegenden ETF, also kaufen und lange liegen lassen, mag langweiliger sein, die bessere Strategie ist es dennoch.

Fehler 6: Die Macht der Gefühle unterschätzen

Für unsere Vorfahren, die Steinzeitmenschen, war die Fähigkeit zu intuitiver Reaktion überlebenswichtig. Wenn Gefahr drohte, weil etwa der berüchtigte Säbelzahntiger aus dem Gebüsch sprang, war keine Zeit für lange Analysen der Lage: Die richtige Entscheidung musste blitzschnell fallen. Solche intuitiven Reaktionen werden gesteuert vom limbischen System, dem ältesten Teil des menschlichen Gehirns, das sich bis heute in jedem von uns erhalten hat.

Was das mit Fehlern bei der Geldanlage zu tun hat? Eine ganze Menge. Denn das limbische System ist schnell und mächtig. Leider mischt es sich auch bei Entscheidungen ein, in denen rationale Abwägung der bessere Weg wäre – wie beim Thema Börse.

Angst, Gier und ein ganz ausgeprägter Herdentrieb sind die drei wichtigsten Triebe, und sie alle wirken sich auf Anlageentscheidungen negativ aus. Angst hindert viele daran, sich überhaupt objektiv mit dem Thema Aktien auseinanderzusetzen. Denn kennt man nicht jemanden, der am gefährlichen Ort Börse in der Finanzkrise etwas ganz Schreckliches erlebt hat? Und überhaupt: Die meisten denken ähnlich, dann muss das doch stimmen. Wer sich dennoch an die Börse wagt, muss ebenfalls auf seine Motive achten. Die Gier, die in längst vergangenen Zeiten vielleicht dafür sorgte, dass die eigene Familie besser durch den harten Winter gekommen ist als die in der Nachbarhöhle, hat so manchen Anleger schon in die Falle gelockt – der Tipp aus dem Börsenbrief klang zu verlockend und weckte die Gier nach schnellem Reichtum.

An der Börse verdichten sich all die persönlichen Bauchentscheidungen immer wieder einmal zu einem psychologischen Massenphänomen. Nur so ist zu erklären, warum so viele Anleger um die Jahrtausendwende bereit waren, immenses Geld für Anteile von Techfirmen zu zahlen, die bis dato nie einen Cent Gewinn erwirtschaftet hatten. Untersucht wird das alles von einer vergleichsweise neuen Disziplin der Wirtschaftswissenschaften, der Behavioral Finance Theory, zu Deutsch Verhaltensökonomie. Einer ihrer Vordenker, Daniel Kahneman, erhielt 2002 den Wirtschaftsnobelpreis für seine Forschung.

Fehler 7: Ohne Anlagestrategie vorgehen

Der Verhaltensökonomie verdanken wir inzwischen nicht nur tief gehende Erkenntnisse über unser Handeln in Sachen Geldanlage, sondern vor allem auch Regeln, mit denen wir unsere Gefühle unter Kontrolle halten und bessere Investoren werden können. Die wichtigsten davon lauten in Kürze:

- **Langsam werden:** Erst einmal informieren, dann agieren.
- **Falsche Informationen erkennen:** Vor jeder Entscheidung hinterfragen, ob Gerüchte, Massenphänomene oder eigene Vorurteile eine Rolle spielen könnten.
- **Ganz rational und in Ruhe** einen großen, langfristigen Plan zur Geldanlage erstellen (siehe Kapitel „Grundregeln der Geldanlage" ab S. 27).
- **Vorab feste Regeln setzen,** zum Beispiel die Anteile von breit gestreuten Aktien-ETF und verfügbarem Festgeld definieren und festlegen, wie oft das Depot überprüft und gegebenenfalls neu austariert werden soll.
- **Die festgelegte Anlagestrategie** umsetzen und daran festhalten.

Ohne eigene Anlagestrategie, die man nicht nur einmal erstellt, sondern dauerhaft verfolgt, wird es schwer möglich sein, langfristig erfolgreich anzulegen.

Ohne Ziel kein Weg

Es gibt viele gute Gründe dafür, Geld zur Seite zu legen. In einigen Fällen sind ETF ein gutes Mittel, das Ziel schneller zu erreichen. Prüfen Sie, ob das auch für Ihr Sparvorhaben gilt.

Worum geht es Ihnen? Die nächste Urlaubsreise, ein neues Auto oder gar den Traum von der eigenen Immobilie? Oder denken Sie langfristig und sparen für ein sorgenfreies Alter? Vielleicht wollen Sie aber auch einfach ein bisschen Geld zur Verfügung haben, weil Sie flexibel auf künftige Wünsche reagieren können wollen? Oder Sie haben bereits Kapital angespart, das Sie möglichst gut anlegen möchten?

ETF sind ein geniales Mittel, viele Ihrer Ziele zu erreichen, aber sie sind eben nicht für jedes Vorhaben geeignet. Bevor Sie also loslegen, sollten Sie sich erst einmal über Ihre Ziele und Ihre Motive klar werden und dann festlegen, wie Sie sie finanziell erreichen. Wenn Sie dabei in den Kategorien des Terrassenmodells denken (siehe S. 28), fällt es Ihnen leichter, die beste Strategie für sich zu finden und umzusetzen. Hier ein paar Beispiele, wie Sie vorgehen können:

Ich will mir etwas leisten

Es gibt Träume, die sollten einfach irgendwann in Erfüllung gehen: die Traumreise, der wirklich schnelle Computer oder dieses wahnsinnig schöne Sofa. Ihr Zeithorizont liegt dabei unter drei Jahren. So bitter das ist: Für einen solch kurzen Zeitraum bleibt Ihnen keine Wahl, außer Ihr Geld auf Bankkonten zu sammeln, auch wenn es hier derzeit keine Rendite bringt. ETF sind ungeeignet: Mit Aktien-ETF könnten Sie viel Geld verlieren, wenn die Börse schwächelt. Und auch Renten-ETF könnten schlecht laufen, falls die Zinsen am Anleihemarkt nun allmählich wieder steigen. Bestehende Anleihen bringen dann Kursverluste.

Ich will für den ganz großen Schritt bereit sein

Ein paar große Schritte im Leben machen – das wollen viele. Eine Immobilie kaufen etwa, ein eigenes Unternehmen gründen oder eine längere Auszeit vom Job nehmen und eine Weltreise antreten. Doch meistens kann das nur gelingen, wenn die finanziellen Mittel dafür vorhanden sind. Wer so etwas plant, hat meist einen Anlagehorizont von etwa fünf Jahren.

Und damit gilt hier leider dasselbe wie für Sparziele unter drei Jahren: Der Zeitraum ist zu kurz, um die Risiken von ETF auszugleichen. Ihnen bleibt also ebenfalls kaum eine andere Wahl als sichere Zinsanlagen bei der Bank.

→ **Vorbereitet sein**

Gelegenheiten kommen oft unverhofft. Daher ist es sinnvoll, auch dann mit dem Sparen anzufangen, wenn die Idee noch sehr schwammig ist. Wenn Sie davon träumen, „irgendwann einmal" eine Immobilie zu kaufen, können Sie auch riskantere und damit profitablere Anlagen wie ETF einsetzen – sofern Sie mindestens zehn Jahre Zeit haben. Sie sollten das Depot aber auf sicherere Zinsanlagen umschichten, sobald die Pläne konkreter werden.

Ich will Geld einfach gut anlegen

Ihr Gehalt ist sehr gut oder Sie haben geerbt und brauchen nicht alles, um Ihr Leben zu finanzieren? Dann haben Sie jetzt ein nicht ganz leicht zu lösendes Luxusproblem. Bevor Sie investieren, sollten Sie unbedingt noch einmal einen Blick auf Ihre Altersvorsorge werfen und Ihre Finanzen anhand des Terrassenmodells überprüfen. Ist das Geld wirklich „übrig"?

Jetzt kommt die Gretchenfrage: Wie lange kann das Geld unangetastet liegen bleiben? Wenn Sie das nicht wissen, sollten Sie Ihr Vermögen in zwei Teile aufteilen, die Sie je nach Ihren voraussichtlichen Plänen unterschiedlich groß gestalten. Einer ist vor allem eines: verfügbar. Hier wird in Zinsanlagen investiert, die Sie jederzeit auflösen können. Den anderen Teil stecken Sie in renditestarke, langfristige Anlagen. Hier können Sie die Vorteile von ETF voll ausspielen.

Ich will mich auf ein sorgenfreies Alter freuen können

Das Thema Altersvorsorge erzeugt bei den meisten ein mulmiges Gefühl. Weil es so wichtig ist, haben wir ihm einen eigenen Abschnitt gewidmet (siehe S. 76). Wichtigster Faktor bei der Altersvorsorge ist die Zeit: je länger, desto besser. Bei einer Perspektive von mindestens 20 bis 30 Jahren können Sie die Stärke von ETF-Investments voll ausspielen, wenn Sie Ihr Erspartes einfach in Ruhe arbeiten lassen. Das ist stressfrei und der beste Weg zum Erfolg.

Breit streuende Aktien-ETF sind das Herz Ihrer Geldanlage, ein gewisser Anteil an Zinsanlagen sollte aber dabei sein, um das Portfolio zu stabilisieren. Betrachten Sie bei der Aufteilung des Geldes stets Ihr gesamtes Vermögen. Wenn Sie eine Immobilie besitzen, können Sie ein wenig risikofreudiger mit Ihrem Geldvermögen umgehen.

→ **Zeit ist Geld**

Planen Sie JETZT Ihren finanziellen Lebensabend. Fangen Sie so bald wie möglich an – sofern Sie nach dem Terrassenmodell einen Spielraum ermittelt haben. Der muss nicht groß sein: Mit einem ETF-Sparplan ist das auch bereits mit kleinen Summen machbar.

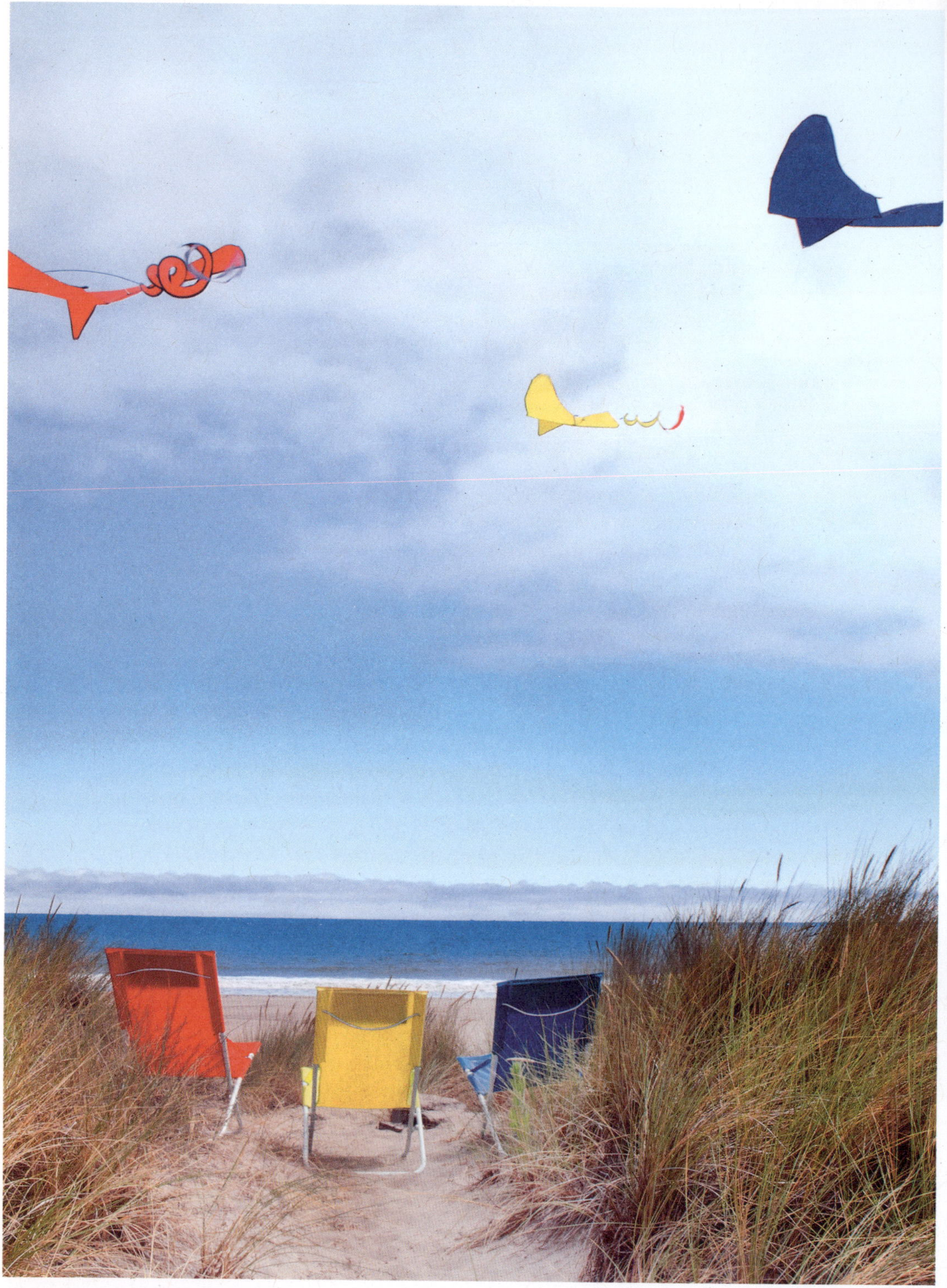

Alle ETF im Überblick

Anleger können aus gut 1 800 börsengehandelten Indexfonds die für sie passenden aussuchen. Als Basisanlagen für ein langfristiges Wertpapierdepot eignen sich jedoch nur relativ wenige der vielen Aktien- und Renten-ETF.

„Wer die Wahl hat, hat die Qual." Diese Redensart trifft bei ETF ins Schwarze. Sobald Sie sich dafür entschieden haben, für Ihre Geldanlage ETF zu verwenden, fängt die Sucherei an. Sie müssen wählen, welche der mehr als 1 800 ETF, die an den deutschen Börsen gehandelt werden, für Sie infrage kommen. Dazu müssen Sie zuerst herausfinden, welche Indizes für Ihre persönlichen Ziele besonders geeignet sind.

Für die Mehrzahl der Anleger macht es Sinn, beim Auf- und Ausbau eines Wertpapier-Portfolios ihre Ersparnisse auf die beiden wichtigsten Anlageklassen aufzuteilen: Aktien und Anleihen. Aktien decken den risikoreichen, aber dafür langfristig renditestarken Teil der Vermögensanlage ab, Anleihen, auch Renten genannt, den sicheren. Kein Wunder, dass Aktien-ETF und Renten-ETF die Schwerpunkte des gesamten ETF-Angebots bilden. Von den Anfang 2020 an der Börse Frankfurt gehandelten 1464 Aktien- und Renten-ETF basieren fast drei Viertel auf Aktien- und gut ein Viertel auf Anleihen-Indizes. Was gilt es bei der Suche nach den „richtigen" ETF zu beachten?

Aktien-ETF: Es müssen nicht Dax oder Dow Jones sein

Mit globalen und große Regionen umfassenden Aktien-ETF können Anleger bequem ihre Investments breit streuen. Hier erfahren Sie, welche Indizes sich auch für Einsteiger eignen.

Aktien, das zeigen viele Studien und Statistiken aus aller Welt, sind langfristig die ertragreichste Wertpapierform. Wie kommt es aber, dass trotz dieser überzeugenden Faktenlage Aktien bei deutschen Anlegern einen denkbar schlechten Ruf genießen?

Das mag daran liegen, dass es in den vergangenen 25 Jahren eine derart große Häufung an Börsencrashs gegeben hat wie selten zuvor: Der Asien-Crash 1997, der Internetaktien-Crash 2000, der durch die Terrorangriffe in New York und Washington bis 2003 verlängert und verschärft wurde, der Finanzcrash 2007, der Euro-Schuldencrash 2011 und zuletzt der Corona-Crash 2020. Diese rasche Folge von Kursstürzen hat die Wahrnehmung der Anleger von Aktien negativ mitgeprägt.

Aktien gelten vielen als reine Spekulationsobjekte – aber sie sind genau das Gegenteil: Über sie können sich Anleger an Unternehmen beteiligen und am Wachstum sowie an Produktivitätsfortschritten teilhaben. Und unternehmerischer Erfolg ist in der Regel langfristig angelegt.

Langfristig sind Aktien Trumpf

Gerade für die Altersvorsorge sind Aktien erste Wahl, weil dieser Sparprozess meist langfristig ausgerichtet ist, Aktien also ihre Ertragsvorteile voll ausspielen und Rückschläge wettmachen können. Dazu kommt, dass die Altersvorsorge üblicherweise ein regelmäßiger Sparprozess ist. Je früher man damit anfängt, desto besser. Das Timing, also der Versuch, optimale Ein- und Ausstiegskurse zu finden, spielt keine Rolle, dafür der Langfristtrend umso mehr. Der weist, wie uns die Historie lehrt, nach oben. Aktien-ETF sind ideale Instrumente, um langfristige Renditevorteile zu nutzen, auch mit kleinen Beträgen. Das Pantoffel-Portfolio und der Pantoffel-Sparplan (siehe „Bequem anlegen" ab S. 70) zeigen, wie das konkret klappt. Aber welche Aktien-ETF eignen sich für welche Zwecke? Um das zu beantworten, betrachten wir die wichtigsten Aktienindizes, die mit ETF nachgebildet werden.

Natürlich kennen viele den Dax, den amerikanischen Dow Jones oder den japanischen Nikkei 225. Diese Leitindizes der führenden Aktienmärkte in den Industrienationen repräsentieren jeweils die bedeutendsten börsennotierten Aktiengesellschaften ihres Landes, die „Blue Chips". Wenn Medien und Banken die Marktentwicklung beschreiben, beziehen sie sich meistens auf diese renommierten Börsenbarometer. Da ist es kein Wunder, dass es zahlreiche ETF auf diese Indizes gibt. Allerdings weisen sie einen Makel auf: Sie umfassen nur Aktien der ganz großen Konzerne. Mittlere oder gar kleine Unternehmen bleiben völlig außen vor. Und sie sind zudem branchenmäßig nicht breit gestreut.

Die Schwächen des beliebten Dax
Für die deutschen Anleger ist der Dax der Superstar. Er repräsentiert als Stimmungsbarometer der heimischen Wirtschaft die 30 größten deutschen Aktiengesellschaften. Die sind im Index aber nicht alle gleich gewichtet. Vielmehr hängt der Anteil von ihrer Marktkapitalisierung ab. Mit anderen Worten: vom Börsenwert des Unternehmens. Anfang 2020 war SAP das gewichtigste Dax-Mitglied, der Anbieter von Softwarelösungen machte rund 12 Prozent des Dax-Wertes von 1,25 Billionen Euro aus, gefolgt von Linde, das mit rund 8,5 Prozent vertreten war. Gemeinsam mit Siemens, Allianz, Bayer, Adidas und Deutsche Telekom bestimmen diese sieben Aktien gut die Hälfte der Dax-Entwicklung. Die andere Hälfte verteilt sich auf die übrigen 23 Firmen.

Zahlreiche ETF bilden den Dax nach. Gemessen an den Handelsumsätzen im vollelektronischen Handel auf Xetra (das nach eigenen Angaben über 90 Prozent aller ETF-Umsätze in Deutschland abwickelt) war er 2019 der mit Abstand beliebteste Index bei den Anlegern, gefolgt vom Euro Stoxx 50, dem global investierenden MSCI World, dem S&P 500 und dem breiten europäischen Index Stoxx Europe 600.

> ### Gut zu wissen
>
> **Der Börsenwert,** auch Marktkapitalisierung genannt, zeigt an, wie hoch ein Unternehmen an der Börse bewertet wird. Dazu wird der aktuelle Kurs mit der Anzahl der ausgegebenen Aktien multipliziert. Ein Beispiel: SAP wies im Januar 2020 einen Börsenwert von rund 152 Milliarden Euro auf: 1 229 Millionen Aktien mal dem Kurs von knapp 124 Euro. Der Streubesitz, auch Free Float genannt, umfasst nur den Börsenwert der Aktien, die sich nicht im Festbesitz befinden, also keinem Aktionär mit mehr als 5 Prozent Anteil am Aktienkapital gehören. Die Gewichtung richtet sich beim Dax und anderen Indizes der Deutschen Börse nach dem Streubesitz. Im Januar 2020 lag der für das Dax-Gewicht entscheidende Streubesitz von SAP zum Beispiel bei 85,5 Prozent.

Dabei ist der Dax ganz anders als viele Indizes. Im Gegensatz zu den meisten Leitindizes wie Dow Jones oder Nikkei hat er eine Besonderheit in der Berechnung: Der Dax steigt Jahr für Jahr automatisch um den Wert der ausgeschütteten Dividenden, sie werden rechnerisch wieder in den Index investiert. Mit den Dividenden zeigt er sozusagen die gesamte Performance und wird daher als Performanceindex bezeichnet. Seine Konkurrenten Dow Jones, S&P 500, Nikkei oder Euro Stoxx sind hingegen Kursindizes, weil sie lediglich die Preisveränderungen der einzelnen Aktien widerspiegeln, Dividendenabschläge und andere Ausschüttungen wie Bezugsrechte werden dagegen wie Verluste behandelt. Wenn man die Wertentwicklung von Kursindizes wie dem S&P 500 oder dem Euro Stoxx 50 mit Performanceindizes wie Dax oder MDax vergleicht, muss man also genau nachrechnen.

Beim Dax hilft dabei die Deutsche Börse. Sie veröffentlicht parallel zum Performanceindex einen Dax-Kursindex. Er lag im Januar 2020 bei nicht einmal der Hälfte des Dax-Performanceindex von rund 13 400 Punkten, nämlich bei rund 6 000 Zählern. Dividenden haben also mehr als die Hälfte zum Gesamtergebnis beigetragen. Diese große Differenz zeigt, wie entscheidend Dividenden langfristig für die gesamte Wertentwicklung von Aktien und damit auch von Aktien-ETF sind. Und wie wichtig es ist, sie sofort nach der Ausschüttung wieder anzulegen und den Zinseszinseffekt zu nutzen.

> **Gut zu wissen**
>
> **Der Index lebt.** Üblicherweise mehrmals pro Jahr wird die Indexzusammensetzung nach den Kriterien Marktkapitalisierung und Börsenumsatz überprüft. Für die Dax-Familie, also Dax, MDax, TecDax und SDax, erfolgt das quartalsweise. Wer unter einen festgelegten Ranglistenplatz rutscht, muss weichen und wird von einer besser platzierten Aktie ersetzt. ETF vollziehen diese Änderungen nach. Eine sehr große Umstellung gab es im Herbst 2018. Seither dürfen Aktien, die im TecDax gelistet sind, gleichzeitig auch in einem der anderen drei Indizes vertreten sein.

ℹ **Dividenden sind Ausschüttungen** von Aktiengesellschaften an die Aktionäre als Ertrag für das Kapital, das man in Aktien investiert hat. Zudem besteht bei Aktien die Chance auf Kursgewinne.

Der große Unterschied beweist zudem, dass es nur Sinn macht, Indizes zu vergleichen, wenn sie auf demselben Berechnungsschema fußen.

Der Dax ist zwar eines der liebsten Anlageziele, als Basisinvestment geeignet ist er aber nicht. Zum einen, weil er nur 30 Unternehmen enthält und damit im Vergleich zu umfassenderen Börsenbarometern wie dem S&P 500 oder dem Stoxx Europe 600 einen Bruchteil. Zudem ist er mit Finanzkonzernen und Industriefirmen übergewichtet – mit Branchen, die sehr konjunkturabhängig sind. Er ist deshalb schwankungsintensiver (volatiler) als die Leitindizes vieler anderer großer Industrieländer. Auch fehlen wichtige Sektoren wie Nahrungsmittel und Rohstoffe ganz oder weitgehend, und die „New Economy" ist mit SAP, Infineon und Wirecard lediglich dünn vertreten. Der Dax spiegelt also die sehr vielschichtige Branchen- und Größenstruktur deutscher Firmen nur unzureichend wider. Der Mittelstand, oft als Rückgrat der deutschen Wirtschaft bezeichnet, fehlt ganz.

Ein ETF auf den Dax, ebenso wie auf andere Leitindizes, kann sinnvoll sein, wenn er mit anderen ETF im Rahmen einer durchdachten Strategie kombiniert wird. Wenig geeignet ist ein Dax-ETF jedoch als Basis eines langfristig ausgerichteten Aktiendepots, beispielsweise für die Altersvorsorge, egal, ob als Einmalanlage oder ETF-Sparplan. Dafür gibt es wesentlich bessere Lösungen.

→ **Was zeichnet einen Basis-ETF aus?**

Finanztest versteht darunter Fonds, die als Grundlage für ein Portfolio dienen. Mit ihnen können auch Börsenmuffel nichts falsch machen. Aktienindizes, die von Basis-ETF nachgebildet werden, müssen breit gestreut sein und eine Vielzahl an Branchen und Ländern beinhalten. Die internationale Streuung schützt vor allzu kräftigen Kursausschlägen und sorgt langfristig für relativ stabile und hohe Erträge.

Fünf gut geeignete Indizes für das langfristige Sparen

Für Anleger, die langfristig einen Buy-and-Hold-Ansatz (das bedeutet „kaufen und liegenlassen") bevorzugen und die den Aktienteil ihres Depots mit nur einem oder einer sehr geringen Zahl an ETF abdecken wollen, hält Finanztest fünf marktbreite Indizes für besonders geeignet: den MSCI World, den MSCI All Country World, den MSCI Europe und den Stoxx Europe 600. Hinzu kommt der FTSE All World, der mit dem MSCI All Country World vergleichbar ist. Die Renditeentwicklung beider Indizes verläuft seit Jahren nahezu parallel. Von Vanguard, dem Indexfonds-Pionier, werden seit Ende Oktober 2017 zahlreiche ETF an der Frankfurter Börse gehandelt. Wie im Kapitel „ETF verstehen", ab S. 11, beschrieben, verwendet

Vanguard aus Kostengründen keine MSCI-Indizes, sondern Indizes des britischen Anbieters FTSE Russell.

Diese fünf Indizes sorgen zwar in den Medien selten für Schlagzeilen, aber sie weisen dafür viele Vorteile auf. Welche sind das, und was zeichnet diese Indizes im Detail aus?

Der MSCI World bündelt die Industrieländer

Der MSCI World ist der renommierteste und älteste globale Aktienindex, berechnet vom US-Finanzdienstleister MSCI (siehe „Die großen Indexanbieter", S. 161). Viele Großanleger verwenden ihn seit Jahrzehnten als Vergleichsmaßstab (Benchmark), an dem sie ihren Investmenterfolg messen. Sie schauen also, ob sie mit ihren Anlagen besser oder schlechter abschneiden als der MSCI World. Sein Ausgangswert von 100 Punkten wurde per 31. Dezember 1969 festgesetzt. Mitte April 2020 hatte er über 2 000 Punkte erreicht, also 20-mal so viel.

Wenn Sie in einen ETF auf den MSCI World investieren, sind Sie an über 1 600 Aktien großer und mittelgroßer Unternehmen aus 23 Industrieländern beteiligt. Gewichtet werden die Aktien nach ihrem Börsenwert. Den größten Anteil am Index hatten Ende März 2020 die US-Technologiekonzerne Microsoft und Apple mit je gut 3,2 Prozent, gefolgt von Amazon (2,3 Prozent), Alphabet (2,0 Prozent) und Facebook (1,2 Prozent).

Die sieben größten MSCI-World-Mitglieder kommen zusammen nur auf einen Anteil von rund 13 Prozent, während die sieben größten Dax-Unternehmen knapp die Hälfte des deutschen Leitindex ausmachen. Dementsprechend ist die Volatilität, also die Schwankungsbreite, des Dax in der Regel deutlich höher als beim breit aufgestellten MSCI World. Die durchschnittlichen jährlichen Renditen (jeweils einschließlich der wieder angelegten Dividenden) sind langfristig beim MSCI World besser (siehe Grafik „Stabiler Weltindex"). Also klarer Vorteil MSCI World: Die Renditen waren höher und ein Investment weniger riskant.

Aber auch der MSCI World ist nicht ohne Fehl und Tadel: US-Aktien sind mit rund 64 Prozent sehr hoch gewichtet, deutsche mit 2,78 Prozent dagegen weitaus weniger stark vertreten, als es ihrem Anteil an der globalen Wirtschaftsleistung entspricht. Der beläuft sich auf rund 5 Prozent. Grund dafür: Hierzulande ist der Anteil von Unterneh-

---

Stabiler Weltindex

Der Weltaktienindex MSCI World hat auf Zehnjahressicht den Dax bei der Wertentwicklung deutlich hinter sich gelassen – und das bei wesentlich geringeren Wertschwankungen.

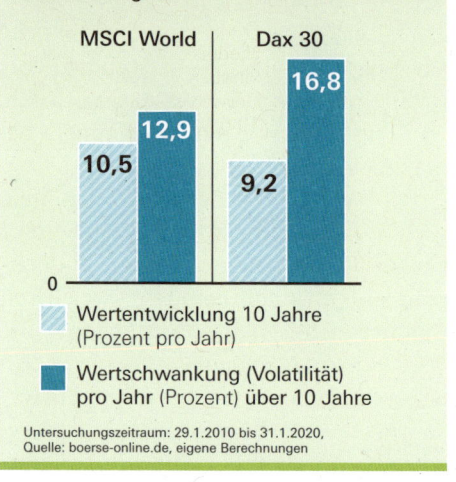

	MSCI World	Dax 30
Wertentwicklung 10 Jahre (Prozent pro Jahr)	10,5	9,2
Wertschwankung (Volatilität) pro Jahr (Prozent) über 10 Jahre	12,9	16,8

Untersuchungszeitraum: 29.1.2010 bis 31.1.2020.
Quelle: boerse-online.de, eigene Berechnungen

Der MSCI World ist vorbildlich: Geringeres Risiko dank Streuung

Ein Index mit möglichst vielen Aktien aus verschiedenen Ländern und Branchen bietet den besten Schutz vor hohen Wertschwankungen. Der MSCI World ist vorbildlich, Dax und Euro Stoxx 50 sind es nicht.

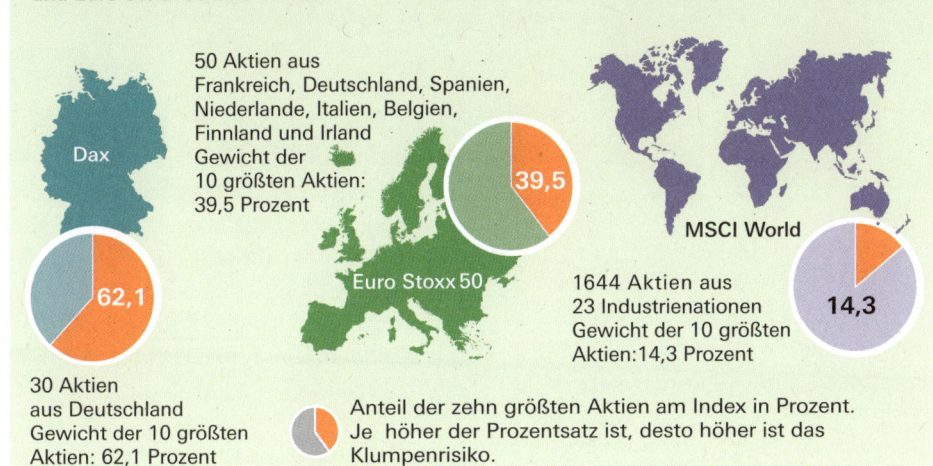

Dax
30 Aktien aus Deutschland
Gewicht der 10 größten Aktien: 62,1 Prozent

Euro Stoxx 50
50 Aktien aus Frankreich, Deutschland, Spanien, Niederlande, Italien, Belgien, Finnland und Irland
Gewicht der 10 größten Aktien: 39,5 Prozent

MSCI World
1644 Aktien aus 23 Industrienationen
Gewicht der 10 größten Aktien: 14,3 Prozent

Anteil der zehn größten Aktien am Index in Prozent. Je höher der Prozentsatz ist, desto höher ist das Klumpenrisiko.

Quelle: Indexanbieter. Stand 31. Januar 2020

---

men, die nicht an der Börse gehandelt werden, höher als in anderen Ländern, weil viele deutsche Mittelständler den Gang an die Börse scheuen. Deshalb ist die Marktkapitalisierung, also der Börsenwert aller deutschen Aktiengesellschaften, vergleichsweise gering. Aber daran orientiert sich das Ländergewicht im MSCI World. Das wirtschaftlich deutlich kleinere Großbritannien dagegen ist mit 4,9 Prozent im MSCI World Index fast doppelt so stark vertreten.

MSCI All Country World: Die Schwellenländer nicht vergessen

Aktien aus den aufstrebenden Schwellenländern wie China, Indien oder Südkorea fehlen im MSCI World sogar völlig – allerdings bewusst. Sie sind in einem eigenen Index, dem MSCI Emerging Markets, enthalten, der über 1400 Unternehmen (Stand Ende März 2020) aus 26 Schwellenländern umfasst. Das größte Gewicht mit 7,1 Prozent weist hier der chinesische Internetkonzern Alibaba auf, der im volkreichsten Land der Erde den Online-Handel dominiert, gefolgt von Tencent (5,9 Prozent), das in China mehrere Social-Media-Dienste anbietet, sowie von Taiwan Semiconductors (4,7 Prozent) und Samsung Electronics (3,9 Prozent). China hat mit über 40 Prozent den höchsten Anteil vor Taiwan mit 12 Prozent.

Ein „echter" Weltindex, der diesen Namen verdient, ist der MSCI ACWI. Er fasst den MSCI World und den MSCI Emerging Markets und damit fast die gesamte Börsenwelt der großen und mittleren Aktiengesellschaften zusammen. Der Zusatz ACWI steht für All Country World Index. Er enthält über 3000 Aktien. US-Unternehmen haben hier „nur" gut 56 Prozent Anteil, Schwellenländer etwa 11 Prozent und Deutschland 2,5 Prozent. Auf den MSCI ACWI gibt es jedoch

HÄTTEN SIE'S GEWUSST?

Der **Dow Jones,** auch nur „Dow" genannt, ist zwar der bekannteste Index der Welt, aber nach heutigem Maßstab wenig sinnvoll konstruiert.

Korrekt heißt er Dow Jones Industrial Average, also Durchschnitt – und wurde 1896 erstmals publiziert. Er wird nicht nach wissenschaftlichen Methoden berechnet wie moderne Indizes und gewichtet die Aktien nicht wie diese nach dem Börsenwert (der Marktkapitalisierung), sondern nach dem Aktienkurs.

Je höher der Kurs, desto größer der Anteil am Indexniveau. Das wirkt antiquiert – aber der Popularität des Dow tut das keinen Abbruch. Es gibt ETF auf ihn, aber bei Weitem nicht so viele, wie es seinem Bekanntheitsgrad entspricht.

nicht so viele ETF wie auf seine beiden Einzelteile, zudem liegen die jährlichen Kosten etwas höher. Aber er eignet sich als Basisinvestment, da er auch die wachstumsstarken Schwellenländer umfasst. Die Alternative des Indexanbieters FTSE Russell, der FTSE All World, enthält sogar fast 4 000 Aktien, die Länderanteile unterscheiden sich nur geringfügig vom MSCI All Country World.

MSCI Europe und Stoxx Europe 600 für den Europafokus

Gerade für deutsche Anleger bieten sich neben dem MSCI World, dem MSCI All County World und dem vergleichbaren FTSE All World auch andere Indizes als Basisanlagen an. Der Grund ist klar: Einen Deutschland-Anteil von weniger als 3 Prozent halten viele für zu gering. Sie können die beiden vorgestellten ETF auf die globalen Indizes mit breiten europäischen ETF ergänzen: auf den MSCI Europe und den Stoxx Europe 600.

Der MSCI Europe enthält rund 440 Aktien großer und mittelgroßer Unternehmen aus 15 europäischen Industrieländern. Großbritannien ist mit knapp 26 Prozent am stärksten vertreten, gefolgt von Frankreich mit 18 Prozent, der Schweiz mit 15 Prozent und Deutschland mit knapp 14 Prozent. Die drei Indexwerte mit der höchsten Gewichtung kommen allesamt aus der Schweiz: Der Nahrungsmittelkonzern Nestlé mit 3,6 Prozent und die Pharmariesen Roche Holding und Novartis mit 2,6 und 2,2 Prozent. SAP ist als einzige deutsche

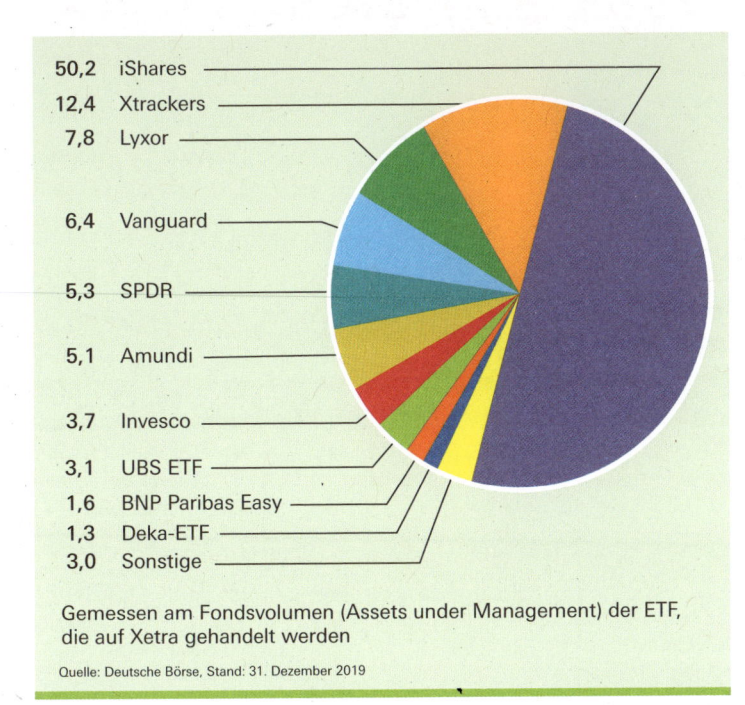

Die Marktanteile der ETF-Anbieter

50,2	iShares
12,4	Xtrackers
7,8	Lyxor
6,4	Vanguard
5,3	SPDR
5,1	Amundi
3,7	Invesco
3,1	UBS ETF
1,6	BNP Paribas Easy
1,3	Deka-ETF
3,0	Sonstige

Der größte ETF-Anbieter ist iShares. Dahinter verbirgt sich BlackRock, der weltgrößte Vermögensverwalter. Mehr über die einzelnen Anbieter und wer hinter ihnen steckt, erfahren Sie auf S. 162.

Gemessen am Fondsvolumen (Assets under Management) der ETF, die auf Xetra gehandelt werden

Quelle: Deutsche Börse, Stand: 31. Dezember 2019

Aktie mit 1,7 Prozent als siebtgrößter Wert in den Top Ten vertreten.

Bei der Branchenverteilung hat der Finanzsektor das höchste Gewicht (rund 18 Prozent), dahinter weisen Konsumgüter, Industrie und Gesundheitswesen jeweils Anteile von rund 14 Prozent auf. Internetunternehmen sind sehr schwach vertreten – ein großer Unterschied also zu den MSCI-World-Indizes. Anleger mit einer Vorliebe für die Technologiebranche sind daher beim MSCI Europe nicht so gut aufgehoben.

Gleiches gilt für den Stoxx Europe 600. Sowohl die Länderaufteilung als auch die größten Indexmitglieder ähneln denjenigen des MSCI Europe. Aber es gibt gravierende Unterschiede: Der Stoxx Europe 600 enthält auch kleine Unternehmen, denn die 600 Aktien sind in jeweils 200 große, mittlere und kleine aufgeteilt. Da Small Caps auf lange Sicht meist bessere Ergebnisse brachten (siehe „Faktoren und Strategien", S. 138) als der Gesamtmarkt, können Anleger auch beim Stoxx Europe 600 auf diesen Effekt setzen, müssen aber auch auf stärkere Kursschwankungen gefasst sein. In den vergangenen fünf und zehn Jahren hat der Stoxx Europe 600 tatsächlich etwas höhere Erträge erzielt als der MSCI Europe.

Welche Basis-ETF gibt es?

Auf alle genannten Basis-Indizes gibt es ETF von mehreren Fondsgesellschaften. Eine ETF-Auswahl finden Sie in der Tabelle „ETF auf diese fünf Aktienindizes eignen sich als Basisanlage", S. 54/55. Von den seltsam anmutenden Namen sollten Sie sich nicht beunruhigen lassen, dahinter stehen namhafte Adressen. So verbirgt sich hinter dem Markennamen iShares mit BlackRock die mit Abstand größte Fondsgesellschaft. Das US-Unternehmen ist gleichzeitig weltgröß-

ETF auf diese fünf Aktienindizes eignen sich als Basisanlage

	MSCI World	MSCI All Country World
Beschreibung	Der Index enthält Aktien aus 23 entwickelten Ländern.	Der Index enthält Aktien aus 23 entwickelten Ländern und 26 Schwellenländern.
Anzahl der Aktien	1 644	3 046
Größte Länder (Prozent)	USA (63,8), Japan (8,1), Großbritannien (5,3), Frankreich (3,7), Kanada (3,4)	USA (56,3), Japan (7,2), Großbritannien (4,7), China (4,0), Frankreich (3,3)
Größte Branchen (Prozent)	Informationstechnologie (18,1), Finanzen (15,4), Gesundheitswesen (12,9), Industrie (11,0), zyklische Konsumgüter (10,3)	Informationstechnologie (17,8), Finanzen (16,4), Gesundheitswesen (11,7), zyklische Konsumgüter (10,8), Industrie (10,3)
Größte Einzelaktien (Prozent)	Apple (3,2), Microsoft (2,8), Alphabet (2,0), Amazon (1,9), Facebook (1,1)	Apple (2,8), Microsoft (2,5), Alphabet (1,8), Amazon (1,7), Facebook (1,0)
Wichtigste Währungen	US-Dollar, Euro, Japanischer Yen, Britisches Pfund	US-Dollar, Euro, Japanischer Yen, Britisches Pfund
Deutschlandanteil (Prozent)	2,8	3,1
Anteil der zehn größten Werte (Prozent)	14,3	12,6
Wertentwicklung fünf Jahre (Prozent pro Jahr)	9,6	8,5
Maximaler Verlust (Prozent)	11,6	12,0
Anbieter von ETF auf den Index (Isin) Genannt wird jeweils ein ETF pro Anbieter mit der Finanztest-Bewertung „1. Wahl".	Amundi (LU 168 104 359 9), Comstage (LU 039 249 456 2), HSBC (IE 00B 4X9 L53 3), Invesco (IE 00B 60S X39 4), iShares (IE 00B 4L5 Y98 3), Lyxor (FR 001 031 577 0), UBS (LU 034 028 516), Xtrackers (LU 027 420 869 2).	iShares (IE 00B 6R5 225 9), Lyxor (IE 00B 182 922 021 6), SPDR (IE 00B 44Z 5B4 8).

FTSE All World	MSCI Europe	Stoxx Europe 600
Der Index enthält Aktien aus 47 Ländern, darunter entwickelte Länder und Schwellenländer.	Der Index enthält Aktien aus 15 entwickelten europäischen Ländern.	Der Index enthält Aktien aus 17 entwickelten europäischen Ländern.
3 925	437	600
USA (55,2), Japan (7,7), Großbritannien (5,0), Frankreich (3,2), Schweiz (2,8)	Großbritannien (25,8), Frankreich (17,9), Schweiz (15,3), Deutschland (13,7), Niederlande (6,3)	Großbritannien (25,4), Frankreich (17,3), Schweiz (14,8), Deutschland (14,5), Niederlande (5,6)
Technologie (17,8), Konsumgüter (17,0), Finanzen (13,2), Industrie (11,5), Gesundheitswesen (11,0)	Finanzen (17,7), Gesundheitswesen (14,3), Basis-Konsumgüter (14,2), Industrie (14,0), zyklische Konsumgüter (9,7)	langlebige Konsumgüter (15,8), Finanzen (15,5), Gesundheitswesen (14,7), Industriewerte (11,9), Technologie (5,9)
Apple (2,7), Microsoft (2,6), Alphabet (1,7), Amazon (1,7), Facebook (1,0)	Nestlé (3,6), Roche (2,6), Novartis (2,2), HSBC (1,6), Astrazeneka (1,4)	Nestlé (3,3), Roche (2,4), Novartis (2,3), HSBC (1,5), SAP (1,5)
US-Dollar, Euro, Japanischer Yen, Britisches Pfund	Euro, Britisches Pfund, Schweizer Franken	Euro, Britisches Pfund, Schweizer Franken
2,6	13,7	14,5
12,6	18,1	17,2
9,1	5,2	5,9
12,0	13,0	15,0
Vanguard (IE 00B 3RB WM2 5).	Amundi (LU 168 104 260 9), Deka (DE 000 ETF L28 4), HSBC (IE 00B 5BD 5K7 6), Invesco (IE 00B 60S WY3 2), iShares (IE 00B 1YZ SC5 1), Lyxor (FR 001 026 119 8), UBS (LU 044 673 410 4), Xtrackers (LU 027 420 923 7).	BNP easy (FR 001 155 019 3), Comstage (LU 037 843 458 2), Invesco (IE 00B 60S WW1 8), iShares (DE 000 263 530 7), Xtrackers (LU 032 847 579 2).

Stand: 31. Januar 2020

Quellen: Index- und ETF-Anbieter, Thomson Reuters, Finanztest eigene Berechnungen

ter Vermögensverwalter und dominiert das deutsche und europäische ETF-Geschäft. Es folgen Xtrackers und und Lyxor mit deutlich geringeren Anteilen (siehe Grafik „Die Marktanteile der ETF-Anbieter", S. 53). Ein Kurzporträt der wichtigsten Fondsgesellschaften finden Sie im Abschnitt „Die großen ETF-Anbieter" auf S. 162. Auf der S. 161 erhalten Sie auch eine Übersicht über die wichtigsten Indexanbieter.

Was ist mit dem Währungsrisiko?

Wer einen global ausgerichteten Aktien-ETF kauft, sollte wissen, dass er auch ein Währungsrisiko eingeht. Denn zum Kaufzeitpunkt wird der Kurs jeder Aktie oder Anleihe im Heimatland stets mit dem aktuellen Wechselkurs umgerechnet. Im MSCI World beispielsweise notierten Anfang 2020 gut 63 Prozent der Aktien in US-Dollar, rund 11 Prozent in Euro, 8 Prozent in japanischen Yen und 6 Prozent in Pfund. Es ist jedoch relativ egal, ob ein ETF in Euro oder – wie beim MSCI World – die Mehrzahl der Aktien in US-Dollar gehandelt wird. Die Umrechnung aus der Währung der einzelnen Wertpapiere in die Fondswährung verändert den Börsenwert der im Index enthaltenen Aktien nicht. Das ist eine reine Rechenoperation.

Das Risiko – und die Chance – auf Währungsveränderungen ergibt sich einzig und allein aus den Heimatwährungen der einzelnen Aktien. Wenn beispielsweise das britische Pfund an Wert verliert, verliert der Kurs des Pharmakonzerns AstraZeneca oder des Ölriesen BP bei der Umrechnung in Euro oder Dollar in gleichem Maß, und das wirkt sich negativ auf den Kurs eines ETF auf den MSCI World aus.

Ausnahme: Der ETF ist währungsgesichert. In diesem Fall findet sich üblicherweise im Namen des ETF ein Zusatz wie „currency hedged". Für einige globale oder internationale Indizes wie den MSCI World gibt es die Möglichkeit, währungsgesicherte ETF zu kaufen. Devisenkursschwankungen gleicht der ETF-Anbieter aus, egal ob Gewinne oder Verluste gegenüber dem Euro entstehen. Wechselkursschwankungen spielen dann für die Wertentwicklung keine Rolle mehr.

Doch das hat seinen Preis, die Kosten dieser ETF sind höher als ohne Absicherung. Und da sich zum einen Währungsschwankungen über lange Zeit ausgleichen und zum anderen Gebühren am Ertrag zehren, schaffen es die währungsgesicherten ETF nicht in die Favoritenlisten von Finanztest.

Renten-ETF sorgen für Stabilität

Staatsanleihen senken das Risiko im Depot, weil sie als sicher gelten und die Kurse geringer schwanken als bei Aktien. Die Minizinsen stellen Anleger aber vor neue Herausforderungen.

Jeder langfristig ausgerichtete Privatanleger sollte neben Aktien, die für den Ertragsanteil zuständig sind, auch auf risikoarme Anlagen setzen. Welche Wertpapiere versteht man darunter? Heimische Staatsanleihen oder Geldmarktanlagen wie Festgeld und Tagesgeld bergen wenig Risiko. Sie bringen feste Zinsen, und am Ende wird das Geld wieder zurückgezahlt. Derzeit sind die Zinsen extrem niedrig, aber dennoch bringen manche Anleihen mehr und andere weniger. Wie viel, hängt vornehmlich von zwei Faktoren ab: zum einen, wie solide ein Schuldner ist, sprich, wie gut dessen Bonität ist (siehe „Gut zu wissen", S. 58), und zum anderen, wie lange das Kapital gebunden ist. In der Regel gilt: Je solider der Schuldner, desto niedriger sind die Zinserträge, und je länger das Geld angelegt wird, desto höher der Zinssatz.

Solide Zinsanlagen zeichnen sich dadurch aus, dass sie üblicherweise viel geringere Wertschwankungen verzeichnen als Aktien und dass sich ihre Kurse zeitweise gegenläufig zu Aktien bewegen. Damit stellen sie eine Art Sicherheitsnetz für jedes Portfolio dar: Das Gesamtdepot gewinnt dadurch an Stabilität. Mithilfe von Renten-ETF (Anleihen werden auch Renten genannt) lässt sich der risikofreie Teil des Depots bequem, breit gestreut und kostengünstig bestücken. ETF haben gegenüber Festgeld oder dem direkten Kauf von Anleihen den Vorzug, dass ihre Laufzeit quasi unbegrenzt ist. Sie als Sparer müssen sich also nicht um die Wiederanlage kümmern. Das Festgeld muss hingegen verlängert werden, die Anleihe wird am Ende der Laufzeit getilgt. Hinzu kommt, dass Sie Renten-ETF für kleine Beträge kaufen können. Der direkte Kauf von Anleihen, insbesondere von Unternehmensanleihen, erfordert dagegen häufig einen relativ hohen Betrag, da sich die Mindeststückelung auf 10 000 Euro oder gar 50 000 Euro belaufen kann. Zudem ist der Börsenhandel bei vielen dieser Wertpapiere nicht sehr liquide, bei ETF dagegen schon.

Renten-ETF bilden wie Aktien-ETF einen bestimmten Index nach, sie sind einem breiten Anlegerkreis allerdings weit weniger bekannt. Dabei gibt es eine große Auswahl, denn Versicherer, Pensionsfonds oder Stif-

Gut zu wissen

Bonität bezeichnet die Kreditwürdigkeit von Schuldnern. Bei Herausgebern von Anleihen, den „Anleiheemittenten", wird sie in Noten angegeben. Sie werden von speziellen Ratingagenturen vergeben – für Staats-, Unternehmens- und sonstige Anleihen. Die größten Agenturen sind Standard & Poor's, Moody's und Fitch, alle mit Sitz in den USA. Bei Standard & Poor's ist AAA die Höchstnote. Dieses „Triple A" erhalten nur die sichersten Schuldner wie der Staat Deutschland. Frankreich hat AA (Stand März 2020), Italien BBB. Bis BBB– reicht die Skala des „Investmentgrade", die eine relativ hohe Sicherheit von Zins- und Rückzahlungen ausdrückt. Unterhalb davon beginnen die Hochzinsanleihen, auch „Ramsch-Anleihen" (englisch Junk Bonds) genannt, mit erhöhtem Risiko. Die schlechteste Note ist D.

tungen legen einen erheblichen Teil ihrer Kundengelder in Zinspapieren an, meistens einen weitaus größeren als in Aktien. Renten-ETF gewinnen bei ihnen zunehmend an Bedeutung. Entsprechend werden immer neue Rentenindizes konstruiert, um die Bedürfnisse der Großanleger zu erfüllen. Davon profitieren auch Privatanleger, denn ETF-Anbieter offerieren auch ihnen viele davon. Renten-ETF gibt es für Staatsanleihen, Unternehmensanleihen und für Mischungen aus beiden. Und es gibt sie für unterschiedliche Laufzeitsegmente, Währungen und Kreditqualitäten der Schuldner.

Ein Kurzporträt der Anbieter von Rentenindizes finden Sie im Abschnitt „Die großen Indexanbieter" auf S. 161. Besonders viele Renten-ETF gibt es auf die Indizes von Barclays Indices und Markit iBoxx.

Nicht alle Staatsanleihen sind „sichere Häfen"

Als sicherste festverzinsliche Wertpapiere gelten Staatsanleihen. Sie werden von Regierungen aufgelegt, die damit ein Minus im Staatshaushalt finanzieren. Anleger, die Staatsanleihen kaufen, geben dem entsprechenden Land einen Kredit für eine bestimmte Laufzeit – beispielsweise fünf Jahre – und erhalten dafür Zinsen. Da die meisten Staaten pro Jahr mehr Geld ausgeben als sie einnehmen, sind sie auf die Emission von Staatsanleihen angewiesen, um diese Defizite auszugleichen.

Bei Anlegern sind Staatsanleihen beliebt, weil Nationen normalerweise sichere Zahler sind. Sie können schließlich, anders als Unternehmen, über Steuern und andere Abgaben ihre Einnahmen zwangsweise erhöhen und damit Zins- und Rückzahlungen finanzieren. Vor allem in Zeiten wirtschaftlicher Krisen erweisen sich Staatsanleihen oft als

Hort der Stabilität. Viele Anleger trennen sich in diesen Phasen vorsichtshalber von risikobehafteten Investments wie Aktien und flüchten mit dem Geld in Staatsanleihen als „sichere Häfen". Unternehmensanleihen sind dann wenig gefragt, weil die Risiken einer nicht fristgerechten Rückzahlung durch die Firmen mit einer schwächeren Konjunktur zunehmen und das ihre Kurse drückt. Staatsanleihen dagegen gleichen die Verluste von Aktien mit Gewinnen teilweise aus und sorgen so für ein gewisses Maß an Stabilität des Gesamtdepots.

Allerdings hat die Sicherheit von Staatsanleihen während der Euro-Staatsschuldenkrise ab 2011 erhebliche Schrammen abbekommen, weil Griechenland so hohe Kredite aufgetürmt hatte, dass an eine Rückzahlung nicht zu denken war. Mit einem Schuldenschnitt entledigte sich Griechenland zu Lasten der Anleger, darunter auch viele deutsche Sparer, von rund 100 Milliarden Euro Schulden.

Wie hoch die Zinsen sind, die Staaten für Anleihen bezahlen müssen, hängt von der Bonität des jeweiligen Landes ab, also seiner Kreditwürdigkeit. Je höher die Wahrscheinlichkeit eingeschätzt wird, dass Zinsen und Rückzahlungen pünktlich geleistet werden, desto besser fallen die Bonitätsnoten aus. Sie werden von Ratingagenturen wie zum Beispiel Standard & Poor's vergeben. Die höchste Bonitätsstufe lautet AAA, Triple A genannt, die niedrigste D (siehe „Gut zu Wissen", S. 58).

Die Staatsanleihen der Euro-Länder weisen unterschiedliche Bonitätsnoten auf. Deutschland steht mit AAA an der Spitze, Italien schafft es mit BBB (März 2020) gerade noch in den Investmentbereich. Das ist deshalb wichtig, weil viele Großanleger laut ihren Statuten nur Anleihen mit Investmentgrade kaufen dürfen. Griechenland weist schlechtere Noten als BBB– auf. Und das wirkt sich auch auf Renditen von Renten-ETF aus. Dazu später mehr.

Bundesanleihen bringen negative Renditen

Da Deutschland im EU-Vergleich eine relativ geringe Staatsverschuldung und bis zur Corona-Krise jahrelang Überschüsse in den Haushalten ausgewiesen hat, sind die Renditen deutscher Staatsanleihen am niedrigsten. Mitte April 2020 lagen sie für Bundesanleihen mit zehn Jahren Laufzeit bei minus 0,5 Prozent, für Frankreich-Bonds bei 0,0 Prozent; Spanien musste 0,8 Prozent bezahlen und Italien 1,8 Prozent. Für Bundesanleihen mit zwei Jahren und mit fünf Jahren Laufzeit gab es Minus-Renditen von jeweils rund 0,7 Prozent. Kaum zu glauben: Anleger zahlen also kräftig drauf, damit sie deutsche Staatsanleihen mit kurzen, mittleren und langen Laufzeiten kaufen dürfen.

Damit Anleger überhaupt Erträge erzielen, müssen sie also bei Bundesanleihen lange Laufzeiten akzeptieren oder einen Korb mit Anleihen verschiedener Euro-Staaten kaufen. Das lässt sich mit Renten-ETF

So haben sich Anleiherenditen seit der Euro-Einführung entwickelt

Der längerfristige Trend zeigt abwärts. Ausnahme war die Eurokrise, als die Renditen von Krisenländern wie Italien kräftig stiegen. Besonders stark fielen die Renditen von Bundesanleihen. Die Wertentwicklung von Renten-ETF ging dadurch nach oben.

Rendite pro Jahr (Prozent) — Deutschland, Italien, USA. Dez 1998 – Dez 2018.

Quelle: Thomson Reuters. Stand 31. Dezember 2019

einfach bewerkstelligen. Warum sollen die Anleihen aus den Euro-Staaten sein und nicht aus Japan oder den USA? Weil es im Euroraum kein Währungsrisiko gibt. Da Staatsanleihen den Sicherheitsanker im Portfolio bilden, sollten Wechselkursrisiken vermieden werden – zumindest bei Basisanlagen für langfristige Sparprozesse.

Die Renten-ETF mit sicheren Staatsanleihen aus den Euro-Ländern, die Finanztest als „1. Wahl" empfiehlt, erfüllen diese Anforderungen. In den Bezeichnungen der Fonds stehen dafür oft die englischen Begriffe für Staatsanleihen: Treasuries, Government Bonds oder Sovereign Bonds. Die in der Tabelle „ETF auf diese Anleiheindizes eignen sich als Basisanlage", S. 62/63, aufgeführten ETF enthalten nur Staatsanleihen – mit einer Ausnahme: Der iShares Euro Aggregate Bond, der einen Rentenindex des Anbieters Barclays nachbildet, ist mit Staatsanleihen, Unternehmensanleihen und verbrieften Anleihen (wie Pfandbriefen) bestückt. Der eb.rexx wiederum beschränkt sich auf 25 hochliquide deutsche Staatsanleihen. Die anderen vier Renten-ETF bilden Indizes der Anbieter Barclays und Markit iBoxx nach, die Anleihen aus Euro-Ländern mit Investmentgrade enthalten. Griechische und portugiesische Anleihen fehlen damit völlig.

Alle diese vier Indizes bestehen zu einem hohen Prozentsatz aus Anleihen Italiens, Frankreichs und Spaniens. Da dort wegen der geringeren Bonität höhere Zinsen als in Deutschland gezahlt werden, heben sie die Erträge der ETF klar über die Null-Linie. Die Gewichtung der Länder resultiert aus dem ausstehenden Volumen an Staatsanleihen. Da Frankreich und vor allem Italien viel höher verschuldet sind als Deutschland, stammt beim Barclays Euro Treasury Index und beim Markit iBoxx EUR Sovereigns Eurozone jeweils rund ein Viertel des Index aus Anleihen der beiden Länder, Deutschland kommt auf rund 16 Prozent, Spanien auf rund 14 Prozent (Ende Januar 2020). Die Laufzeiten sind breit gestreut und liegen meist zwischen 1,5 bis 15 Jahren. Durch die langen Laufzeiten wird gewährleistet, dass die Renten-ETF noch eine akzeptable Rendite erwirtschaften, und durch die kurzen, dass das Zinsänderungsrisiko, also die Gefahr von Kursverlusten, nicht zu groß wird.

Steigende Renditen lassen die Anleihekurse fallen
Das waren noch Zeiten für Zinsjäger: 1982 brachten italienische Staatsanleihen mit zehn Jahren Laufzeit mehr als 15 Prozent Rendite, deutsche zehnjährige Bundesanleihen über 9 Prozent. Danach aber ging es mit den Anleihezinsen in Etappen immer weiter bergab – bis zu minus 0,9 Prozent im März 2020 für deutsche Staatsanleihen. Dieser Zinsabbau hat dafür gesorgt, dass die Anleihenkurse stetig gestiegen sind. Denn die Kurse der Anleihen bewegen sich gegenläufig zu den Renditen. Fallen die Marktzinsen, steigen die Kurse der Anleihen, klettern die Marktzinsen, dann verlieren die Anleihen an Wert. Das klingt komplizierter, als es ist.

Beispiel: Anleger A hat eine Anleihe mit einem Zinssatz von 1,0 Prozent gekauft. Nun aber steigt die Marktrendite für das entsprechende Anleihesegment auf 2,0 Prozent. Seine Anleihe ist damit weniger wert geworden. Er könnte sie nicht mehr verkaufen, weil andere Anleger natürlich Anleihen mit 2 Prozent Rendite einem Papier mit einem

4 TIPPS ZU RENTEN-ETF

1 Mix. Ob Zinsen steigen, niedrig bleiben oder fallen, weiß keiner. Mit einem Mix aus Tages- oder Festgeld sowie Renten-ETF sind Sie für alle Fälle gewappnet.

2 Auswahl. Mit ETF legen Sie am bequemsten in Anleihen an. Wählen Sie ETF mit Anleihen, die auf Euro lauten. Achten Sie auf einen Mix aus Staats- und Unternehmensanleihen unterschiedlicher Laufzeiten. Geeignete ETF finden Sie in der Tabelle „ETF auf diese Anleiheindizes eignen sich als Basisanlage" auf S. 62/63.

3 Zinswende. Rechnen Sie mit Kursverlusten bei Renten-ETF, wenn die Zinsen steigen. Wie stark und lange sie ins Minus rutschen, hängt von der Höhe und der Dauer des Zinsanstiegs, der Anleihenart und dem Ausgangsniveau ab.

4 Tagesgeld. Wenn Sie Risiken scheuen und mögliche Kursverluste vermeiden wollen, investieren Sie nur in Tages- und Festgeld (Topangebote finden Sie gegen eine Gebühr von 2 Euro unter test.de/zinsen).

ETF auf diese Anleiheindizes eignen sich als Basisanlage

Name des Index	Staatsanleihen		
	Barclays Euro Treasury	Markit iBoxx EUR Sovereigns Eurozone	Markit iBoxx EUR Liquid Sovereigns Capped 1.5–10.5
Anzahl Anleihen	369	352	25
Länderverteilung (Prozent)			
Deutschland	15,7	16,1	19,9
Frankreich	25,4	25,3	19,9
Italien	23,4	23,4	20,3
Anleiheart (Prozent)			
Staat [1]/Unternehmen/besichert [2]	100/0/0	100/0/0	100/0/0
Bonitätsverteilung nach Standard & Poor's (Prozent)			
AAA	20,6	20,2	35,7
AA+ bis AA–	36,4	36,5	44,1
A+ bis A–	17,2	2,6	–
BBB+ bis BBB–	25,8	40,7	20,2
Laufzeitenverteilung (Prozent)			
1 bis 3 Jahre	18,8	20,2	7,6
3 bis 7 Jahre	30,4	30,5	43,8
Mehr als 7 Jahre	50,6	49,3	48,8
Zinsänderungsrisiko			
Modifizierte Duration (Prozent)	8,5	8,3	6,5
Wertentwicklung (Prozent pro Jahr)			
Rendite 5 Jahre p.a.	2,6	3,4	3,1
Finanztest Kommentar	Breit gestreut, fast identisch mit dem Markit iBoxx EUR Sovereigns Eurozone. Relativ hohes Zinsänderungsrisiko.	Breit gestreut, fast identisch mit dem Barclays Euro Treasury. Relativ hohes Zinsänderungsrisiko.	Schwerpunkt auf wenigen, aber sehr liquiden Anleihen. Keine Papiere, die länger als 10,5 Jahre laufen.
Fonds			
Name möglicher ETF	iShares Core Euro Government Bond (IE 00B 4WX JJ6 4), SPDR Barclays Euro Gov Bond (IE 00B 3S5 XW0 4)	Xtrackers Eurozone Government Bond (LU 029 035 571 7)	iShares Euro Government Bond Capped 1.5 10.5 (DE 000 A0H 078 5)

[1] Inklusive staatsnahe Anleihen. [2] Zum Beispiel Pfandbriefe.

Stiftung Warentest | Alle ETF im Überblick

		Gemischte Anleihen
Markit iBoxx EUR Liquid Sovereigns Diversified Overall	eb.rexx	Barclays Euro Aggregate
47	25	5395
14,6	100	17,5
19,6		22,7
12,3		14,8
100 / 0 / 0	100 / 0 / 0	70,0 / 19,6 / 6,1
23,8	100	23,4
43,0		30,7
4,8		19,2
28,4		26,8
5,9	25,3	20,9
29,3	52,9	37,1
64,8	21,8	41,9
7,2	5,2	7,3
4,8	0,7	2,3
Schwerpunkt auf wenigen, aber sehr liquiden Anleihen. Höchster Anteil langlaufender Papiere, daher hohes Zinsänderungsrisiko.	Sicherste Variante, da nur deutsche Staatspapiere im Portfolio, Renditechancen sehr gering. Niedrigstes Zinsänderungsrisiko.	Fokus auf Staatsanleihen, umfasst auch Unternehmensanleihen, Risiko kaum höher als bei reinen Staatsanleihenindizes.
Comstage iBoxx EUR Liquid Sovereigns Diversified Overall (LU 044 460 564 5)	iShares eb.rexx Government Germany (DE 000 628 946 5)	iShares Euro Aggregate Bond (IE 00B 3DK XQ4 1), SPDR Barclays Euro Aggregate Bond (IE 00B 41R YL6 3)

Quellen: Thomson Reuters, ETF- und Indexanbieter, Finanztest, eigene Berechnungen   Stand: 31. Januar 2020

Prozent vorziehen. Der Renditeausgleich erfolgt über den Kurs der Anleihe von Anleger A: Er fällt so lange, bis die Rendite das neue Zinsniveau von 2 Prozent erreicht. Die Kursveränderungen der Anleihen sind umso stärker, je länger die Laufzeit ist.

→ Was sagen Duration und modifizierte Duration aus?

Duration lässt sich ganz einfach mit Kapitalbindung übersetzen. Die Kennziffer zeigt also, wie lange das Kapital nicht verfügbar ist, oder anders gesagt, wann eine Anleihe zurückgezahlt wird. Für ein ETF-Portfolio zeigt sie den Durchschnitt der Restlaufzeiten. Noch hilfreicher für Anleger ist die modifizierte Duration, die das Kursrisiko oder die Kurschance ausdrückt. Die Kennzahl gibt an, um wie viel sich der Anleihekurs verändert, wenn es zu einer 1-prozentigen Zinssatzänderung kommt. Eine modifizierte Duration von 5 Prozent bedeutet also, dass der Kurs des ETF um etwa 5 Prozent fällt, wenn der Marktzins um 1 Prozent steigt (und entsprechend um 5 Prozent klettert, wenn der Zins um 1 Prozent fällt). Besonders dann wird es wichtig, auf diese Kennzahl zu achten, sobald sich die Anzeichen für eine Zinswende an den Rentenmärkten verdichten. Wie es in Europa und weltweit nach der Corona-Krise mit den Zinsen weitergeht, weiß allerdings keiner.

Unternehmensanleihen locken mit Zinsvorteilen

Nicht nur Staaten, sondern auch viele Unternehmen haben in den vergangenen Jahren Anleihen aufgelegt. Damit können sie das extrem niedrige Zinsniveau für längere Zeit festschreiben, als dies üblicherweise bei Bankkrediten der Fall ist.

Für Anleger bieten Unternehmensanleihen – englisch: Corporate Bonds – eine Möglichkeit, höhere Renditen als mit Staatsanleihen zu erzielen. Auf einzelne Papiere zu setzen ist wegen der geringen Handelbarkeit und der oft hohen Mindeststückelung kaum zu empfehlen oder oft gar nicht möglich. Renten-ETF, die Indizes von Unternehmensanleihen nachbilden, sind eine elegante Lösung, um diese Hürden zu überwinden und mit einer breiten Streuung die Risiken zu verringern. Allerdings hat die Niedrigzinsphase auch die Renditen von Corporate Bonds gedrückt, vor allem seit die EZB ihr Anleihekaufprogramm auf diese Papiere mit einer Bonitätsnote bis zu BBB ausgedehnt hat. Der Renditevorsprung von Unternehmensanleihen gegenüber Staatsanleihen ist seither geschrumpft. Dennoch bieten sie überdurchschnittlich hohe Renditen.

Wer nicht ganz risikoscheu ist, kann als Basisanlage einen ETF wählen, der einen Mix aus Staats- und Unternehmensanleihen gemischter Laufzeiten enthält wie beispielsweise den Barclays Euro Aggregate (siehe Tabelle „ETF auf diese Anleiheindizes eignen sich als Basisanlage", S. 63).

Spezial-ETF für besondere Anlageideen

ETF gibt es nicht nur auf Aktien oder Anleihen, sondern auch auf Rohstoffe wie Gold. Aber auch bewährte Strategien oder neuere Denkansätze eröffnen ETF-Anlegern Möglichkeiten.

Aktive Anleger, die mehr als nur Aktien- und Anleihen-ETF wollen, weil sie sich viel mit dem Börsengeschehen beschäftigen und eigene Ideen oder besondere Strategien umsetzen möchten, finden eine reichhaltige Auswahl. Denn ETF gibt es für fast alle Länder und Regionen, für viele Branchen und Themen wie zum Beispiel Digitalisierung oder Gesundheit oder auch auf Rohstoffe wie Gold, Silber oder Öl. (Mehr dazu siehe „ETF für Fortgeschrittene", ab S. 127). Auch wer ökologisch anlegen will, findet zunehmend mehr Aktien-ETF, die entsprechende Kriterien berücksichtigen (siehe Abschnitt „Nachhaltig investieren", S. 88).

> **Spezial-ETF sollten Aktien- und Anleihen-ETF nicht ersetzen, sondern taugen eher als Ergänzung.**

Vielleicht haben Sie aber auch von den trendigen Faktor-ETF, auch Smart Beta genannt, gehört? Besonders stark wächst das Angebot an Papieren, die Aktienindizes nachbilden, die nach wissenschaftlichen Erkenntnissen konstruiert sind. So können etwa die Aktien in einem ETF alle mit dem gleichen Gewicht vertreten sein. Stark angesagt sind auch Strategien, mit denen Anleger zum Beispiel auf Small Caps (Nebenwerte) oder Value-Aktien (Substanz) setzen. Zugegeben, uns überzeugen hier nicht alle Ideen. Doch einige Ansätze waren erfolgreich und liefern auch langfristig ordentliche Ergebnisse. Mehr dazu: „Faktoren und Strategien", S. 138.

Spezial-ETF sollten die klassischen Aktien- und Anleihen-ETF nicht ersetzen, sondern taugen eher als Ergänzung. Die Kreativität der Anbieter ist groß, daher sollten Sie abwägen, ob die Papiere Ihre persönlichen Erwartungen erfüllen. Wichtig ist auch zu wissen, dass neben den Aktien- oder Anleihen-ETF auch Indexpapiere angeboten werden, die weniger sicher sind, wie Exchange Traded Commodities (ETC) oder Exchange Traded Notes (ETN). Hier sind Sie nicht an Sondervermögen beteiligt, sondern kaufen eine Schuldverschreibung und sind im Konkursfall des Anbieters wenig geschützt.

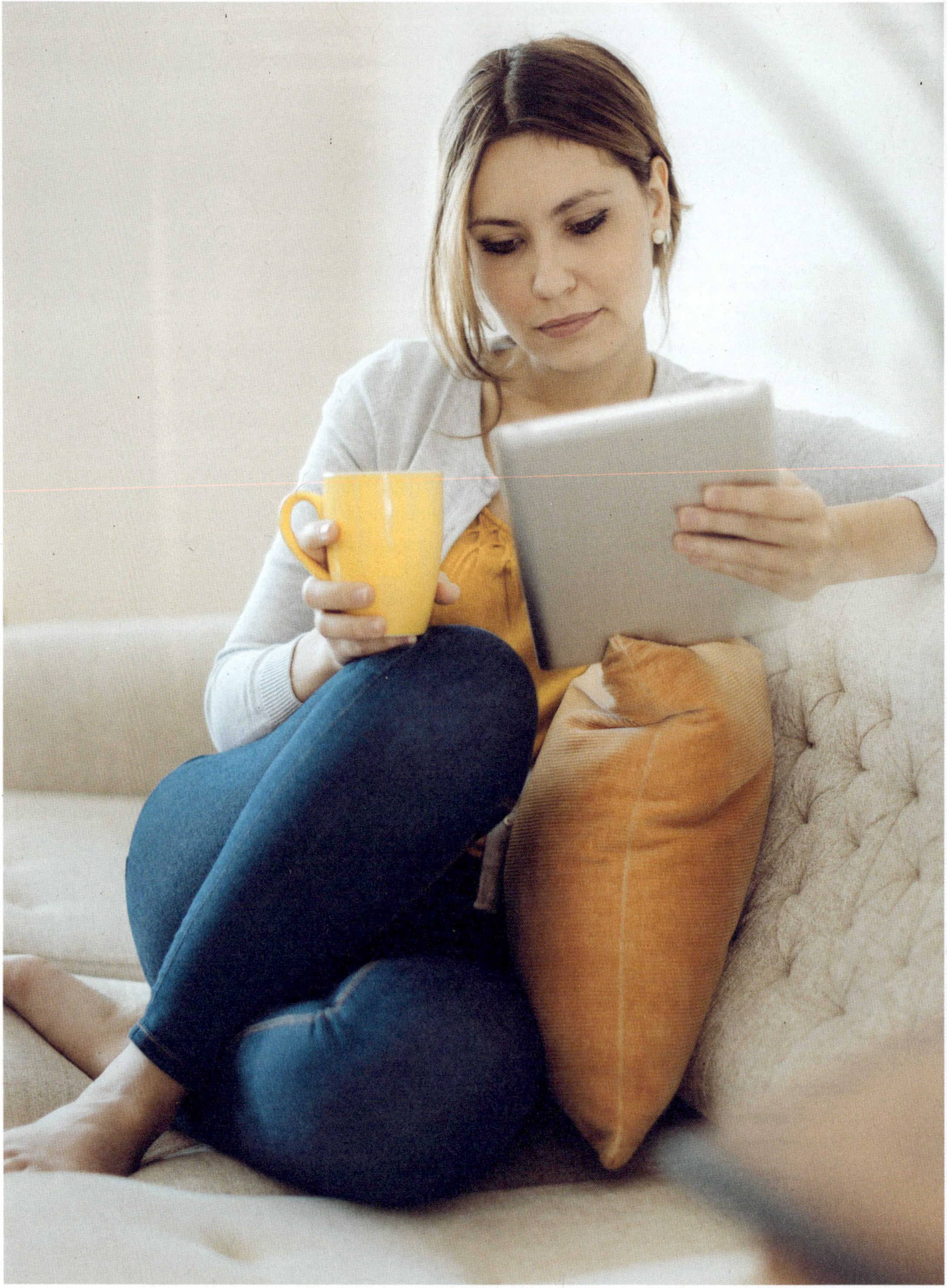

Mein ETF-Plan

Eine gute Geldanlage ist wie ein schön sortierter Kleiderschrank: Der Inhalt muss zu Ihnen und Ihrem Leben passen, aber auch Größe und Qualität sollten stimmen. ETF sind dabei oft die „Basics". Hier erfahren Sie, wie Sie Ihr persönliches Depot aufbauen.

Shorts oder dunkler Anzug – was ist die bessere Wahl? Auf diese Frage kann die Antwort nur lauten: Es kommt darauf an. So wie es nicht das eine Kleidungsstück gibt, das immer für jeden passt, gibt es auch nicht die passende Geldanlage für alle Lebenslagen. Es kommt eben darauf an, was Sie brauchen, was Sie wollen und auch wer Sie sind. In vielen Fällen sind ETF aber besonders gut geeignet, eine renditestarke Vermögensanlage aufzubauen, die sich ohne viel Aufwand führen lässt. Ob das auch für Sie angebracht ist, wie Sie ein Basisdepot aufbauen und welche Sparmöglichkeiten sich in welchen Lebenslagen anbieten, erfahren Sie auf den folgenden Seiten.

Eine einfache und daher gerade auch für Einsteiger geeignete Form, in ETF zu investieren, ist das Finanztest-Pantoffel-Portfolio, das Sie ab S. 70 näher vorgestellt bekommen. Auch Einsteiger können es problemlos aufbauen. Es lässt sich in sehr vielen Lebenslagen umsetzen und ist für zahlreiche Anlagezwecke geeignet: zum Beispiel um mit einem Sparplan regelmäßig Geld zurückzulegen, etwa zum gezielten Vermögensaufbau für die Altersvorsorge (siehe „Mit dem Pantoffel-Sparplan gut für das Alter vorsorgen", S. 76). Und selbst in späteren Jahren müssen Sie nicht auf das Pantoffel-Portfolio verzichten, wenn Sie sich aus Ihren Geldanlagen eine zusätzliche Rente genehmigen möchten (siehe „Im Alter noch sinnvoll anlegen", S. 84). ETF taugen auch für das Anlegen von Vermögenswirksamen Leistungen (siehe „Geschenktes Geld vom Chef in ETF investieren", S. 80). Und auch Anleger, die Wert darauf legen, ihr Geld nachhaltig, ethisch und ökologisch korrekt anzulegen, können auf ETF setzen (siehe „Nachhaltig investieren mit ETF", S. 88).

Wie Sie investieren wollen, hängt von Ihrer Risikoneigung ab: Selbstverständlich sollte Ihnen die Sorge um Ihr Geld keine schlaflosen Nächte bereiten. Aber wenn es ausschließlich auf Bankkonten schlummert, weil Ihnen alles andere als zu wagemutig erscheint, verschenken Sie vor allem derzeit

Checkliste

Wie schätze ich meine Risikotragfähigkeit ein?

Wenn einer oder mehrere der folgenden Faktoren auf Sie zutreffen, haben Sie vermutlich eine höhere Risikotragfähigkeit als der Durchschnitt:

- ☐ **Gesichertes Einkommen.** Ihr Einkommen ist langfristig gesichert, zum Beispiel als Beamter oder durch andere sichere Quellen.

- ☐ **Finanzielle Reserven.** Für die Unwägbarkeiten im Leben wie etwa ein kaputtes Auto sind Sie finanziell gerüstet.

- ☐ **Altersvorsorge.** Die Basis Ihrer Altersvorsorge steht: mit Rentenansprüchen, vielleicht eigenen Immobilien oder Lebensversicherungen.

Wenn einer oder mehrere der folgenden Faktoren auf Sie zutreffen, haben Sie dagegen eher eine geringere Risikotragfähigkeit als der Durchschnitt:

- ☐ **Unsichere Einkommenslage.** Ihre Einkommenssituation ist unsicher, zum Beispiel als Selbstständiger oder weil Sie Ihren Job als gefährdet betrachten.

- ☐ **Wenig Reserven.** Sie haben bislang kaum ein finanzielles Polster aufbauen können und werden auch Probleme haben, das in naher Zukunft zu schaffen.

Renditechancen. Wenn Sie sich die langfristigen Chancen von Aktien-ETF klarmachen, können Sie den Einstieg wagen.

Anleger mit hoher Risikoneigung kommen dagegen leichter in Versuchung, auf einzelne Aktien zu setzen oder andere wenig aussichtsreiche Anlageformen mit hohen Gewinnversprechen zu wählen – und dadurch viel Geld zu verspielen (siehe „Schluss mit falscher Geldanlage", S. 33).

Doch es gilt hier genau zu unterscheiden: Ihre (subjektive) Risikobereitschaft und Ihre (objektive) Risikotragfähigkeit sind zweierlei Dinge – und gerade das Zweite ist für Ihre Geldanlagestrategie wichtig.

→ **Das passende Risiko finden**

Die Risikostruktur einer Geldanlage muss zur Lebenssituation des Anlegers passen. Dabei unterscheidet man zwei Begriffe:

Risikobereitschaft. Darunter versteht man die ganz persönliche Neigung des Anlegers, Risiken einzugehen. Sowohl eine zu hohe als auch eine zu niedrige Risikobereitschaft kann in Sachen Geldanlage negativ wirken.

Risikotragfähigkeit. Bezeichnet den Spielraum für Verluste in den Finanzen des Anlegers. Generell gilt: Je besser das Leben durch andere Einnahmequellen abgesichert ist, desto höher ist die Risikotragfähigkeit.

❝ **Je höher Ihre Risikotragfähigkeit ist, desto stärker können Sie auf Aktien-ETF setzen.**

Ganz klar: Je höher Ihre Risikotragfähigkeit ist, desto stärker können Sie auf Aktien-ETF setzen – mit der Aussicht auf langfristig überdurchschnittliche Renditen. Doch auch Anleger mit schmalem finanziellen Spielraum und vergleichsweise geringer Risikotragfähigkeit können unter Umständen in Aktien-ETF investieren, wenn sie auf längere Sicht dabeibleiben wollen. Damit können sie die Langfrist-Chancen auf mehr Wohlstand nutzen. Denn wie wir inzwischen wissen, bieten Aktien-ETF hohe Gewinnchancen bei vertretbarem Risiko – sofern der Anlagezeitraum nur lang genug ist.

Die Checkliste „Wie schätze ich meine Risikotragfähigkeit ein?" gibt Ihnen eine grobe Orientierung dazu, wie es um Ihre Risikotragfähigkeit bestellt ist.

Bequem anlegen – die Pantoffel-Portfolios

Reinschlüpfen und sich wohlfühlen: Finanztest hat ein leicht verständliches und einfach nachvollziehbares Rezept für die langfristige Geldanlage entwickelt: das „Pantoffel-Portfolio".

Aktien für jedermann? Mit den Finanztest-Pantoffel-Portfolios fällt auch Anfängern der Börseneinstieg leicht. Einmal aufgebaut, läuft ein solches Portfolio fast von allein und bedarf nur in seltenen Fällen etwas Pflege – deshalb der Name Pantoffel-Portfolio. Man kann es für die Anlage eines einmaligen Betrags nutzen, aber genauso gut für einen monatlichen Sparplan oder sogar als Auszahlplan später im Leben. Einzige wichtige Voraussetzung: Sie sollten bereit sein, mindestens zehn, besser 15 Jahre durchzuhalten, um Börsenkapriolen durchzustehen. Dann stehen die Chancen gut, dass Sie trotz zwischenzeitlicher herber Rückschläge an den Börsen eine ansehnliche Rendite erwirtschaften.

Wie Sie aus den vorigen Kapiteln wissen, wirken sich in einem breit gestreuten Portfolio Kurseinbrüche einzelner Werte nur wenig aus, im besten Falle werden sie durch Kurssteigerungen anderer Wertpapiere mehr als wettgemacht. Das zeigt die Entwicklung der Börsen in den vergangenen 30 Jahren (siehe die Grafik „Alle Pantoffel-Varianten im Plus" auf S. 71).

Zwei Bausteine genügen
Die Finanztest-Strategie besteht aus zwei Bausteinen: einem Rendite- und einem Sicherheitsbaustein; die Inhalte der jeweiligen Bausteine stellen sich die Anleger ganz einfach aus einer Art Baukasten selbst zusammen. Im einfachsten Fall besteht das Pantoffel-Portfolio lediglich aus einem globalen und somit besonders breit gestreuten Aktien-ETF auf den MSCI-World-Index sowie wahlweise aus Tagesgeld oder einem Euro-Anleihen-ETF. Der Aktien-ETF dient als langfristiger Renditebringer, der Euro-Anleihen-ETF beziehungsweise das Tagesgeld sind der Stabilitätsanker. Der Vorteil von Tagesgeld besteht vor allem darin, dass es üblicherweise kostenlos ist, man flexibel bleibt und bei wieder anziehenden Zinsen – anders als bei Anleihen-ETF – keine Kursverluste riskiert (siehe „Renten-ETF", S. 57). Anleger, die 2020 ein Pantoffel-Portfolio aufbauen, sollten daher Tagesgeld den Vorzug geben.

Der MSCI World setzt nicht auf einzelne Länder, Branchen oder Trends, sondern auf das Wirtschaftswachstum der „entwickelten" Börsenwelt und ermöglicht daher eine

Für vorsichtige und risikobereite Anleger gleichermaßen geeignet

Das Pantoffel-Portfolio gibt es in drei Varianten – je nachdem, wie viel Risiko Anleger eingehen wollen. Als Aktienbaustein kommen ETF auf international breit gestreute Indizes wie den MSCI World infrage, als Zinsbaustein Tagesgeld oder Rentenfonds mit erstklassigen Anleihen.

Defensiv:
Pantoffel für Vorsichtige
25 % Aktienfonds
75 % Zinsanlagen

Ausgewogen:
Der Fifty-fifty-Pantoffel
50 % Aktienfonds
50 % Zinsanlagen

Offensiv:
Pantoffel für Risikobereite
75 % Aktienfonds
25 % Zinsanlagen

Quelle: Finanztest

Alle Pantoffel-Varianten im Plus

Im Jahr 1990 eingerichtete Pantoffel-Portfolios sind nach 30 Jahren klar im Plus, obwohl die New-Economy-Blase, die Finanzmarktkrise und die Corona-Pandemie Börsen-Crashs auslösten.

Entwicklung von 100 000 Euro Pantoffel-Einmalanlage (30 Jahre Laufzeit)

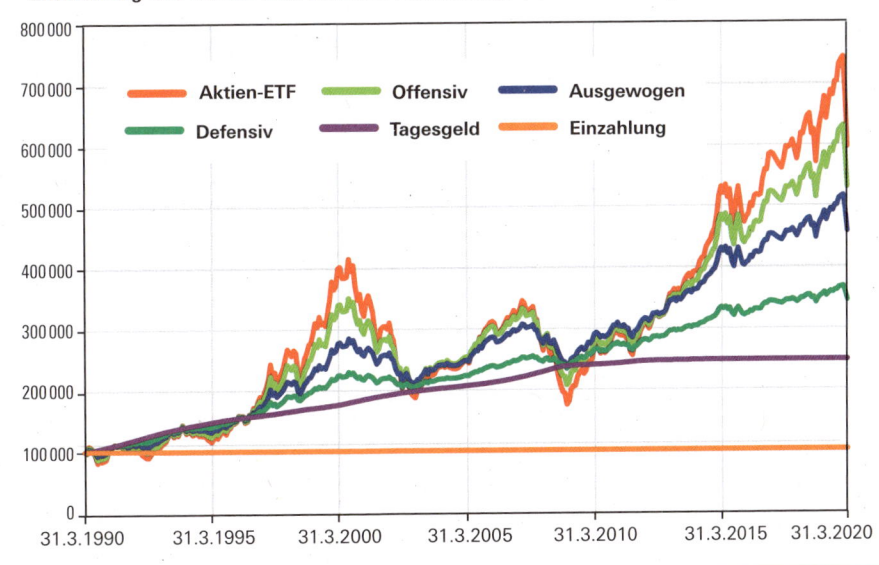

Legende: Aktien-ETF, Offensiv, Ausgewogen, Defensiv, Tagesgeld, Einzahlung

Stand: 31. März 2020
Quellen: Refinitiv, eigene Simulationen

sehr breite Risikostreuung. Noch breiter aufgestellt als mit dem MSCI World sind Anleger mit dem Index MSCI All Country World, der auch Schwellenländer wie China und Indien einschließt (siehe S. 51). Für Anleger birgt das Vor- wie Nachteile: In der Vergangenheit brachte der Verzicht auf die Emerging Markets, wie die Schwellenländer auch genannt werden, etwas mehr Stabilität ins Depot. Denn die etablierten Börsen kommen in Krisenzeiten in der Regel glimpflicher davon. Auf der anderen Seite verzichten Anleger aber auf Renditechancen. Wer sich der Chancen und Risiken bewusst ist, kann einem ETF auf den MSCI All Country World als Renditebaustein im Pantoffel-Portfolio den Vorzug geben.

Eine akzeptable Alternative für Anleger, die nicht so stark in fremden Währungen investiert sein wollen, dafür aber eine Einschränkung bei der Risikostreuung in Kauf nehmen, ist ein Investment in einen ETF auf den Index MSCI Europe oder den Stoxx Europe 600.

Auch ethisch-ökologisch orientierte Anleger werden bei ETF fündig und können sich beispielsweise einen Öko-Pantoffel zusammenstellen. Mehr dazu erfahren Sie im Abschnitt „Nachhaltig und ethisch korrekt investieren" ab S. 88.

▶ **Details zu den Basisindizes** finden Sie im Kapitel „Aktien-ETF", S. 46. Nachhaltige ETF, die sich für die Pantoffel-Strategie eignen, finden Sie auf S. 90.

Für alle Anlegertypen geeignet

Je nach Risikoeinstellung und -tragfähigkeit lassen sich der Rendite- und der Stabilitäts-Baustein mischen. Beim offensiven Pantoffel-Paar beträgt der Aktienanteil 75 Prozent, der Sicherheitsbaustein nur 25 Prozent. Beim ausgewogenen Paar macht der Aktienanteil die Hälfte aus und beim defensiven Pantoffel nur 25 Prozent (siehe Grafik „Für vorsichtige und risikobereite Anleger gleichermaßen geeignet", S. 71). Das klingt einfach, und genau das ist es auch.

Und es kommt noch etwas hinzu: Nach Berechnungen von Finanztest haben die Pantoffel-Mischungen in der Vergangenheit zumeist deutlich besser abgeschnitten als Mischfonds oder Vermögensverwaltungen von Banken mit vergleichbarem Risiko. Ein ausgewogener Pantoffel, der zur Hälfte aus Aktien, zur Hälfte aus Zinsanlagen besteht, hätte sich nach Berechnungen der Finanztest-Redaktion innerhalb von 30 Jahren seit Ende März 1990 von einer Anlage von 100 000 Euro zu einem Wert von gut 450 000 Euro entwickelt. Das entspricht einer Rendite von 5,2 Prozent pro Jahr. Der offensive Pantoffel hätte eine Rendite von 5,7 Prozent erzielt, der defensive immerhin 4,2 Prozent (Stand: 31. März 2020).

Das Gute am Pantoffel-Portfolio: Wenn Sie sich dafür entscheiden, das Finanztest-Anlagekonzept umzusetzen, müssen Sie weder ein Experte für Geldanlage im Allgemeinen noch für ETF im Besonderen sein, noch sich lange vorbereiten.

Checkliste

In fünf Schritten zum Pantoffel-Portfolio

☐ **Schritt 1.** Überlegen Sie, welches Risiko Sie eingehen können und wollen. Wer offensiv ist, setzt auf 75 Prozent Aktienanteil, wer wenig Risiko tragen kann, auf 25 Prozent. Die ausgewogene Mischung mit 50 Prozent Aktienanteil ist für die meisten Anleger eine gute Wahl.

☐ **Schritt 2.** Wählen Sie eine Basisanlage für den Aktienanteil aus. Besonders empfehlenswert ist ein ETF auf den MSCI World Index; wer etwas mehr Schwankungen aushält und Schwellenländer dabeihaben möchte, wählt den MSCI All Country World oder den FTSE All World. Wer lieber auf Europa setzen möchte, dafür aber eine geringere Streuung in Kauf nimmt, setzt auf den MSCI Europe oder Stoxx Europe 600. Passende ETF finden Sie in der Tabelle „ETF auf diese Aktienindizes eignen sich als Basisanlage", S. 54.

☐ **Schritt 3.** Wählen Sie eine Basisanlage für den Sicherheitsbaustein aus. Hierfür kommen Tagesgeld oder Renten-ETF infrage, die einen Index aus Staatsanleihen oder einen gemischten Index aus Staats- und Unternehmensanleihen abbilden. Die Anleihen sollten auf Euro lauten. Passende ETF finden Sie in der Tabelle „ETF auf diese Anleiheindizes eignen sich als Basisanlage" auf S. 62. Mit Tagesgeld ist man besonders flexibel und vermeidet – anders als bei Renten-ETF – Kursverluste bei wieder steigenden Zinsen.

☐ **Schritt 4.** Suchen Sie die passende Bank aus und eröffnen Sie ein Wertpapierdepot. Der Einmalkauf von ETF ist bei jeder Bank möglich, ETF-Sparpläne gibt es dagegen längst nicht überall, sondern vor allem bei Online-Banken (siehe „Das passende Depot", S. 98).

☐ **Schritt 5.** Achten Sie darauf, ob das tatsächliche Mischungsverhältnis im Pantoffel-Portfolio noch der Wunschaufteilung entspricht, und passen Sie es gegebenenfalls an (siehe „Das Depot richtig anpassen", S. 116). Es genügt, wenn Sie sich dazu das Depot einmal im Jahr anschauen – oder dann, wenn es an den Börsen gerade hoch hergeht.

Zweierlei brauchen Sie zum Start: Erstens sollten Sie ein Wertpapierdepot haben oder neu eröffnen. Zweitens sollten Sie sich überlegen, wie viel Geld Sie auf längere Sicht von mindestens zehn Jahren wirklich entbehren können. Denn eines muss Ihnen klar sein, wenn Sie Ihr Geld zum Teil an die Börse bringen: Dass es immer mal wieder zum Teil heftige Kursausschläge geben wird, ist so sicher wie das Amen in der Kirche. Nicht sicher ist jedoch, wann diese eintreten werden.

Schon ab einer Rate von zumeist 50 Euro, je nach Bank sogar schon ab 25 Euro, können Sie ganz einfach mit einem ETF-Sparplan starten. Das macht ETF-Sparpläne zum idealen Anlagevehikel für junge Leute, die noch wenig Geld, aber lange Zeit für die Geldanlage haben (siehe „Pantoffel-Sparplan", S. 76).

Wer dagegen im Alter seine Rente aufbessern möchte, kann aus seinem Pantoffel-Portfolio auch einen Entnahmeplan machen. Das ist ein umgekehrter Sparplan – man verkauft also regelmäßig einen kleinen Anteil seiner ETF-Anteile oder löst einen kleinen Teil seines Tagesgelds auf (siehe „Im Alter noch sinnvoll anlegen", S. 84).

Haben Sie Ihr Pantoffel-Portfolio aufgebaut, ist es sehr pflegeleicht. Sie müssen sich nur gelegentlich darum kümmern, wenn das gewünschte Mischungsverhältnis zwischen Rendite-Baustein und Stabilitäts-Baustein nachhaltig aus dem Gleichgewicht geraten ist – nämlich dann, wenn die tatsächliche Aufteilung der beiden Bausteine um mehr als 10 Prozentpunkte von der gewünschten Gewichtung abweicht. Nur dann sollten Sie das Portfolio anpassen. Wie das geht, finden Sie im Abschnitt „Das Depot richtig anpassen" auf S. 116.

Und was ist bei einem Crash?

Vielleicht machen Sie sich wie viele Anleger Sorgen darum, wie sich ein Markteinbruch aufs Pantoffel-Portfolio auswirken könnte. Um das herauszufinden, hat Finanztest verschiedene Szenarien durchgespielt. Das Ergebnis ist beruhigend: Wenn Anleger das Geld in ihrem Pantoffel-Portfolio 20 Jahre liegen lassen und nur wie empfohlen die Gewichtung anpassen, wenn sie sich stark verschiebt, können sie von Phasen, in denen es schlecht läuft, sogar profitieren. Sie verhalten sich dann antizyklisch: Wenn die Kurse abgestürzt sind, verkaufen sie Zinsanlagen und kaufen Aktien-ETF zum günstigen Kurs nach. Umgekehrt verkaufen sie Aktien-ETF, wenn sie gut gelaufen sind.

Die Tabelle „Was aus 100 000 Euro nach 20 Jahren geworden wäre" zeigt, wie das Pantoffel-Portfolio abgeschnitten hätte – je nachdem, wann es zu Crashs kommt. Am Ende waren alle Pantoffel bei unseren simulierten Verläufen deutlich im Plus – ebenso wie beim historischen Verlauf. Und das, obwohl Einstieg (auf dem Hoch der Dotcom-Blase) und Ausstieg (mitten im Tief der Corona-Krise) äußerst ungünstig waren. Dazwischen lagen noch der Zusammenbruch der New Economy am Anfang dieses Jahrtausends und die Finanzmarktkrise 2008.

Was aus 100 000 Euro nach 20 Jahren Anlagedauer geworden wäre

Die Tabelle zeigt, wie sich die Pantoffel-Portfolios in unterschiedlichen Marktverläufen entwickeln. Was aus 100 000 Euro nach 20 Jahren geworden ist, steht in der Spalte „Endvermögen". Wie wir die Daten berechnet haben, können Sie unter test.de/etf-methodik nachlesen.

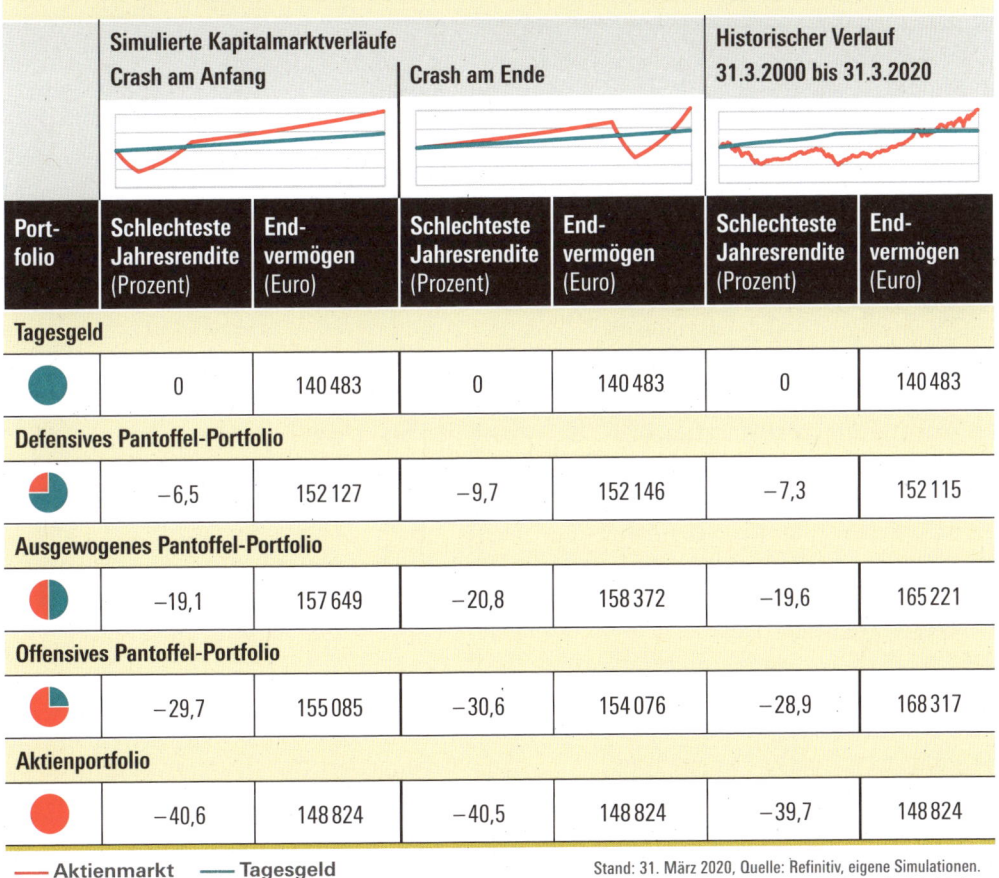

Portfolio	Simulierte Kapitalmarktverläufe Crash am Anfang		Crash am Ende		Historischer Verlauf 31.3.2000 bis 31.3.2020	
	Schlechteste Jahresrendite (Prozent)	Endvermögen (Euro)	Schlechteste Jahresrendite (Prozent)	Endvermögen (Euro)	Schlechteste Jahresrendite (Prozent)	Endvermögen (Euro)
Tagesgeld	0	140 483	0	140 483	0	140 483
Defensives Pantoffel-Portfolio	–6,5	152 127	–9,7	152 146	–7,3	152 115
Ausgewogenes Pantoffel-Portfolio	–19,1	157 649	–20,8	158 372	–19,6	165 221
Offensives Pantoffel-Portfolio	–29,7	155 085	–30,6	154 076	–28,9	168 317
Aktienportfolio	–40,6	148 824	–40,5	148 824	–39,7	148 824

— Aktienmarkt — Tagesgeld

Stand: 31. März 2020, Quelle: Refinitiv, eigene Simulationen. Bei den Simulationen wurden Handelskosten berücksichtigt.

Mit dem Pantoffel-Sparplan gut für das Alter vorsorgen

Viele haben Angst, dass im Alter das Geld knapp wird. Eine gute ETF-Strategie kann helfen, damit die Finanzen im Lebensabend ausreichen.

„Die Rente ist sicher." Dieser berühmte Ausspruch des ehemaligen Bundesarbeitsministers Norbert Blüm wird heute gerne um den Nachsatz „aber zu niedrig" ergänzt. Denn die gesetzliche Rente ist zwar sicher, sie wird für einen auskömmlichen Lebensstandard alleine aber in der Regel nicht genug sein. Kein Wunder also, dass das Thema Altersvorsorge bei vielen vor allem eines hervorruft: Bauchschmerzen.

Zu Recht: Derzeit liegt das Rentenniveau, also das Verhältnis zwischen Durchschnittsverdienst und Rentenhöhe, bei knapp 49 Prozent. Und das nur dann, wenn der Rentner 45 Jahre durchweg gearbeitet und Einzahlungen in die Rentenkasse getätigt hat. Für Menschen mit Phasen von Teilzeit, Arbeitslosigkeit oder Familienzeiten fällt die Zahlung noch geringer aus. Und mehr noch: In den kommenden Jahren soll das Rentenniveau weiter sinken. 2030 wird es vermutlich bei rund 43 Prozent liegen.

Mit der gesetzlichen Rente allein sind Geldprobleme im Alter somit programmiert. Zwar sinken die Ausgaben im Ruhestand, weil zum Beispiel die Fahrtkosten zum Arbeitsplatz wegfallen. Experten gehen aber davon aus, dass ein Rentner rund 80 Prozent seines letzten Nettogehaltes benötigt, um seinen Lebensstandard zu halten – also fast das Doppelte von dem, was die Deutsche Rentenversicherung vermutlich einmal überweisen wird.

> **Je früher Sie mit dem Sparen für die Altersvorsorge beginnen, desto mehr hilft Ihnen der Zinseszinseffekt.**

Um diese Lücke zu schließen, gibt es verschiedene Möglichkeiten. Der Staat fördert privates Sparen zum Beispiel im Rahmen der Riester-Rente, die vor allem für Familien mit Kindern interessant ist. Und mit einer Betriebsrente können Angestellte mithilfe ihres Arbeitgebers für später vorsorgen. Doch die bittere Nachricht lautet: Selbst gesetzliche Rente plus Riester und Betriebsrente zusammen können immer noch zu knapp ausfallen.

Sollten Sie noch eine Rentenlücke haben, bleibt nur die Möglichkeit, sie mit privatem Vermögen zu schließen. Dabei haben Sie einen wichtigen Verbündeten, den Zinseszinseffekt, und einen erbitterten Gegenspieler, die Teuerung. Mit Ihrem ETF-Plan nutzen Sie Ihren Verbündeten und halten den Gegenspieler in Schach – und das auf einfache, kostengünstige und renditestarke Weise.

Ganz wichtig: Je früher Sie mit dem Sparen für die Altersvorsorge beginnen, desto mehr hilft Ihnen der Zinseszinseffekt. Je später Sie anfangen, umso mühsamer ist es, einen stattlichen Betrag anzusparen. Angenommen, Sie möchten 100 000 Euro ansparen und erhalten gleichbleibend 3 Prozent Rendite, reicht es dank des Zinseszinses, wenn Sie 173 Euro monatlich zurücklegen, sofern Sie 30 Jahre Zeit haben. Starten Sie spät und es bleiben nur zehn Jahre, müssten Sie 715 Euro monatlich stemmen.

In der Vergangenheit waren bei Aktien-ETF mehr als 3 Prozent Rendite drin. Aber was passiert, wenn die Kurse zwischendurch einbrechen? Viele Sparer haben große Angst vor einem Crash. Manchmal kann er jedoch sogar als Renditeturbo wirken, wie die Berechnungen von Finanztest zeigen.

Der Pantoffel-Sparplan im Test

Die einfachste Möglichkeit, mit ETF zu sparen, ist der Finanztest-Pantoffel-Sparplan. Er funktioniert wie das Pantoffel-Portfolio (siehe S. 70) – nur zahlen Sie nicht einmalig eine größere Summe ein, sondern regelmäßige Raten. Dafür schließen Sie zwei Sparpläne ab. Ihre Rate teilen Sie je nach der gewählten Risiko-Variante unterschiedlich auf.

Bei 200 Euro für den ausgewogenen Sparplan fließen zum Beispiel monatlich 100 Euro in einen ETF-Sparplan auf den MSCI World Index oder einen anderen Basisindex (siehe Tabelle „Diese Aktienindizes eignen sich als Basisanlage", S. 54). Für die anderen 100 Euro können Sie entweder einen Sparplan auf einen Renten-ETF wählen oder einen Dauerauftrag auf Ihr Tagesgeldkonto einrichten. In unserer Untersuchung haben wir mit Tagesgeld gerechnet. Hätten die Sparer diese ausgewogene Variante vor 30 Jahren gewählt, von 31. März 1990 bis 31. März 2020 insgesamt 72 000 Euro eingezahlt und die Gewichtung von Aktien-ETF und Zinsanlagen regelmäßig angepasst, besäßen sie heute rund 145 471 Euro. Das entspräche 4,3 Prozent Rendite pro Jahr. Auch für Sparpläne gibt es noch eine Variante für Vorsichtige und eine für Risikobereite. Auf dem defensiven Depot mit 25 Prozent Aktien haben sich im selben Zeitraum 123 965 Euro angesammelt. Damit brachte es 3,2 Prozent pro Jahr. Das offensive Portfolio lag bei 165 914 Euro oder 5,1 Prozent pro Jahr.

Die Ergebnisse im Detail

Im Test haben wir Sparpläne ähnlich wie die Einmalanlagen durch zwei weitere Marktszenarien laufen lassen: ein Crash am Anfang und einer am Ende. Besser fiel das Ergebnis bei einem Kurssturz am Anfang aus.

Beim Sparplan wirkt ein Crash am Anfang nämlich wie ein Turbo: Für Ihre monatliche Sparsumme bekommen Sie nach einem Crash mehr Anteile, es gibt sie sozusagen im Sonderangebot. Steigen die Kurse über die Zeit Ihrer Spardauer wieder an, profitieren Sie umso mehr von dieser Entwicklung. Angenommen, der MSCI World Index würde sich in den kommenden zehn Jahren verdoppeln. Dann stünden Ratensparer mit Crash am Anfang sogar besser da, als wenn die Kurse gleichmäßig gestiegen wären.

Checkliste

Schritt für Schritt zum Pantoffel-Sparplan

Schritt 1. Entscheiden Sie sich für eine Gewichtung, die zu Ihnen passt. Für die meisten Anleger ist der ausgewogene Pantoffel-Sparplan eine gute Wahl.

Schritt 2. Teilen Sie Ihre Sparrate auf. Ein Teil fließt in einen ETF-Sparplan, beispielsweise auf den MSCI World Index. Mit dem anderen Teil besparen Sie Tagesgeld oder einen Euro-Renten-ETF. Passende ETF finden Sie in der Tabelle „Diese ETF sind 1. Wahl" auf S. 166.

Schritt 3. Wählen Sie die passende Bank. Bei einem Sparplan kaufen Sie die ETF-Anteile nicht über die Börse. Das wäre in der Regel zu teuer. Stattdessen schließen Sie bei Ihrer Bank einen Sparplan ab. Auch dazu benötigen Sie ein Wertpapierdepot. Welche Banken günstig sind, finden Sie unter „Das passende Depot", S. 98. Um einen Sparplan auf ein Tagesgeldkonto anzulegen, richten Sie einfach einen Dauerauftrag von Ihrem Girokonto ein.

Schritt 4. Bestimmen Sie die Ratenhöhe. Sparpläne können Sie schon mit kleinen Beträgen beginnen. Üblich sind 25 Euro oder 50 Euro pro Monat als Mindestrate. Wenn Ihnen das zu viel ist, zahlen Sie beispielsweise nur alle drei Monate ein. Sie können anfangs auch nur einen ETF besparen, etwa auf den MSCI World Index. ETF-Sparpläne sind sehr flexibel. Sie können die Rate jederzeit ändern oder aussetzen, und Sie können Teilbeträge entnehmen, ohne dass der Sparplan erlischt.

Schritt 5. Checken Sie etwa einmal im Jahr, ob die Aufteilung im Depot noch stimmt. Mehr dazu siehe „Das Depot richtig anpassen", S. 116.

Brachen die Notierungen ausgerechnet am Schluss der Sparphase ein, war das ungünstiger. Anleger können sich wappnen, indem sie beim Ausstieg flexibel bleiben und auf eine Erholung bauen. Gut, wenn man den Verkauf ein Jahr aufschieben kann oder sein Depot nur Schritt für Schritt auflöst und den Aktien-ETF Zeit zur Erholung gibt. ETF-Sparer können sich aber auch ein oder zwei Jahre vor dem geplanten Sparende auf die Lauer legen und versuchen, einen günstigen Ausstiegszeitpunkt abzupassen – vor allem wenn die Kurse vorher stark gestiegen sind. Ob das glückt oder man Rendite verschenkt, weiß man aber erst hinterher.

Auf die Risiken achten

Nun kann sich niemand ein Szenario aussuchen. Wie die Märkte laufen werden, weiß keiner. Möglicherweise stürzen die Kurse sogar zwei Mal oder mehr in zwei Jahrzehnten ab. Daher ist es umso wichtiger, dass der Pantoffel-Sparplan von vornherein zur Risikobereitschaft des Anlegers passt. Sie sollten sich dabei nicht an den Endergebnissen orientieren, sondern überlegen, wie hoch zwischenzeitliche Verluste zu Buche stehen dürfen, um für Sie noch erträglich zu sein.

Das Risiko hängt mehr von der gewählten Sparplan-Variante als von den Marktverläufen ab: Beim offensiven Sparplan mit einem Aktienanteil von 75 Prozent fällt ein zwischenzeitliches Minus naturgemäß kräftiger aus als bei den anderen beiden Pantoffel-Varianten.

Flexibilität ist von Vorteil

Hat sich gegen Ende der Laufzeit ein kleines Vermögen angesammelt, stellt sich die Frage, ob das Portfolio weiterlaufen soll oder ob es besser ist, das Geld in Sicherheit zu bringen. Wer plant, einen Entnahmeplan anzuschließen, kann ruhig weitermachen (siehe „Im Alter noch sinnvoll anlegen", S. 84). Wer das Geld verwenden will, überlegt vielleicht, auf eine andere Variante umzusteigen, etwa von der offensiven auf die defensive.

❞ **Besser gleich die passende Sparplan-Variante wählen.**

Aus unserer Sicht wählt man besser von Anfang an die passende Mischung, denn selbst Profis gelingt es selten, den besten Ein- und Ausstiegszeitpunkt abzupassen. Privatanleger dürften sich noch schwerer tun.

Vergessen Sie die Steuern nicht

Wenn Sie abschätzen möchten, wie viel Vermögen mit ETF Sie ansammeln wollen, müssen Sie unbedingt zwei unangenehme Faktoren mit einrechnen: Inflation und Steuern. Denn die Rendite Ihres Investments kommt nicht vollständig bei Ihnen an, weil der Fiskus seinen Teil abzieht (zu den Details siehe „ETF richtig versteuern" ab S. 119). Behandeln Sie Ihre Einkünfte aus den ETF also wie ein Bruttogehalt. Davon gehen ja auch noch Steuern und Abgaben ab.

Geschenktes Geld vom Chef in ETF investieren

Viele Arbeitnehmer haben Anspruch auf Vermögenswirksame Leistungen (VL) ihres Arbeitgebers. Auch Aktien-ETF kommen für die VL-Anlage infrage. So geht es ganz einfach.

Bei Arbeitnehmern hilft der Chef sehr häufig Monat für Monat mit beim Sparen – mithilfe von Vermögenswirksamen Leistungen (VL). Sofern das Unternehmen die VL bezuschusst oder sogar komplett übernimmt, erhält man ein Bonbon zusätzlich zum eigentlichen Gehalt. Daher ist klar: Wer VL ungenutzt links liegen lässt, dem entgeht über die Jahre einiges an Geld. Mancher verzichtet überdies auch auf staatliche Förderung (siehe Übersicht „Wie der Staat den Vermögensaufbau fördert").

> **Auch Aktien-ETF lassen sich – ebenso wie herkömmliche Aktienfonds – fürs VL-Sparen nutzen.**

Was sich noch nicht sonderlich herumgesprochen hat: Nicht nur herkömmliche Aktienfonds, sondern auch Aktien-ETF lassen sich fürs VL-Sparen nutzen. Hier erfahren Sie, wie das funktioniert. Wichtig: Das Vermögensbildungsgesetz schreibt zwingend ein Investment in Fonds oder ETF mit einem Aktienanteil von mindestens 60 Prozent vor; mit reinen Anleihen-ETF geht es nicht.

Ein großes Vermögen lässt sich zwar mit VL nicht aufbauen, dafür sind die monatlichen Sparbeträge dann doch zu gering. Trotzdem sollte man als Angestellter, Beamter oder Auszubildender keinesfalls darauf verzichten. Sie lohnen sich für jeden in jeder Lebenslage. Sehr viele Unternehmen zahlen ihren Angestellten VL als zusätzliche Sozialleistung unabhängig vom eigentlichen Gehalt. Aber auch Beamte haben darauf Anspruch. Wie viel VL man bekommt, richtet sich nach der Branchenzugehörigkeit und ist zumeist im Tarifvertrag, in einer Betriebsvereinbarung oder im Arbeitsvertrag geregelt. Häufig gibt es das Geld vom Chef allerdings erst nach Ablauf der Probezeit. In der Spitze zahlen Arbeitgeber eine VL-Rate von 40 Euro pro Monat, also 480 Euro pro Jahr. Auf der anderen Seite des Spektrums, etwa im öffentlichen Dienst, gibt es derzeit nur 6,65 Euro an VL pro Monat.

Innerhalb bestimmter Einkommensgrenzen können Anleger zusätzlich beim Staat die Arbeitnehmer-Sparzulage beantragen. Bei Aktien-ETF und Aktienfonds kann ein VL-Sparer auf die maximal förderfähige eingezahlte Summe von 400 Euro pro Jahr noch eine Zulage von 20 Prozent (maximal 80 Euro pro Jahr) erhalten. Voraussetzung: Das zu versteuernde Einkommen darf nicht mehr als 20 000 Euro (Alleinstehende / Verheiratete: das Doppelte) pro Jahr betragen.

Neben Aktienfonds und -ETF gibt es weitere VL-Varianten mit der Chance auf staatliche Förderung – Bausparen und Tilgung eines Immobilienkredits. In der Tabelle „Wie der Staat den Vermögensaufbau fördert" finden Sie auch für diese Varianten die Eckdaten. Ausführlich stellen wir sie nicht in diesem Buch vor. Prinzipiell funktionieren sie aber ähnlich wie das Sparen mit Fonds.

VL-Sparen bedeutet, regelmäßig Geld anzulegen und das Ersparte in der Zwischenzeit ruhen zu lassen. Da es sich um eine mittel- bis langfristige Sparform handelt, bieten sich Sparpläne auf kostengünstige und breit streuende Aktien-ETF auf den MSCI World besonders an. Der Einzahlungszeitraum dieser VL-Sparverträge beträgt sechs Jahre. Haben Sie die Arbeitnehmer-Sparzulage beantragt, liegen die Ersparnisse noch ein weiteres Jahr fest. Nach dem siebten Jahr, der Sperrfrist, können Sie dann über die gesamte Summe aus Einzahlungen, Erträgen und der Arbeitnehmer-Sparzulage verfügen.

Wie der Staat den Vermögensaufbau fördert

Wer wenig verdient, profitiert von Arbeitnehmer-Sparzulage und Wohnungsbauprämie.

Anlageform	Einkommens-grenzen[1), 2)] (Euro/Jahr)	Geförderter Sparbetrag[1)] (Euro/Jahr)	Förderhöhe in %	Höhe Sparzulage[1)] (Euro/Jahr)
Arbeitnehmer-Sparzulage				
Bausparen	17 900	470	9	43
Tilgung Baukredit	17 900	470	9	43
Aktienfonds oder -ETF	20 000	400	20	80
Wohnungsbauprämie				
Bausparen[3)]	35 000	700	10	70

1) Werte gelten für Alleinstehende – doppelter Betrag für Ehepaare; 2) Zu versteuerndes Einkommen; 3) Ab 2021 (2020 Einkommensgrenze 25 600 Euro, Geförderter Sparbetrag 512 Euro, Sparzulage 45 Euro)

Quelle: Fünftes Vermögensbildungsgesetz / eigene Recherchen

Checkliste

In vier Schritten zum passenden VL-Vertrag

Der Abschluss eines VL-Vertrags mit Aktien-ETF ist einfacher, als viele denken, und in vier Schritten erledigt:

☐ **Schritt 1.** Klären Sie die Höhe des Anspruchs auf VL. Dazu sollten Sie sich bei Ihrer Personalabteilung erkundigen, was bei Ihnen im Betrieb gezahlt wird. Falls der Chef nur wenig beisteuert, könnten Sie erwägen, die Rate aus eigenen Mitteln aufzustocken.

☐ **Schritt 2.** Gehen Sie auf die Homepage Ihres Vermittlers und eröffnen Sie falls nötig ein VL-Depot. Wählen Sie einen Aktien-ETF auf den MSCI World, MSCI ACWI oder einen europaweit streuenden Index aus. Infrage kommen zum Beispiel auf den MSCI World: Xtrackers (Isin LU 027 420 869 2), Comstage (Isin LU 039 249 456 2), iShares (Isin IE 00B 4L5 Y98 3), Lyxor (Isin FR 001 031 577 0); auf den MSCI ACWI: Lyxor (Isin LU 182 922 021 6). Europaweit streuend: iShares (Isin DE 000 263 530 7), Xtrackers (Isin LU 027 420 923 7), Comstage (Isin LU 037 843 458 2).

☐ **Schritt 3.** Wenn Sie den Vertrag abgeschlossen haben, geben Sie der Personalabteilung Bescheid. Denn der Arbeitgeber muss die Vermögenswirksamen Leistungen überweisen, so schreibt es das Fünfte Vermögensbildungsgesetz zwingend vor.

☐ **Schritt 4.** Prüfen Sie, ob Ihr Einkommen noch innerhalb der Grenzen für die staatliche Arbeitnehmer-Sparzulage liegt. Bei Aktien-ETF darf das zu versteuernde Einkommen bei Alleinstehenden nicht mehr als 20 000 Euro im Jahr betragen, bei Verheirateten nicht mehr als 40 000 Euro. Die Förderung erhöht die Rendite des Vertrags. Die Arbeitnehmer-Sparzulage müssen Sie während der Sparzeit einmal jährlich im Rahmen der Steuererklärung beantragen. Das Institut, welches das VL-Geld verwaltet, stellt Ihnen das dafür nötige Formular aus. Gut zu wissen: Das Finanzamt zahlt die komplette Förderung erst auf einen Schlag am Ende der Laufzeit des VL-Vertrags aus.

Während dieser Wartefrist kann man den nächsten Vertrag abschließen und direkt weiter sparen. Das ist sinnvoll, denn Aktieninvestments sind schließlich besonders empfehlenswert für den langfristig orientierten Vermögensaufbau. Insofern lässt sich die zwischenzeitliche Sperre von VL-Verträgen sogar als Vorteil begreifen: Sollten infolge von Börsenturbulenzen die Notierungen nämlich im Minus stehen, kommt man gar nicht in die Verlegenheit, sich zu fragen, ob man besser aussteigen sollte. Und die Chance, Verluste auf lange Sicht wieder mehr als wettzumachen, ist sehr hoch.

Sparzulage als Renditeturbo
Über alle Sparzeiträume von 1962 bis 2019 konnten Anleger mit VL-Sparplänen (Aktienfonds Deutschland) nach Zahlen des Fondsverbands BVI eine durchschnittliche Rendite von 7,42 Prozent pro Jahr nach Kosten erzielen. Für ETF-Sparpläne auf den MSCI World gibt es keine Musterrechnung, daher geben wir die Werte des BVI für einen aktiv gemanagten Deutschlandfonds zur Orientierung an. Wer überdies noch die Arbeitnehmer-Sparzulage kassieren konnte, durfte sich bei diesen Fonds sogar über eine durchschnittliche Rendite von 10,37 Prozent freuen. Hätte jemand seit 1999 seine VL in deutsche Aktienfonds gesteckt und 20 Jahre durchgehalten, hätte er aus einer Einzahlung von 9 600 Euro (20 Jahre lang 40 Euro pro Monat) 17 686 Euro gemacht. Trotz heftiger Börsenkapriolen zwischendurch war das ein Plus von mehr als 80 Prozent, und das noch ohne Einrechnung des Renditeturbos Arbeitnehmer-Sparzulage.

Es gibt zwar vereinzelte Sieben-Jahres-Zeiträume, in denen die VL-Sparer im Minus landeten – etwa in der Sparperiode 1996 bis 2002 in Zeiten des Dotcom-Crashs. Wer die Anteile aber mindestens 15 Jahre hielt, landete stets im Plus. Zwar lassen sich die künftigen Renditen bei Aktienanlagen nicht vorhersagen. Klar ist aber, dass die in der Anschaffung und im Unterhalt günstigen Aktien-ETF gut fürs VL-Sparen geeignet sind.

Allerdings ist diese VL-Variante noch nicht sehr gängig. ETF für VL gibt es vor allem bei Online-Anbietern. Oft müssen Anleger für einen VL-Vertrag extra Depotgebühren zahlen, mitunter sogar dann, wenn sie bei der Bank bereits ein Depot haben. Günstige ETF-Sparpläne gibt es zum Beispiel bei Comdirect und Finvesto. Sie vermitteln ein Depot bei der Fondsbank Ebase – ebenso wie etliche Internet-Fondsvermittler. Von den Filialbanken bietet die Commerzbank VL-Sparpläne mit ETF an. Das Direktdepot ist kostenlos, aber die Kaufkosten für die VL-ETF sind dort relativ teuer.

Im Alter noch sinnvoll anlegen

Wer das Rentenalter erreicht und Geld zum Anlegen hat, steht oft vor der Frage: Wohin am besten mit dem Vermögen?

Geschafft! Endlich in Rente. Jetzt geht es daran, erspartes Vermögen sinnvoll anzulegen. Vielleicht haben Sie eine Auszahlung aus einer Lebensversicherung erhalten, die Sie jetzt gut unterbringen wollen, um bis zum Lebensende davon zu zehren.

Dann sind auch Sie auf eine dauerhaft auskömmliche Rendite angewiesen. Denn im Schnitt dauert der Ruhestand 20 Jahre – ein langer Zeitraum, in dem die Erträge der Geldanlage einen entscheidenden Unterschied machen. Bei der aktuellen Zins- und Inflationsentwicklung wird Ihr Geld auf einem Bankkonto immer weniger wert. Um dem gegenzusteuern, sollten Sie auch im Alter noch auf renditestarke Investments setzen und breit gestreute Aktien-ETF weiterhin in Betracht ziehen.

Teilen Sie Ihr Geld weiter nach dem Terrassenmodell (siehe „Mein großer Plan", S. 28) auf. Alles, was als Reserve für außergewöhnliche Ausgaben gedacht ist, muss verfügbar angelegt werden. Verfolgen Sie hierfür die Konditionen der Banken für Tages- und Festgeld. Und es gilt: Wenn Sie Ihr Geld etwas länger binden, bekommen Sie in der Regel höhere Zinsen. Sie sollten allerdings gut kalkulieren, wie viel Sie wann zur Verfügung haben wollen.

Ein Teil Ihres freien Vermögens gehört aber nach wie vor in renditestarke Anlagen – und damit vor allem in Aktien-ETF. Früher hieß es oft, der Anteil der Aktien am Vermögen solle sich in etwa an der Faustformel „100 minus Lebensalter" orientieren. Das hieße, mit 65 Jahren wäre ein 35-Prozent-Anteil von Aktien-ETF am Geldvermögen vernünftig, mit 80 Jahren nur noch 20 Prozent. Das sture Befolgen dieser Faustformel könnte Sie aber viel Geld kosten. Denn gerade zu Beginn der Rente kann der Zinseszinseffekt am stärksten wirken, weil Sie eine große Summe für längere Zeit anlegen, die Sie erst nach und nach aufbrauchen.

Wie wichtig es ist, auch im Alter noch auf die Rendite zu schauen, zeigt folgendes Beispiel: Angenommen, Sie haben eine Lebensversicherung von 100 000 Euro ausgezahlt bekommen und wollen davon jeden Monat 500 Euro entnehmen. Wenn Sie Ihr Vermögen zinslos anlegen, wäre es nach gut 16 Jahren aufgebraucht. Bei einem gleichbleibenden Zins von 2 Prozent kommen Sie fast 20 Jahre über die Runden, bei 5 Prozent sind es sogar mehr als 32 Jahre.

Das Gesetz des Zinseszinses gilt eben auch im Alter: Je mehr Geld auf längere Zeit angelegt bleibt, desto größer ist am Ende

Stiftung Warentest | Mein ETF-Plan

Checkliste

Auszahlplan mit ETF – So geht's

- ☐ **Passende Bank suchen.** Für die regelmäßige Entnahme aus Aktien-ETF sind Auszahlpläne interessant. Sie sind bei Banken aber noch rar gesät und nicht immer günstig. Eine einfache Alternative besteht darin, die Auszahlungsrate für ein Jahr auf einen Schlag zu Geld zu machen. Das hält die Transaktionskosten gering. Günstige Depotbanken finden Sie auf S. 163.

- ☐ **Pantoffel aufbauen.** Stellen Sie sich ein Pantoffel-Portfolio (siehe S. 70) zusammen. Der Renditebaustein besteht aus Aktien-ETF, beispielsweise auf den MSCI World, der Sicherheitsbaustein aus Tagesgeld. Die Verteilung der beiden Bausteine bestimmt sich nach Ihrer Risikoeinstellung und Ihrer Risikotragfähigkeit (siehe S. 68). Wer eine geringe Rente oder wenig Fondserfahrung hat, wählt die defensive Mischung. Für die meisten dürfte die ausgewogene Variante die beste sein. Wir empfehlen, die anfangs gewählte Variante über die gesamte Laufzeit beizubehalten.

- ☐ **Einlagensicherung beachten.** Bankeinlagen wie Tagesgeld sind in der EU per Gesetz in Höhe von 100 000 Euro pro Einleger und Bank abgesichert. Vorsichtige verteilen ihr Geld auf mehrere Banken, wenn sie mehr als 100 000 Euro anlegen.

- ☐ **Entnahmestrategie.** Starten Sie die Entnahme aus dem Tagesgeld. Das ist praktischer, denn dann brauchen Sie keinen ETF-Auszahlplan. Natürlich sollten Sie auch hier mindestens einmal im Jahr prüfen, ob die Gewichtung der einzelnen Bausteine zu stark von der Zielgewichtung abweicht (je nach Pantoffelart 25, 50 oder 75 Prozent Aktien). Nutzen Sie den kostenlosen Rechner unter test.de/pufferpantoffel oder rechnen Sie selbst: Teilen Sie dazu Ihr Aktienvermögen durch das Gesamtvermögen und multiplizieren Sie mit 100. Ziehen Sie dann die Zielgewichtung ab. Beträgt die Abweichung mehr als 10 Prozentpunkte, sollten Sie anpassen. Ist beispielsweise der Aktienanteil zu hoch, schichten Sie in Tagesgeld um.

Der Auszahlplan mit dem Pantoffel-Portfolio im Überblick

Die Grafiken zeigen, was bei 100 000 Euro Startkapital im ausgewogenen Portfolio von 31. März 1990 bis 31. März 2020 bei flexibler Entnahme passiert ist: ❶ So haben sich die Bausteine ohne Auszahlungen entwickelt. ❷ So viele Euro konnte man entnehmen. ❸ So war die Aufteilung der Bausteine. ❹ So viele Euro waren nach Entnahme im Portfolio.

So viel Rente gab es je nach Portfoliotyp

Das konnte man bei 100 000 Euro Startkapital über 30 Jahre flexibel entnehmen

Portfolio	Mindestens	Mittel	Maximal	Stärkste Rentensenkung (%)	Rendite (% p.a.)	Umschichtungen (Anzahl)
Tagesgeld	280	553	685	0	4,6	0
Defensiver Pantoffel	274	632	953	–14	5,3	12
Ausgewogener Pantoffel	258	736	1305	–27	6,2	21
Offensiver Pantoffel	242	814	1653	–44	6,8	25
Aktiendepot	226	829	1804	–58	6,8	1

Stand: 31. März 2020, Quelle: Refinitiv, eigene Simulationen

der Ertrag. Und 20 Jahre Ruhestand sind in Anlagemaßstäben ein langer Zeitraum, zumindest lang genug, um weiter auf die Stärken von ETF zu setzen, und auch hier ist das Pantoffel-Portfolio eine bequeme Variante.

Einfach wäre es, den Anfangsbetrag – zum Beispiel besagte 100 000 Euro – durch die geplante Laufzeit zu teilen. Das ergäbe einen fixen monatlichen Auszahlbetrag. Doch besser fährt man nach Berechnungen von Finanztest mit dem Konzept der flexiblen Auszahlung. Dazu teilt der Ruheständler in regelmäßigen Abständen, zum Beispiel einmal pro Jahr, das verbleibende Restvermögen auf die noch übrige Auszahlzeit auf. Jährlich sollte man ohnehin prüfen, ob der Mix des Gesamtvermögens noch passt. Liegt der Anteil der Aktien-ETF nach einem Börseneinbruch unterhalb der gewünschten Aufteilung, starten Sie die Entnahme zunächst aus dem Tagesgeld – und geben den Aktien-ETF die Chance auf Erholung. Das Konzept der flexiblen Auszahlung hat zwar den Nachteil, dass der Auszahlbetrag über die Jahre schwankt. Allerdings reagiert man damit automatisch auf gute und schlechte

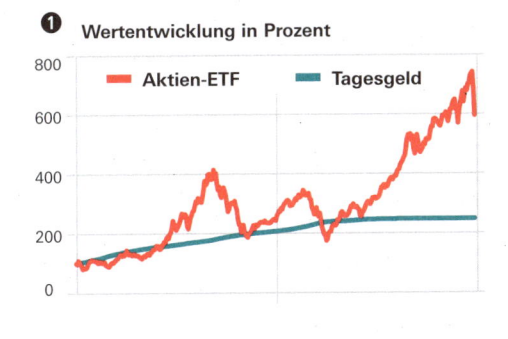

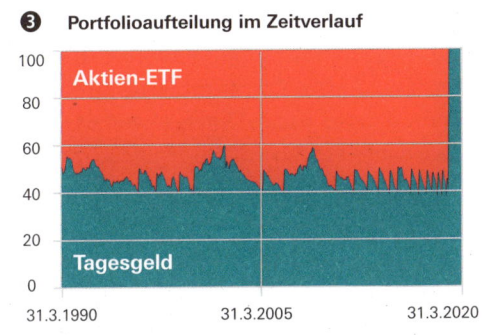

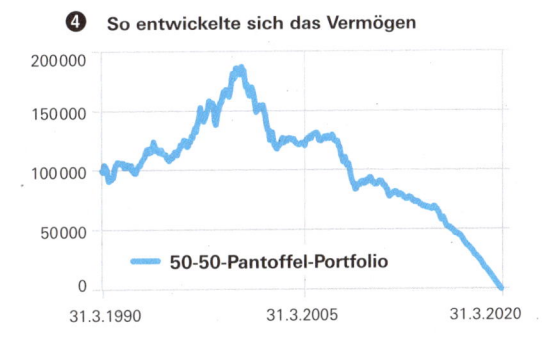

❶ Wertentwicklung in Prozent — Aktien-ETF, Tagesgeld

❷ So viel ließ sich monatlich entnehmen — Monatliche Entnahme

❸ Portfolioaufteilung im Zeitverlauf — Aktien-ETF, Tagesgeld

❹ So entwickelte sich das Vermögen — 50-50-Pantoffel-Portfolio

Börsenphasen. Lief der Kapitalmarkt im vergangenen Jahr gut, lässt sich im Folgejahr mehr entnehmen, lief er schlecht, genehmigt man sich weniger.

Berechnungen von Finanztest zeigen ferner, dass die durchschnittlichen Auszahlungen über verschiedene Laufzeiten höher ausfallen als bei einer fixen Entnahmerate. Bei flexibler Auszahlung ist außerdem die Sicherheit gegeben, wirklich Geld bis zum Schluss zu haben, denn die Auszahlung wird immer an das aktuelle Vermögen angepasst. So wird das für die Zusatzrente verwendete Vermögen besser genutzt und über die Jahre verbraucht. Auch die Restdauer lässt sich je nach Gesundheitszustand noch anpassen. Sind von der ursprünglichen Laufzeit noch fünf Jahre übrig, lässt sich auch ein Jahr später nochmals mit fünf Jahren Restlaufzeit rechnen – so lässt sich die Rente verlängern. Selbst wenn man etwas vererben möchte, lässt sich das mit einplanen. Dann klammert man von vornherein eine gewisse Summe aus den besagten 100 000 Euro aus und legt diese separat in Aktien-ETF für die späteren Erben an.

Nachhaltig und ethisch korrekt investieren mit ETF

Rendite mit gutem Gewissen: Nachhaltige Geldanlagen ergänzen die klassischen Anlagekriterien Rentabilität, Liquidität und Sicherheit um ökologische, soziale und ethische Kriterien.

Wer Atomenergie, Kinderarbeit, Waffen ablehnt oder sich um den Klimawandel sorgt, will das auch gerne bei seiner Geldanlage berücksichtigen. Kein Wunder, dass immer mehr Menschen ihr Geld in nachhaltigen Investments anlegen. Fast ein Viertel des Kapitals, das weltweit neu investiert wird, berücksichtigt inzwischen die Kriterien Umwelt, Soziales und ethische Unternehmensführung. Gründe für den Boom gibt es viele, wie wachsendes Umweltbewusstsein, die Diskussionen über den Klimawandel oder das steigende Interesse der jüngeren Generation. Aber auch die Ergebnisse zum finanziellen Erfolg können sich sehen lassen: Schließlich schneiden nachhaltige Geldanlagen nicht schlechter ab als herkömmliche (siehe „Wie steht es um die Rendite?", S. 93).

Sie sehen schon, die Zeiten, in denen nachhaltige Investments ein Nischendasein führten, sind passé – und dürften es auch bleiben. Denn auch die Politik forciert den Nachhaltigkeits-Ansatz und nimmt börsennotierte Unternehmen sowie die Banken stärker in die Pflicht. Der EU-Aktionsplan „Finanzierung nachhaltigen Wachstums" soll die Kapitalflüsse in nachhaltige Investitionen lenken und unter anderem die Transparenz für Anleger verbessern. So sehen zum Beispiel neue EU-Regeln vor, dass die Bankberater in Zukunft ihre Kunden fragen müssen, ob sie nachhaltige Anlagegrundsätze berücksichtigt haben möchten.

Den Stein ins Rollen brachte der frühere UN-Generalsekretär Kofi Annan. Anfang 2004 hatte er mehr als 50 Vorstände wichtiger Finanzinstitutionen schriftlich eingeladen, einer Initiative beizutreten, Nachhaltigkeitskriterien an den Kapitalmärkten zu verankern. 20 Institute aus neun Ländern erarbeiteten gemeinsam Vorschläge und präsentierten 2005 den Bericht „Who Cares Wins", zu Deutsch „Wer sich kümmert, gewinnt". Weitere Studien, Arbeitsgemeinschaften auf höchster Ebene und die Agenda 2030 folgten. Sie hat zum Ziel, weltweiten wirtschaftlichen Fortschritt im Einklang mit sozialer Gerechtigkeit und den ökologischen Grenzen der Erde zu gestalten.

Was heißt eigentlich „nachhaltig" im Zusammenhang mit Geldanlage? In einer re-

Gut zu wissen

„Nachhaltige Geldanlagen" ist die Bezeichnung für nachhaltiges, ethisches, soziales, ökologisches Investment. Bei der Auswahl von Geldanlagen wird nicht nur auf ökonomische Daten geachtet, sondern auch darauf, inwieweit die Unternehmen verantwortlich wirtschaften. Die Finanzanalyse wird also um den Einfluss von Nachhaltigkeitskriterien ergänzt. Das können Ausschlusskriterien sein oder auch Positivkriterien. Manche Anbieter screenen das Anlageuniversum nach „ESG-Kriterien" und nennen ihre Fonds dann auch so. ESG steht für Environment (Umwelt), Social (Soziales) und Governance (Unternehmensführung). Teilweise wird nachhaltige Geldanlage „Sustainable Investment" oder „Socially Responsible Investing" (SRI) genannt. Die englischen Bezeichnungen und Abkürzungen erschweren den Überblick, doch der Grundgedanke dahinter ist vergleichbar.

präsentativen Umfrage der Bundesanstalt für Finanzdienstleistungsaufsicht (BaFin) stellte sich heraus, dass 60 Prozent der Befragten den Begriff „nachhaltige Geldanlage" nicht kennen. Die BaFin definiert diesen so: „Klassische Geldanlagen werden nach den ökonomischen Kriterien Rentabilität, Liquidität und Risiko bewertet. Nachhaltige Geldanlagen beachten zusätzlich noch Aspekte wie Umwelt, Soziales und gute Unternehmensführung (ESG-Kriterien). Die englische Abkürzung steht für Environmental, Social and Governance." Weit verbreitet ist laut der BaFin-Umfrage die Annahme, nachhaltige Geldanlagen seien sichere Geldanlagen. Ganz klar ein Mythos! Denn Aktien- und Anleihenkurse schwanken nun mal – egal, ob das Unternehmen dahinter nachhaltig wirtschaftet oder nicht.

Es gibt unterschiedliche Methoden, um zum Beispiel Aktien für Fonds auszuwählen, die dieses Etikett tragen. Eine einheitliche oder gar gesetzliche Regelung, die eindeutig definiert, wann eine Anlage als nachhaltig bezeichnet werden kann, gibt es nicht. Jeder Indexanbieter und jede Fondsgesellschaft, die einen Fonds oder Nachhaltigkeits-ETF auf den Markt bringt, kann die Regeln unterschiedlich auslegen.

Drei wichtige Auswahlmethoden

Am bekanntesten sind drei Auswahlmethoden: Beim sogenannten Ausschlussprinzip werden einige Branchen ausgeschlossen, etwa Atomkraft, Pornografie oder Rüstung.

Die zweite Variante folgt dem Motto Musterschüler. Nur die besten einer Branche – gemessen an ethischen und ökologischen Kriterien – stehen zur Wahl beim Best-in-Class-Verfahren. Weit verbreitet ist eine Mischung: das Best-in-Class-Prinzip kombiniert mit Ausschlusskriterien.

Die dritte Variante ist ein themenbasierter Ansatz. Hierzu zählen beispielsweise Fonds, die sich auf Umwelttechnologie konzentrieren, etwa auf Firmen aus der Solar- oder Windenergiebranche.

Nachhaltige ETF sind noch jung

Lange Zeit gab es für ethisch interessierte Anleger am ETF-Markt überhaupt kein Angebot. Das hat sich geändert. Im Lauf der Jahre haben viele Indexanbieter nachhaltige Indizes in ihre Produktpalette aufgenommen oder ihre bestehenden Nachhaltigkeitsregeln verschärft und selektieren stärker. Sind Ihnen noch strengere Ausschluss- oder Überwachungskriterien wichtig, sind Sie möglicherweise bei einem aktiv gemanagten Fonds besser aufgehoben. Dafür müssen Sie allerdings deutlich höhere Gebühren in Kauf nehmen.

> **Manche nachhaltigen ETF investieren in Aktien von Branchen, die sie eigentlich ausschließen.**

Wichtig zu wissen: Manchmal kann es passieren, dass ein nachhaltiger ETF, der bestimmte Branchen ausschließt, trotzdem in Aktien dieser Branche investiert, zum Beispiel bei Swap-ETF, da für den ETF nicht die Titel des jeweiligen Index gekauft werden, sondern andere Aktien – und die müssen nicht unbedingt nachhaltig sein. Die Indexperformance wird mit einem Swap, einem Tauschgeschäft (siehe S. 111), nachgebaut. Durch das Swapgeschäft entwickelt sich der ETF zwar wie der Nachhaltigkeitsindex, für das Ersatzportfolio können aber auch Wertpapiere erworben werden, die Nachhaltigkeits-Anlegern nicht passen.

Wer dies vermeiden will, sollte bei der Auswahl darauf achten, dass der ETF nicht swapbasiert ist. Wir haben das bereits für Sie erledigt und in diesem Kapitel ETF ausgewählt, die keine Swaps einsetzen.

Öko-Pantoffel

Die Finanztest-Strategie, das Pantoffel-Portfolio (siehe „Bequem anlegen", S. 70), können auch Anleger umsetzen, die Wert auf einen nachhaltigen Ansatz bei ihrer Geldanlage legen. Genau wie das gewöhnliche Pantoffel-Portfolio besteht es lediglich aus zwei Komponenten: Zinsanlagen und Aktien-ETF. Die Gewichtung nehmen Sie nach Ihrer persönlichen Risikobereitschaft vor. Sie können die klassische 50/50-Strategie wählen oder Aktien beziehungsweise Zinsanlagen stärker gewichten.

Es existieren auch Sparpläne auf nachhaltige ETF und die Entnahme-Strategie funktioniert ebenfalls wie bei herkömmlichen ETF. Doch nicht auf alle nachhaltigen ETF werden Sparpläne angeboten, und nicht alle nachhaltigen ETF eignen sich für den

Öko-Pantoffel. Für den sicheren Teil des Öko-Pantoffels sind Tagesgeld- oder Festgeld bei einer nachhaltigen Bank, wie nachfolgend beschrieben, die einfachste Lösung. Und geeignete nachhaltige Aktien-ETF finden Sie direkt dahinter unter „Nachhaltige Aktien-Bausteine".

Anleihen-ETF und Alternativen

Gehen wir an die praktische Umsetzung. Zunächst starten wir mit verzinslichen Anlagen, dem Sicherheitsbaustein. Wer mit kleinen Beträgen agiert oder der Finanztest-Anlagestrategie folgt, legt diesen Teil am besten als Tagesgeld oder Festgeld bei einer nachhaltigen Bank an. Bekannte Geldinstitute sind zum Beispiel die GLS Bank, die Umweltbank, die niederländische Triodos Bank oder Kirchenbanken. Hier sollten Sie darauf achten, dass keine Negativzinsen oder sonstige Kosten anfallen, die Ihr Vermögen schmälern.

Das Angebot an nachhaltigen Anleihen-ETF ist noch dürftig. Eine Möglichkeit ist etwa der UC MSCI European Green Bond ETF (LU 189 927 053 9), der Ende 2018 aufgelegt wurde und überwiegend mit europäischen Staats- und Unternehmensanleihen bestückt ist. Green Bonds sind spezielle Anleihen, die der Finanzierung klimafreundlicher Projekte dienen sollen.

Eine Alternative ist ein klassischer Renten-ETF auf Euro-Staatsanleihen (eine Auswahl finden Sie auf S. 168). Europäische Länder beachten zwar keine Ausschlusskriterien, doch die meisten großen Euro-Staaten sind den wichtigsten Konventionen zum Verbot geächteter Waffen beigetreten, machen großenteils Fortschritte beim Klimaschutz und beachten die Menschenrechte.

Etwas mehr Rendite als Euro-Staatsanleihen stellen Unternehmensanleihen in Aussicht. Der iShares Euro Corporate Bond ESG-ETF (IE 00B YZT VT5 6) schließt Emittenten aus dem Atom-, Waffen- und Rüstungssektor aus. Ebenso wie beim UBS ETF Bloomberg Barclays MSCI Euro Area Liquid Corporates Sustainable Total Return (LU 148 479 976 9) oder dem Xtrackers ESG EUR Corporate Bond (LU 048 496 881 2) werden nur Anleihen von Firmen mit positivem Einfluss auf Umwelt und Gesellschaft gekauft.

Nachhaltige Aktien-Bausteine

Etwas breiter, aber auch noch überschaubar, ist das Angebot an Aktien-ETF. Als solide Basis eignen sich ETF auf den MSCI World Socially Responsible Investing (SRI) Index, der als einer der strikteren globalen Nachhaltigkeitsindizes gilt. ETF darauf gibt es bei den Anbietern UBS (LU 062 945 974 3, bereits seit dem Jahr 2011 am Markt) sowie Amundi (LU 186 113 438 2). Beide begrenzen das Gewicht einzelner Aktien auf 5 Prozent, um das Risiko besser zu streuen.

iShares bietet außerdem einen ETF auf den Index MSCI World SRI Select Reduced Fossil Fuel, der Klimarisiken verstärkt ins Visier nimmt (IE 00B YX2 JD6 9). Als gute Basisanlage eignet sich auch der iShares-ETF auf den DJ Global Sustainability Screened (IE 00B 57X 3V8 4), für den der Schweizer Nachhaltigkeitsspezialst RobecoSam die Unternehmen analysiert.

Beide Indizes folgen dem Best-in-Class- und dem Ausschlussprinzip, sprich nur die nachhaltigsten Firmen einer Branche werden ausgewählt und bestimmte ganz aussortiert. Tabu sind Firmen, die ihr Geld mit Atomkraft, Waffen, Rüstung, Alkohol, Tabak, Glücksspiel oder Pornografie verdienen.

Im Dow Jones Global Sustainability Index sind Menschenrechtsverletzungen nicht explizit ausgeschlossen. Ein wesentlicher Unterschied besteht in der Länderauswahl: Der MSCI World Socially Responsible Index (SRI) enthält rund 400 Aktien aus 23 Ländern, beim Dow Jones Global Sustainability sind es 500 Aktien aus 36 Ländern, hier sind auch Schwellenländer berücksichtigt.

Noch breiter aufgestellt mit knapp 600 Aktien aus 49 Ländern sind Anleger mit dem UBS-ETF (IE 00B DR5 592 7) auf den MSCI ACWI SRI Euro hedged. Stopp, denken Sie vielleicht, das sind zu viele Kürzel hintereinander. Hier kommt die Erklärung: MSCI ist der Indexanbieter, ACWI steht für All Country World Index, SRI für Socially Responsible Investing, und Euro hedged bedeutet, dass das Wechselkursrisiko abgesichert wird. Zudem ist die maximale Gewichtung eines Wertpapiers auf 5 Prozent begrenzt. Die Auswahl der Papiere erfolgt bei allen SRI-Indizes nach den gleichen Regeln, also die besten der Branche und keine Atomkraft, Waffen, Rüstung, etc. Die Erträge werden automatisch wiederangelegt, ebenso wie bei den vorher genannten Aktien-ETF – mit Ausnahme des UBS MSCI World SRI, bei dem die Erträge zweimal jährlich ausgeschüttet werden.

Als nachhaltig gilt auch der iShares MSCI World Islamic (IE 00B 27Y CN5 8), der den Regeln der Sharia folgt und die Erträge ebenfalls auszahlt. Tabu sind zum Beispiel Firmen, die direkt oder mehr als 5 Prozent ihrer Umsätze in Geschäften mit Alkohol, Tabak, Schweinefleischproduktion, Pornografie, Glücksspiel, Rüstung, Waffen oder konventionellen Finanzgeschäften erzielen.

Regionen-ETF mit hehren Zielen

Wer nicht weltweit, sondern gezielt regional investieren will, kann ebenfalls aus einer Reihe von Angeboten wählen. Die meisten ETF auf europäische Aktien beziehen sich auf einen SRI-Index von MSCI. So bilden die ETF von Amundi (LU 186 113 748 4) oder iShares (IE 00B 52V J19 6) auf den MSCI Europe SRI Index die Performance von gut 100 europäischen Aktien ab.

Auch wer in Schwellenländer investieren möchte, wird fündig: Der ETF von UBS (LU 104 831 389 1) folgt dem Index MSCI Emerging Markets SRI, der 200 Unternehmen abbildet. Auf ähnlich viele Firmen setzt auch der ETF von iShares (IE 00B YVJ RP7 8), der den MSCI EM SRI Select Reduced Fossil Fuel Index abbildet, der zusätzliche Kontrollen für Firmen in Bereichen wie Kraftwerkskohle, Ölsand, Öl & Gas oder Stromerzeugung vorsieht. Wesentlich breiter gestreut, mit knapp 3 000 Firmen, ist dagegen der Index MSCI Emerging Markets IMI ESG Screened. Aus dem Basisindex MSCI EM IMI werden Unternehmen ausgeschlossen, die ihr Geld mit Waffen, Tabak, Kraftwerkskohle und Ölsandabbau verdienen oder deren Geschäftspraktiken gegen Menschenrechte verstoßen. Hierauf bietet iShares einen ETF an (IE 00B FNM 3P3 6).

Aufgepasst bei Themen-ETF
Wer auf Nachhaltigkeit großen Wert legt, wird schnell auf Themen- und Branchen-ETF wie Wasser oder Alternative Energien aufmerksam. Doch Vorsicht! Die ETF bilden in der Regel Firmen mit dem Fokus auf Umwelttechnologien ab, entsprechen aber nicht zwingend den Vorstellungen nachhaltiger Investoren. Zum einen erfolgt bei diesen Papieren zum Teil die Indexnachbildung per Swap (siehe S. 90), zum anderen kann – auch bei voll replizierenden ETF – das Geld in Aktien investiert sein, die in klassischen Nachhaltigkeitsindizes ausgeschlossen werden. Beispiel: Im S&P Global Water Index, auf den iShares den Global Water ETF offeriert, steckt der US-Konzern Olin, der unter anderem Chlor und Alkali für die Wasseraufbereitung herstellt, aber mit der Tochter Winchester Waffen und Munition. Daher sollten sich ethisch-ökologisch orientierte Investoren die Zusammensetzung von Branchen-ETF sehr genau ansehen.

→ **Wie steht es um die Rendite?**
Was stimmt denn nun? Schneiden nachhaltige Anlagen in puncto Performance besser oder schlechter ab als vergleichbare herkömmliche Investments? Für eine 2015 im Journal of Sustainable Finance & Investment veröffentlichte Studie hatten zwei deutsche Professoren der Universität Hamburg gemeinsam mit einem Fondsmanager rund 2200 Studien ausgewertet. Empirisch sind Investments nach ESG-Grundsätzen wohlbegründet, lautet ein Fazit. Und eine große Mehrheit der Studien kommt zu positiven Ergebnissen.

Für die Analyse wurden Zahlen bis zurück in die 1970er-Jahre betrachtet. Beruhigend ist auch die Tatsache, dass der positive Einfluss der ESG-Kriterien auf die Ergebnisse über die Zeit hinweg stabil blieb.

Auch Finanztest hat 2017 die Ergebnisse nachhaltiger Fonds unter die Lupe genommen: Sie erzielen eine ähnlich gute Rendite wie herkömmliche Fonds. Weil nachhaltige Fonds aufgrund der Ausschlusskriterien nicht ganz so breit investieren, sind die Risiken jedoch ein wenig höher.

Investieren in Krisenzeiten

Was mache ich, wenn es an den Börsen kracht – und ich Geld in ETF investiert habe? Anleger mit Langfristperspektive und breit gestreutem Portfolio sollten durchatmen und durchhalten.

Jahrelang, bis Mitte Februar 2020, kannten die Aktienkurse vor allem eine Richtung – die nach oben. Doch dann machte die Corona-Pandemie einen dicken Strich durch die Rechnung – und sorgte für die größte Börsenkrise seit gut einem Jahrzehnt. In Folge stürzten weltweit die Aktienmärkte bis Mitte März kräftig ab. Anschließend setzte eine deutliche Gegenbewegung ein, die bis zum Redaktionsschluss für dieses Buch (20. April 2020) andauerte.

Auch wenn die wirtschaftlichen Folgen der Corona-Pandemie im Detail noch nicht absehbar waren, prognostizierte der Internationale Währungsfonds (IWF) im April für 2020 den stärksten Einbruch der weltweiten Wirtschaftsleistung seit fast 100 Jahren, aber eine Erholung für 2021. Solange die Corona-Krise andauert, kann es an den Finanzmärkten unruhig bleiben.

Solch ein Kurssturz ist der Albtraum für Anleger. Vor allem, wenn sie erst seit einigen Monaten oder ein bis zwei Jahren investiert sind, stehen ihre Anteile im Depot im roten Bereich. Doch wer in einer Panik schnell alles verkauft, begeht einen Fehler – und macht aus sogenannten Buchverlusten, die vorerst nur auf dem Depotauszug existieren, echte Verluste in Euro und Cent. Langfristig orientierte Anleger mit einem Horizont von zehn, besser 15 Jahren mit international breit gestreuten Aktien-ETF auf Welt- oder Europa-Indizes – und vor allem ihnen empfehlen wir in diesem Buch die Anlage in ETF – sollten tief durchatmen und stoisch durchhalten.

Denn die Geschichte zeigt, dass noch fast jeder Börsencrash nach einigen Jahren wieder aufgeholt werden konnte und die Kurse erneut nach oben gingen. „Wer auf das Geld nicht angewiesen ist, sollte sich an diese Börsenweisheit erinnern: Die Börse ist wie ein Paternoster. Es ist ungefährlich, durch den Keller zu fahren. Man muss nur die Nerven behalten", sagt Christine Bortenlänger, Geschäftsführender Vorstand des Deutschen Aktieninstituts.

So manch einer könnte auf die Idee kommen, in der Krise Anteile zu verkaufen, in der Hoffnung, später günstiger wieder einsteigen zu können. Doch wann der ideale Einstiegszeitpunkt ist, weiß niemand. Wer aussteigt, läuft vielmehr Gefahr, nicht wieder rechtzeitig einzusteigen, wenn es aufwärts geht. Wer dann nicht dabei ist, schränkt seine Renditechancen stark ein.

So haben sich langfristige Welt-Pantoffel-Sparpläne entwickelt

Ein Crash am Ende der Sparperiode ist zwar ärgerlich, aber wer mehr als zehn Jahre durchgehalten hat, konnte ansehnliche Renditen pro Jahr einstreichen.

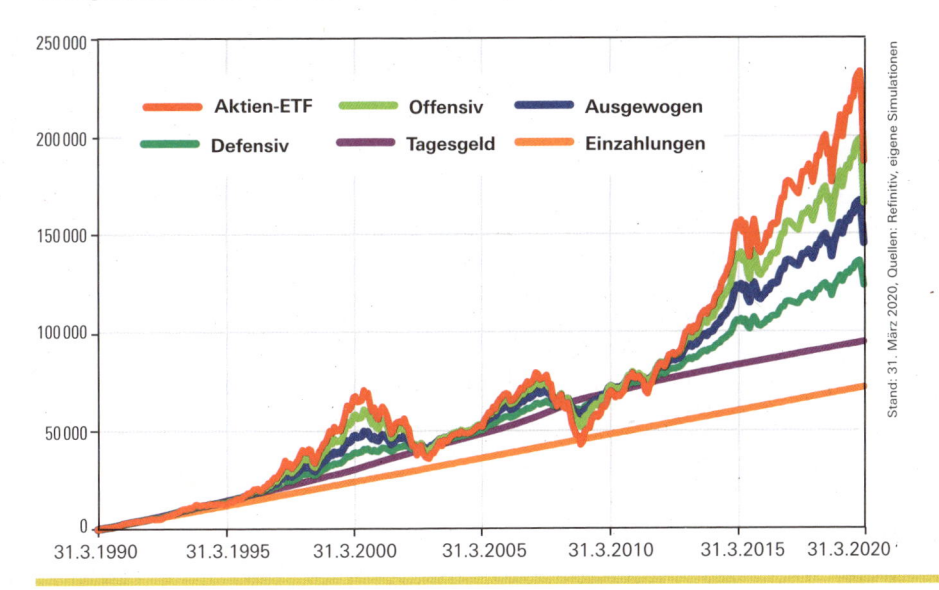

Stand: 31. März 2020, Quellen: Refinitiv, eigene Simulationen

Wer aber in seinem Depot vor allem auf bestimmte Länder oder Branchen gesetzt hat, sollte seine ETF genauer anschauen. Denn die Corona-Krise hat unterschiedlich tiefe Spuren hinterlassen. Stellen Sie sich die Frage, ob Sie den ETF unter den aktuellen Umständen immer noch kaufen würden. Falls Sie diese Frage mit nein beantworten, dann können Sie sich von dem ETF getrost trennen und besser breiter aufstellen.

Und was sollen Sparplan-Anleger tun? Kurz gesagt: Einfach weitermachen. Gerade wenn Sie erst seit Kurzem dabei sind und noch viele Jahre des Sparens vor sich haben, kann ein Crash auf Sparplananlagen wie ein Rendite-Turbo wirken. Denn in Krisenzeiten bekommen Sie für Ihre Sparrate mehr ETF-Anteile als sonst. Geht es langfristig wieder nach oben, profitieren Sie mit mehr Anteilen davon. Das zeigen die Resultate für die Finanztest-Pantoffel-Portfolios (siehe S. 74 und Chart zu Sparplänen oben). Auf Sicht von 30 Jahren hätten Sparer mit einem ausgewogenen Pantoffel-Portfolio eine Rendite von 4,3 Prozent pro Jahr erzielt, allen zwischenzeitlichen Kurseinbrüchen zum Trotz. Davon gab es einige: Asienkrise Ende der 1990er-Jahre, Platzen der Dotcom-Blase Anfang 2000 und Finanzkrise ab 2008.

Sie haben noch keine ETF, aber wittern einen guten Einstiegszeitpunkt? Einen Sparplan kann man getrost jederzeit starten. Sie möchten eine größere Summe Geldes anlegen – oder nachinvestieren? Mit langem Anlagehorizont können Sie das Wagnis ruhig eingehen, international breit gestreut zu investieren. Zur Gewissensberuhigung können Sie Ihre Anlage sicherheitshalber auf mehrere Tranchen aufteilen, sollten aber die Orderkosten im Blick behalten.

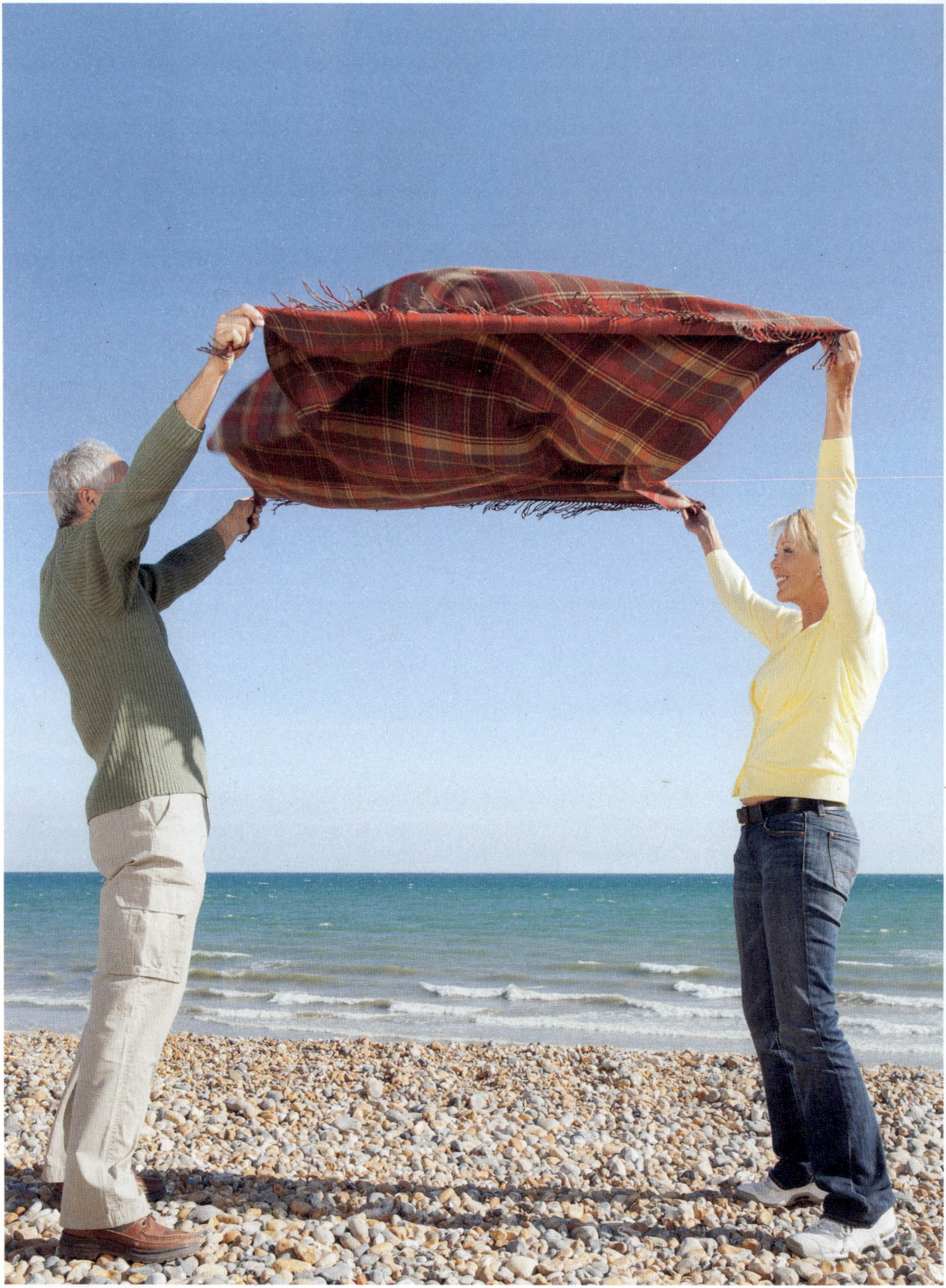

Meinen ETF-Plan umsetzen

Sie haben sich entschlossen, in ETF zu investieren, und möchten sich nun gerne ein Depot aufbauen? In diesem Kapitel erfahren Sie, wie Sie dabei vorgehen und worauf Sie sonst noch achten sollten.

Wie bei großen Anschaffungen gibt es für die Umsetzung Ihres ETF-Plans einige praktische Fragen zu bedenken. In diesem Kapitel finden Sie alle wichtigen Informationen dazu.

Wer ETF kaufen möchte, braucht dafür zunächst ein Wertpapierdepot. Wo Sie das für Sie passende Angebot finden, erfahren Sie im Abschnitt „Gut und günstig – das passende Depot" auf der folgenden Seite. Sie haben schon eine Verwahrstelle für Ihre Wertpapiere? Fein, dann kann es gleich an die Auswahl und den Kauf gehen. Aber auch dabei gibt es einiges zu beachten. Zum Beispiel gibt es Unterschiede in der Konstruktion der ETF, die Sie kennen sollten. Sie erfahren auch, wie Sie mithilfe des Finanztest-Ratings den passenden ETF finden.

Nicht zu vergessen ist das gelegentliche Umschichten des Depots. Nach welchen Regeln Sie vorgehen können, finden Sie hier erläutert. Und wenn Sie mit Ihren ETF-Anlagen Gewinne einfahren, möchte der Fiskus seinen Anteil an Ihrem Erfolg haben. Ab S. 119 gibt es die wichtigsten Steuerregeln für ETF im Überblick.

Gut und günstig – das passende Depot

Egal, ob Sie auf einmal eine größere Summe anlegen oder häufiger mit einem Sparplan in ETF investieren möchten, Sie brauchen dafür ein Wertpapierdepot. So finden Sie das passende.

Was das Girokonto für Ihren alltäglichen Zahlungsverkehr ist, das ist das Depot für Ihre Wertpapiergeschäfte. Es dient als Dreh- und Angelpunkt für all Ihre Transaktionen mit ETF und sonstigen Wertpapieren. Es ist daher wichtig, eine gute „Heimstätte" für Ihre Wertpapiere zu finden. Sowohl Filialinstitute als auch Direktbanken und spezialisierte Fondsdepotbanken kommen dafür grundsätzlich infrage.

Wollen Sie auf einen persönlichen Ansprechpartner bei Gelddingen nicht verzichten, wie Sie ihn von Ihrer Hausbank kennen? Dann erkundigen Sie sich zunächst dort nach dem Depotangebot. Kostenlose Depots bei Filialbanken sind aber rar gesät, und die Gebühren für Kauf- und Verkaufsaufträge von Wertpapieren sind oft happig.

Wenn Sie als Filialbankkunde aber mit Ihrem Institut eigentlich zufrieden sind und nicht wechseln möchten, haben Sie trotzdem die Möglichkeit, Geld zu sparen: Sie könnten Wertpapieraufträge künftig online selbst ausführen. Das ist zumeist deutlich günstiger, als einen Auftrag telefonisch oder direkt in der Filiale abzuwickeln.

Wollen Sie Ihrer Hausbank jedoch den Rücken kehren und wissen sowieso schon, was Sie kaufen wollen – zum Beispiel ETF für das Finanztest-Pantoffel-Portfolio –, dann sind Sie vermutlich bei einer Direktbank oder einem Onlinebroker an der passenden Adresse. Ohnehin steht es um die Anlageberatung bei Filialbanken nicht sonderlich gut, wie verschiedene Untersuchungen der Finanztest-Redaktion und anderer Verbraucherschützer über die Jahre immer wieder gezeigt haben. Der Verzicht auf Beratung muss also für kundige Anleger kein Nachteil sein.

Zentraler Vorteil der Onlinebanken: Sie sind auch in den Abendstunden erreichbar und können bequem via Internet angesteuert werden. Depots sind öfters kostenlos oder sehr günstig zu haben. Wer sein Girokonto ebenfalls beim Online-Broker führt, muss für sein Depot in aller Regel keine Gebühren entrichten. Auch die Ordergebühren für den Kauf und Verkauf von Wertpapieren sind bei den Internetbanken meist erheblich günstiger. Diese zwei Kostenfaktoren sind es, die Anleger im Blick behalten

Gut zu wissen

Wer zur Bank geht und sich zu ETF beraten lassen will, wird häufig enttäuscht. Außer von unabhängigen Honorarberatern werden kostengünstige ETF in der Beratung meist gar nicht angeboten. Der Grund: An ETF verdienen die Banken kaum Geld. Bei herkömmlichen Aktienfonds zahlen Anleger dagegen satte Provisionen: 5 Prozent Ausgabeaufschlag und 0,5 Prozent jährliche Bestandsprovision. Außerdem sind 1,5 bis 2 Prozent jährliche Verwaltungskosten des Fonds übliche Größenordnungen – allein an laufenden Gebühren werden Privatanlegern pro 1 000 Euro Anlagesumme Jahr für Jahr also 15 bis 20 Euro vom Fondsvermögen abgezogen. Bei Aktien-ETF sind es etwa 1 bis 5 Euro. Die Differenz hört sich nach wenig an, summiert sich allerdings im Lauf der Jahre zu hohen Beträgen.

Wertpapierverwahrung und -kauf wirken sich somit positiv auf Ihre langfristige Vermögensbildung aus.

Vielleicht haben Sie aber schon ein bestehendes Depot mit aktiv gemanagten Fonds über einen Internet-Fondsvermittler aufgebaut? Dann kann es für Sie attraktiv sein, dort auch Ihre ETF-Anteile zu lagern. Adressen sind unter test.de/fondsvermittler im Internet zu finden. Finanztest empfiehlt Fondsvermittler vor allem als günstige Einkaufsquelle für aktiv gemanagte Fonds. Verwahrt werden die Anteile bei spezialisierten Fondsbanken wie Augsburger Aktienbank oder Ebase, das inzwischen zum britischen Finanztechnologiekonzern FNZ Group gehört. Wer bereits ein Depot bei einer Fondsbank hat, zahlt die Depotkosten ohnehin und kann das Depot für ETF mitnutzen, egal ob beim Einmalkauf oder für Sparpläne.

ETF-Einmalkauf – auf günstige Kosten achten

Sie möchten Ihr Depot mit ETF für das Pantoffel-Portfolio bestücken und die Papiere langfristig halten? Dann sind Sie gut beraten, vor allem auf günstige Depotgebühren zu achten. Besser natürlich, wenn auch die Kaufkosten für ETF günstig sind. In aller Regel fallen für ETF dieselben Ordergebühren wie beim Aktienkauf an. Bei Filialbanken sind das häufig immerhin 1 Prozent der Anlagesumme: Wer zum Beispiel 20 000 Euro in ETF investieren möchte, zahlt dann mal eben 200 Euro für solch eine Order. Bei Di-

---

sollten. Je weniger hier anfällt, desto besser, denn im Einkauf liegt bekanntlich der Gewinn. Auf Dauer lässt sich so eine Menge Geld sparen. Mit einem simplen Depotwechsel können Anleger mitunter mehrere hundert Euro pro Jahr sparen, hat Finanztest ermittelt. Möglichst geringe Kosten für

rektbanken ist derselbe Auftrag oft schon für einen Bruchteil zu bekommen.

Die Anbieter unterscheiden sich aber deutlich mit Blick auf ihre Preismodelle: Zum einen gibt es Anbieter, die mit einer Flat Fee arbeiten: Die Gebühr, die die Bank einstreicht, ist unabhängig von der Ordergröße, egal ob ETF für 2 000 oder für 20 000 Euro gekauft werden; lediglich die fremden Spesen für die Börsenabwicklung können noch variieren. Zum anderen berechnen viele Direktbanken eine fixe Mindestgebühr pro Auftrag plus eine niedrige prozentuale Gebühr, die vom Ordervolumen abhängt. Meistens gibt es dort auch eine Maximalgebühr bei sehr großvolumigen Aufträgen.

Seit 2019 sind neue Brokerage-Anbieter wie Trade Republic, Gratisboker oder Justtrade am Markt, die den Wertpapier- und auch den ETF-Handel sogar kostenlos oder fast kostenlos offerieren. Die Anzahl handelbarer ETF ist dort allerdings derzeit nicht so breit wie bei herkömmlichen Brokern. Den Übertrag eines bestehenden Depots ermöglicht bisher nur die rein appbasierte Trade Republic.

Nach Untersuchungen von Finanztest können Anleger ETF derzeit relativ günstig über den Onlinebroker Onvista Bank erwerben. Für jeden Kauf und Verkauf über die Börse verlangt die Onvista Bank pauschal nur 7 Euro. Gerade bei hohen Transaktionssummen lohnt sich das besonders. Hinzu kommen allerdings variable Börsenspesen und gegebenenfalls andere Fremdspesen.

→ **Kostenlose Depots**

Kostenlose Depots ohne Nebenbedingungen bieten derzeit (Stand: März 2020) BB Bank, Consorsbank, Deutsche Bank maxblue, DKB, Gratisbroker, ING, Justtrade, NIBC Direct, Onvista Bank, Postbank, Targobank (Direkt-Depot) und Trade Republic. Andere Häuser knüpfen ein kostenloses Depot an Voraussetzungen, die aber oft leicht erfüllbar sind. Das kann die Einrichtung eines Sparplans oder eines zusätzlichen Girokontos sein.

Sparplan – stetig zum Vermögen

Für Anleger, die keine größere Summe auf einmal aufbringen können oder wollen, sondern über die Zeit Vermögensaufbau mit einem Sparplan betreiben möchten, geht es darum, den passenden ETF-Sparplan möglichst günstig abzuschließen.

Bei Filialbanken sind ETF-Sparpläne eher selten im Angebot. Das liegt daran, dass die Banken an diesen Produkten nur die schmalen Orderprovisionen bei Kauf oder Verkauf verdienen. Mit aktiv gemanagten Fonds, die prozentuale Ausgabeaufschläge und Bestandsprovisionen für den Bankenvertrieb abwerfen, lässt sich schlichtweg mehr Gewinn machen. Da ETF also kaum Erträge für den Vertrieb abwerfen, preisen die Bankberater sie in den seltensten Fällen von sich aus an. Genau darin liegt aus Kundensicht jedoch der Reiz – ETF-Anteile im Sparplan sind speziell bei Direktbanken und Onlinebrokern günstig zu bekommen. Immer mehr Onlinebroker bieten eine stetig wachsende ETF-Palette im Sparplan sogar komplett kostenlos an. Das liegt daran, dass ETF-Anbieter mit den Direktbanken spezielle Marketingvereinbarungen geschlossen haben, um ETF auch bei Privatanlegern populärer zu machen.

Doch aufgepasst: Die Angebote sind teilweise befristet, oder die begünstigten ETF können wechseln. Sparer sollten daher regelmäßig überprüfen, ob die Konditionen noch aktuell sind. Manchmal finden sie auch bei derselben Depotbank einen gleichwertigen Ersatz-ETF eines anderen Anbieters und besparen dann diesen weiter. Generell lohnt es sich aber, auf eine Depotbank zu setzen, die insgesamt günstige – noch besser gar keine – Depotkosten verlangt und niedrige Orderspesen für ETF aufweist. Noch ein Plus: Wer bei einer Direktbank regelmäßig einen ETF-Sparplan füttert, zahlt dort in aller Regel keine Depotgebühren.

Unser Tipp: Wenn Sie noch kein Depot bei einem Onlinebroker haben, schauen Sie nach, welcher Anbieter dauerhaft günstig ist und wo es „1. Wahl-ETF" der Finanztest-Redaktion im Sparplan gibt. Näheres zu diesen Fonds erfahren Sie im Abschnitt „Wie finde ich gute ETF?", S. 103.

In den Tabellen „Die günstigsten Depotanbieter", S. 163, sowie „Die Kosten für ETF-Sparpläne", S. 164, finden Sie die nötigen Informationen zur Auswahl des passenden Depots. Je nach Höhe der gewünschten Sparrate sind unterschiedliche Anbieter besonders günstig.

Die Mindestsparrate beträgt je nach Anbieter 25 bis 50 Euro, ausnahmsweise auch 10 Euro (Finvesto – dieser Anbieter verlangt aber eine Depotgebühr). Dabei sollten Anleger Folgendes beachten: Je geringer die gewünschte Sparplanrate, desto stärker machen sich Mindestordergebühren bemerkbar. Bei Monatsraten von 50 Euro sind zumeist niedrige prozentuale Ordergebühren die bessere Wahl als Angebote mit einer festen Ordergebühr – oder noch besser natürlich generell kostenfreie Sparpläne. Dann fließt die gesamte Sparrate ohne Abschlag in den ETF.

→ **So wechseln Sie Ihr Depot**

Sie haben schon ein Depot, doch es gibt bessere Angebote am Markt? Dann kann ein Wechsel lohnen.

Um den Depotübertrag kümmert sich Ihre neue Bank. Dafür müssen Sie dort nur einen Antrag auf Depotübertrag ausfüllen. Sie zieht dann die Wertpapiere und auch ein etwaiges Guthaben auf dem Depotverrechnungskonto vom alten Depotanbieter ein. In der Wechselphase, die üblicherweise mehrere Tage dauert, kommen Sie an die zu übertragenden Wertpapiere nicht heran. Übrigens lassen sich nur ganze Fondsanteile

Checkliste

In drei Schritten zum ETF-Depot

☐ **Depot eröffnen.** Leistungsstarke Anbieter finden Sie in der Tabelle „Depotanbieter", S. 163, und unter test.de/depot (kostenpflichtig, aber stets aktuell). Zunächst durchlaufen Neukunden die Kontoeröffnungsstrecke auf der Website von Bank oder Broker und geben die erforderlichen Daten ein. Dann muss man sich legitimieren: Beim „Postident-Verfahren" geht man mit Personalausweis oder Reisepass zu einer Postfiliale. Dort bestätigt ein Postmitarbeiter Ihre Identität gegenüber der Bank. Bei immer mehr Anbietern geht es auch vollständig digital: Beim „Videoident-Verfahren" kann man das Konto in wenigen Minuten per Video-Gespräch mit der Bank eröffnen. Seinen Ausweis muss man auch hier vorzeigen.

☐ **Anmelden und einloggen.** Kurz darauf erhält der Neukunde per Post die Depotunterlagen mitsamt Kontonummern für Depot und Verrechnungskonto. Sobald er sich mit Kontonummer und per Post mitgeteiltem Passwort einloggt, aktiviert er das Depot. Sein Passwort muss man in der Regel nach dem ersten Log-in abändern. Wenn man Geld aufs Depotverrechnungskonto überwiesen hat, ist das Depot startklar.

☐ **Risiken einschätzen.** Die Banken sind verpflichtet, eine sogenannte Angemessenheitsprüfung durchzuführen, bevor sie eine Wertpapierorder ausführen. Wer noch keine Erfahrungen mit risikobehafteten Anlagen hat – dazu zählen auch Aktien-ETF –, soll von seinem Bankberater darauf hingewiesen werden. Kunden von Direktbanken erhalten einen Warnhinweis, wenn sie mit der Risikoklasse des Wunsch-ETF laut ihren Angaben bei Depoteröffnung noch keine Erfahrung gesammelt haben. Filialbank-Berater nehmen das dann vorgeschriebene Beratungsgespräch gern zum Anlass, vermeintlich bessere Anlagealternativen zu unterbreiten – etwa aktiv gemanagte Fonds. Davon sollten Sie sich nicht verunsichern lassen, nach Lektüre dieses Buchs kennen Sie die Vorteile von ETF.

und keine Bruchteile übertragen, die müssen separat veräußert werden.

Keine Sorge, auch die für die Versteuerung Ihrer Erträge relevanten Daten werden in aller Regel auf die neue Bank mit übertragen. Manchmal bieten Depotbanken spezielle Wechselprämien an, wenn Kunden mit ihrem Depot zu ihnen umziehen. Die Prämie kann aus einer Bargutschrift bestehen, oft aber auch aus einem Kontingent an kostenlosen Orderaufträgen.

Wichtig: Wählen Sie den Anbieter nicht nach der Attraktivität der Prämie aus, sondern nur danach, ob er auch ohne Prämie leistungsstarke Konditionen offeriert.

Wie finde ich gute ETF?

Ein besonders wichtiger Schritt für Anleger ist die Auswahl des passenden ETF. Unser kleiner Leitfaden macht es Ihnen leicht.

ETF zu kaufen ist im Grunde genommen einfach. Lassen Sie sich nicht von attraktiver Werbung oder wohlklingenden Namen beeinflussen. Entscheidend ist, dass der ETF Ihre Anforderungen erfüllt. Leicht zum Ziel gelangen Sie, wenn Sie bei der Auswahl die wesentlichen Aspekte nicht aus den Augen verlieren und systematisch vorgehen. Und nach diesem 4-Punkte-Plan geht das am besten:

1. Anlageschwerpunkt festlegen
2. Strategie eingrenzen
3. Finanztest-Rating nutzen
4. Zusatzkriterien berücksichtigen

Anlageschwerpunkt festlegen
Die erste und wichtigste Entscheidung ist die Wahl des passenden ETF-Typs sowie des Marktes. Soll es ein Aktien- oder ein Anleihen-ETF sein? Was ergänzt ein möglicherweise bereits bestehendes Depot, wie viele unterschiedliche ETF möchten Sie erwerben und wie soll das Chance-Risiko-Profil am Ende aussehen?

Wenn Sie das Depot nach dem Pantoffel-Prinzip aufbauen möchten, können Sie es sich ganz einfach machen und unsere Vorauswahl nutzen (siehe „Pantoffel-Portfolio", S. 70, und die Tabellen zu den Basisindizes für Aktien und Anleihen auf den Seiten 54/55 und 62/63). Oder aber Sie überlegen, ob Sie die Basis-ETF noch nach weiteren Kriterien filtern möchten (siehe „Zusatzkriterien berücksichtigen", S. 106).

Wenn Sie eigene Ideen verfolgen wollen und bereits breit gestreute Investments wie Weltaktienfonds besitzen, kommen vermutlich eher ETF auf aussichtsreiche Einzelmärkte oder ein Schwellenländer-ETF infrage. Hier können Sie ganz nach Belieben die Regionen eingrenzen und beispielsweise nur einen China- oder Indien-ETF erwerben. Ratsam ist es allerdings häufig, in einen breit angelegten Schwellenländer-ETF zu investieren, um die Risiken breiter zu streuen.

Allgemeine Informationen zu den Aktien- und Anleihen-ETF haben wir im Kapitel „Alle ETF im Überblick", S. 45, für Sie zusammengefasst, Details zu Länder- oder Regionen-ETF und vielen weiteren finden Sie im Kapitel „ETF für Fortgeschrittene", S. 127.

Strategie eingrenzen

Nachdem Sie Ihren Anlageschwerpunkt kennen und wissen, in welche Märkte oder Regionen Sie bevorzugt investieren wollen, geht es im zweiten Schritt darum, die Strategie etwas genauer zu definieren. Denn je klarer Sie wissen, was Sie suchen, desto schneller kommen Sie zum Ziel. Präferieren Sie zum Beispiel bei Anleihen-ETF sichere Staatsanleihen oder wollen Sie festverzinsliche Papiere von Unternehmen beimischen?

An der Indexbezeichnung kann man üblicherweise erkennen, was im Index steckt. Auf den ersten Blick sind die Bezeichnungen eher irritierend als hilfreich. Was ohnehin schon nach Fachchinesisch klingt, wird häufig auch noch abgekürzt. Kurz daher die wichtigsten Begriffe: Staatsanleihen erkennen Sie am Zusatz „Government Bonds" – oder der Abkürzung „Gov." oder dem Ausdruck „Sovereigns". Unternehmensanleihen hingegen werden „Corporates", kurz „Corp." genannt. Auch bei Aktien-ETF klingt vieles ungewöhnlich, so werden große Aktiengesellschaften auch als „Blue Chips" oder „Large Caps" bezeichnet, Nebenwerte hingegen sind „Mid Caps" oder „Small Caps".

Finanztest-Rating nutzen

Die einfachste und effizienteste Variante, einen geeigneten ETF zu finden, besteht darin, das Finanztest-Rating zurate zu ziehen. Finanztest wertet das komplette ETF-Angebot, das deutschen Anlegern zur Verfügung steht, regelmäßig aus und bewertet es nach klaren und nachvollziehbaren Regeln. Die geeigneten ETF werden mit einem Gütesiegel ausgezeichnet. Gerade in dem rasant wachsenden ETF-Markt erspart Ihnen das, sich durch die Internetseiten zahlreicher Anbieter zu klicken oder stundenlang die Konditionen diverser ETF zu vergleichen.

In der Tabelle „Diese ETF sind 1. Wahl" ab S. 166 haben wir für Sie empfehlenswerte ETF der wichtigsten Gruppen übersichtlich zusammengestellt. Aktualisiert werden die Bewertungen in der monatlichen Ausgabe von Finanztest oder unter test.de/fonds im Produktfinder, der eine effiziente Suche er-

> ### Gut zu wissen
>
> **Robo-Advisor liegen im Trend.**
> Kann man sich den Weg zum Bankberater bald ganz sparen? Robo-Advice, also automatisierte digitale Beratung, folgt standardisierten Strategien und ermöglicht Investments zu günstigen Konditionen – bequem vom Sofa zu Hause aus. Auf diesem Weg erhalten auch Anleger qualifizierte Beratung, die mangels Vermögens keinen Zugang zu professionellen Vermögensverwaltern haben. Wichtig zu wissen ist, dass manche Banken auch die Maschinen mit ihren hauseigenen aktiv gemanagten Fonds befüllen, da sie damit mehr Geld verdienen können. Inzwischen sind eine Reihe ETF-basierter Robo-Advisor im Einsatz. Gut informierte Investoren – und das sind Sie nach der Lektüre dieses Buches – werden sie wohl kaum benötigen. Denn Sie wissen selbst, welche Papiere gut und günstig sind.

Darüber hinaus können Sie gezielt die wichtigsten Informationen für einen ETF abrufen. Geben Sie dafür den Namen oder die Isin in das Suchfeld ein. Online finden Sie alle Fonds und ETF aus allen Fondsgruppen. Keine Sorge: Die Bedienung ist einfach. Um den Produktfinder aber in vollem Umfang nutzen zu können, müssen Sie sich vorher registrieren und mit Ihren persönlichen Zugangsdaten einloggen. Das ist kostenlos. Die Nutzung aller Informationen des Produktfinders ist kostenpflichtig, wobei die Gebühr mit 4 Euro für die einmalige Nutzung beziehungsweise die Flatrate von 54,90 Euro im Jahr überschaubar ist, Finanztest-Abonnenten zahlen die Hälfte. Ist diese formale Hürde bewältigt, kann es losgehen.

Gehen Sie Schritt für Schritt vor, so kommen Sie einfach und schnell zum gewünschten Ergebnis. Zunächst wählen Sie auf der Seite test.de/fonds im Menü „Alle Testergebnisse anschauen" den untersten Punkt „Alle ETF". Dies ist wichtig, um bei den Ergebnissen nicht bei den aktiv gemanagten Fonds zu landen, die – wie Sie nun wissen – teurer und oft nicht so gut sind wie ETF. Dann sind Sie schon mittendrin.

Wählen Sie zunächst die Fondsgruppe, in die Sie investieren wollen. Der Bereich „Fondsgruppen" ist unterteilt nach Aktienfonds, Geldmarktfonds, Rentenfonds, etc., diese sind wiederum in Untergruppen aufgeteilt, wie zum Beispiel Aktienfonds in Länder und Regionen oder Branchen, Nebenwerte, etc. Suchen Sie einen ETF auf den

möglich und noch tiefer gehende Informationen liefert. Neben ETF-spezifischen Daten und Kennzahlen wie dem Kursverlauf oder der Rendite finden Sie dort unter anderem die Zusammensetzung des Index oder Länder- und Branchengewichtungen etc.

DIE 3 BESTEN TIPPS ZUR AUSWAHL

1 Basisanlage. Beschränken Sie sich nicht auf das Produktangebot eines einzelnen Anbieters. Finanztest macht Ihnen die Auswahl leicht. Für die Basisanlage finden Sie marktbreite Aktien- und Anleihen-ETF in der Tabelle „Diese ETF sind 1. Wahl" ab S. 166.

2 Beimischung. Im Produktfinder Fonds unter test.de/fonds können Sie sich eine Übersicht über das komplette ETF-Angebot verschaffen. Eine kleine Auswahl für spezielle Anlageideen finden Sie im Kapitel „ETF für Fortgeschrittene", S. 127.

3 Besonderheiten. Viele Anbieter offerieren vergleichbare ETF, die sich zum Teil in den Gebühren geringfügig unterscheiden, manchmal aber auch in der Ausstattung. So können Dividenden ausgeschüttet oder wiederangelegt (thesauriert) werden. Wenn Sie regelmäßige Einkünfte beziehen wollen, bevorzugen Sie bei der Auswahl einen ETF, der Dividenden ausschüttet.

indischen Aktienmarkt, klicken Sie auf „Aktienfonds Länder und Regionen" und scrollen, bis „Aktienfonds Indien" erscheint. Hier finden Sie die gewünschten ETF und können sie vergleichen.

Haben Sie diese Vorauswahl getroffen, können Sie das Finanztest-Bewertungssystem nutzen. Hier können Sie festlegen, ob Sie ausschließlich ETF mit der Auszeichnung „1. Wahl" angezeigt bekommen oder auch Fonds mit weniger Punkten betrachten wollen.

Zusatzkriterien berücksichtigen

Die Bewertung „1. Wahl" bezieht sich immer auf eine Fondsgruppe. Da es zahlreiche unterschiedliche Fondsgruppen gibt, sagt allein das Urteil „1. Wahl" noch nichts darüber aus, ob die Fondsgruppe oder der ETF auch tatsächlich zu Ihnen und Ihren Erwartungen passt.

1. Wahl bedeutet, dass der ETF typisch ist für den Markt, in den Sie investieren wollen. In einer Fondsgruppe kann es mehrere ETF mit der Bewertung „1. Wahl" geben. Diese

1. Wahl	= Markttypischer ETF
●●●●●	= Besser als der Markt
●●●●○	= Ähnlich wie der Markt
●●●○○	= Etwas schlechter als der Markt
●●○○○	= Merklich schlechter
●○○○○	= Erheblich schlechter

sind im Grunde gleichwertig. Für welchen ETF Sie sich entscheiden, hängt von mehreren Faktoren ab, wie zum Beispiel bei Sparplänen davon, welche ETF Ihre Bank in ihrer Angebotspalette hat.

ETF können sich auch hinsichtlich Gebühren oder anderer Kriterien wie der Ertragsverwendung unterscheiden, also danach, ob die Erträge ausgeschüttet oder angesammelt werden. Ob Sie zum Beispiel einen Fonds wählen, der die Dividenden oder Zinsen auszahlt, oder einen, der sie sofort wieder anlegt, hängt ganz von Ihren persönlichen Präferenzen ab. Auf die Aspekte Dividenden, Gebühren und weitere Unterschiede in der Ausstattung von ETF, insbesondere die Art der Indexnachbildung, gehen wir auf den nächsten Seiten ein (siehe „Weitere Auswahlkriterien" ab S. 108).

Am Rande: Details der Bewertung

Wie aber kommen die Fonds zu ihren Punkten? Hier für Interessierte die Einzelheiten: Da Fonds sich erst eine Weile am Markt bewährt haben sollten, beträgt der Untersuchungszeitraum bei der Fondsbewertung fünf Jahre. Die Berechnungen und Bewertungen basieren auf den monatlichen Wertentwicklungen. Interne Kosten des ETF werden ebenso wie Ausschüttungen berücksichtigt. Dagegen fließen Steuern und Kaufkosten der Anleger nicht in die Berechnung ein, weil diese je nach Kaufquelle und individuellem Vermögen unterschiedlich hoch sein können.

Im ersten Schritt werden alle Fonds – auch aktiv gemanagte und spezielle ETF – in Fondsgruppen unterteilt. Dann wird geprüft, ob die Fonds bestimmte Mindestkriterien erfüllen, erst dann folgt die weitere Bewertung. Zunächst werden die markttypischen ETF ermittelt, sprich die Fonds ausgewählt, die den jeweiligen Markt in seiner ganzen Breite abbilden. Markttypische ETF erhalten in ihrer Fondsgruppe die Finanztest-Bewertung „1. Wahl". Die anderen Fonds und ETF erhalten eine Finanztest-Bewertung in Punkten, die sich aus dem Verhältnis von Chance und Risiko ergibt.

Ob ein Fonds nun gut oder schlecht abschneidet, hängt davon ab, wie er sich im Vergleich mit den Referenzindizes der Fondsgruppe entwickelt hat. Ist er ähnlich gut wie der Index, erhält er 4 Punkte. Ist er deutlich besser, gibt es 5 Punkte, während Fonds mit schlechterem Ergebnis drei oder zwei Punkte bekommen und jene mit lausiger Performance einen Punkt (siehe hierzu auch die Grafik links).

Die Finanztest-Bewertung 1. Wahl ist unabhängig vom Chance-Risiko-Verhältnis eines ETF. Im Klartext heißt das, dass ein ETF auf den indischen Aktienmarkt genauso 1. Wahl sein kann wie ein ETF auf den MCSI World. In der Regel liegen 1.-Wahl-ETF ähnlich wie der Index im Bewertungsbereich von 4 Punkten, sie können aber auch weniger Punkte haben. Die Bewertung kann sich im Laufe der Zeit ändern, sollte sich ein ETF nicht mehr wie der breite Markt bewegen.

Weitere Auswahlkriterien

ETF unterscheiden sich oft in Details wie den Gebühren, der Dividendenausschüttung und der Konstruktion. Dazu finden Sie hier das Hintergrundwissen.

Neben dem Rating gibt es weitere Details, die für ETF-Anleger eine Rolle spielen können: Die Gebühren sind unterschiedlich hoch, Dividenden können entweder angesammelt oder ausgeschüttet werden, manche Fonds notieren in einer anderen Währung – und die Konstruktion von ETF ist nicht immer gleich. Auch nach diesen Kriterien können Sie im Produktfinder Fonds von Finanztest suchen und die ETF entsprechend filtern. Hier finden Sie das Hintergrundwissen dazu.

Dividende sammeln oder kassieren

Einen erheblichen Teil der Erträge von Aktien steuern Dividenden bei. Nach verschiedenen Untersuchungen machen sie je nach Land und Zeitraum langfristig zwischen einem Drittel und der Hälfte der Gesamterträge aus. Auf Dividenden haben ETF-Besitzer den vollen Anspruch. Denn ETF sind ja, wie wir gesehen haben, Sondervermögen, die hundertprozentig den Käufern gehören.

Wie aber gehen die ETF mit den Dividenden um? Es gibt, wie bei aktiven Fonds, zwei Möglichkeiten: Sie zahlen sie regelmäßig – von jährlich bis zu viermal pro Jahr – an die Anleger aus, oder sie legen sie automatisch wieder an und erhöhen somit den Wert des ETF. Der erste Weg wird als ausschüttend bezeichnet, der zweite als thesaurierend.

Wer auf regelmäßige Zahlungen Wert legt, kann ausschüttende Indexfonds wählen. Haben Sie dagegen einen langfristigen Vermögensaufbau im Sinn – beispielsweise für die Altersvorsorge –, fahren Sie mit der thesaurierenden Variante besser. Denn die Erträge werden ohne Transaktionskosten umgehend wieder angelegt und erhöhen damit den Anlagebetrag. Der Zinseszinseffekt sorgt dafür, dass sich das Wachstum des Kapitals über die Jahre durch die Thesaurierung beschleunigt – je länger die Erträge wieder angelegt werden, desto mehr.

Gebühren beachten

Leicht irritierend ist es, wenn man einen Dax-ETF sucht und feststellt, dass die Kursnotierungen von ETF verschiedener Anbieter unterschiedlich hoch sind. Wie kann das sein? In erster Linie ist das ein Thema der Gebühren. Denn der Preis eines ETF-Anteils spiegelt das Fondsvermögen wider. Alle Kosten und Gebühren, die zu Lasten des Fonds gehen, wie zum Beispiel die Managementgebühr, schmälern das Fondsvermögen. Je höher also die Gebühren, desto stärker kann der Preis von dem anderer Fonds und dem Index abweichen. Damit die Abweichung möglichst gering ist, verleihen manche ETF-Anbieter Wertpapiere, um Zusatzerträge zu erzielen (mehr zu Wertpapierleihe, die auch bei klassischen Fonds üblich ist, finden Sie auf S. 149). Üblicherweise sind Erträge aus Wertpapierleihe nicht vorab berechenbar, also für den Anleger nicht offensichtlich.

Um ETF vergleichen zu können, betrachten wir daher die ausgewiesenen Gebühren. Lange Zeit hieß die bekannte Größe dafür Total Expense Ratio, kurz TER oder zu Deutsch Gesamtkostenquote; viele ETF-Anbieter weisen noch immer die TER aus.

Inzwischen wurde die Kennzahl genauer definiert, was die Vergleichbarkeit erhöht, und durch die Ongoing Charges (OGC), zu Deutsch Laufende Kosten, ersetzt. In die Kennzahl fließen Aufwendungen für das Management, für Wirtschaftsprüfer, Geschäftsführung oder Depotbank ein. Auch wenn der Anbieter Wertpapiere verleiht und einen Teil der Gebühren einbehält, wird dies berücksichtigt.

Nicht enthalten darin sind jedoch die Transaktionskosten innerhalb des Fonds- oder ETF-Vermögens, also die Kauf- und Verkaufsspesen für Wertpapiere – somit bleibt eine sehr wichtige Kostenquelle außen vor. Damit ist die Kennzahl ein Anhaltspunkt und ein Vergleichsmaßstab für die Kosten, aber nicht mehr.

Übrigens: Die laufenden Kosten sind in den Renditeberechnungen von Finanztest bereits berücksichtigt, sie fließen also in die Fondsbewertung ein.

Die Konstruktionsmethode kennen

Wie werden ein Index und ein Fonds zum Indexfonds? Ganz einfach, könnte man meinen, indem alle Bestandteile eines Börsenindex eins zu eins gekauft werden und in das Sondervermögen übergehen. So hat es John Bogle 1976 praktiziert, als er mit dem Vanguard 500 den ersten Indexfonds aus der Taufe hob. Aber so einfach geht es leider nicht immer.

Die Zusammensetzung mancher ETF kann für Anleger Überraschungen bergen, die nichts mit dem Index selbst zu tun ha-

---

Das Handelsvolumen besagt, wie viele Stücke an der Börse ge- und verkauft beziehungsweise in welchem Gegenwert Umsätze getätigt wurden. Je höher das Handelsvolumen eines ETF, desto besser für den Anleger. Denn hohe Börsenumsätze sorgen in der Regel für eine marktgerechte Preisfeststellung.

So geht's: Physische Nachbildung

Ein ETF auf den Dax kauft alle 30 Aktien im Dax anteilig nach ihrem Gewicht im Index.

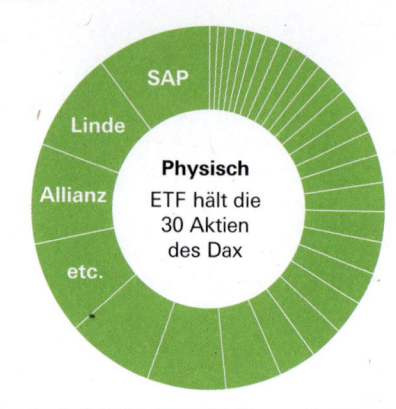

SAP, Linde, Allianz, etc. — Physisch: ETF hält die 30 Aktien des Dax

ben, sondern mit der Konstruktion des ETF. Zwar enthalten die meisten ETF tatsächlich einen großen Teil oder gar alle der Aktien aus dem Index, aber es gibt auch ETF, die anders funktionieren. Ihre Zusammensetzung hat kaum etwas mit dem nachzubildenden Index zu tun. Diese Swap-ETF gehen Tauschgeschäfte (englisch: swaps) ein, um die Indexentwicklung sicherzustellen. Auch sie enthalten Aktien, nur eben andere als der Index, den sie eigentlich abbilden. In einem Dax-ETF können dann zum Beispiel statt Adidas und Henkel vorwiegend europäische Unternehmen stecken. Zusätzlich sind die Verträge für die Tauschgeschäfte Teil des Fondsvermögens. Obwohl für Anleger gewöhnungsbedürftig, empfehlen wir auch diese ETF-Variante. Swap-ETF werden ebenso streng kontrolliert wie ETF, die sich aus den Originalaktien zusammensetzen. Und dann gibt es auch noch einen Mix aus beiden. Die unterschiedlichen Varianten erläutern wir hier näher.

1. Physische Nachbildung

Es ist die Methode, die bereits Bogle angewendet hat. Sie wird als physisch replizierend oder auch als voll nachbildend bezeichnet. Die Aktien eines Aktienindex oder die Anleihen eines Rentenindex werden gemäß ihrem Anteil am entsprechenden Index gekauft, und diese Aufteilung wird im Prinzip immer beibehalten. Warum nur im Prinzip? Weil sich die Gewichte einzelner Wertpapiere in einem Index ändern, denn sie werden ja nach dem Börsenwert (der Marktkapitalisierung) gewichtet – der wiederum ergibt sich aus dem Börsenkurs multipliziert mit der Anzahl der Papiere, die frei an der Börse handelbar sind. Da die Kurse schwanken und sich die Zahl der emittierten Wertpapiere durch Kapitalerhöhungen, Aktienrückkäufe etc. ebenfalls ändern kann, ist die Gewichtung der einzelnen Papiere immer in Bewegung – kurzfristig nur um Prozent-Bruchteile, längerfristig auch stärker. Diese volle Nachbildung ist problemlos zu bewerkstelligen bei Indizes, die aus Wertpapieren bestehen, die rege gehandelt werden und bei denen die Transaktionskosten gering sind. Das trifft für Indizes wie den Dax, den MDax, den Euro Stoxx 50 oder den S&P 500 uneingeschränkt zu. Deshalb werden sie überwiegend voll repliziert.

2. Sampling-Methode (optimiert)

Sie wird gern bei Aktienindizes auf Nebenwerte (Small Caps) und bei Indizes benutzt, die eine große Zahl an Wertpapieren enthal-

So geht's: ETF mit Swap

Der ETF enthält Aktien, aber nicht die des Dax. Die Ersatzaktien sollen breit gestreut sein. Zusätzlich hat er einen Swap, einen Tauschvertrag mit einer Bank, die die Wertpapiere aus dem Index hält. Entwickelt sich der Index besser als die Titel im ETF, gleicht die Bank die Differenz aus. Im umgekehrten Fall zahlt der ETF an sie. So entwickelt sich der ETF wie der Index. Der Swap darf 10 Prozent des ETF-Vermögens nicht übersteigen.

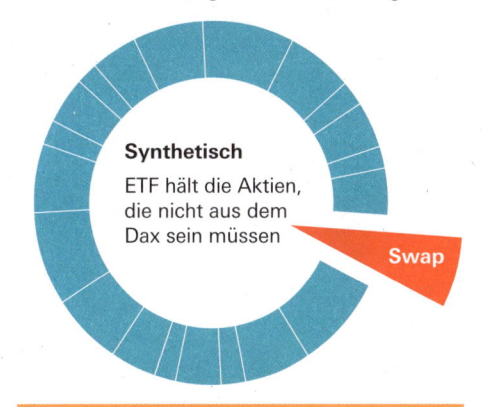

Synthetisch
ETF hält die Aktien, die nicht aus dem Dax sein müssen

Swap

---

ten und die zudem aus verschiedenen Ländern und Zeitzonen stammen. Bei ihnen ist zwar die volle physische Replikation größtenteils möglich, aber manchmal recht teuer. Deshalb wird häufig die Methode des optimierten Samplings angewendet, auch optimierte Replikation genannt.

Sampling heißt übersetzt Stichprobe oder Auswahl. Hier werden nicht alle Aktien des Index direkt gekauft, sondern nur eine Teilmenge physisch repliziert. Ein Computerprogramm „optimiert" die Auswahl, indem es den Aktienkorb bestimmt, der dem Kursverlauf des Index nahezu entspricht. Und dieser Korb wird physisch nachgebildet. In der Regel sind die Aktien mit dem größten Indexgewicht enthalten, während ganz kleine Aktien unberücksichtigt bleiben. So verfahren beispielsweise manche ETF-Anbieter beim MSCI World. Aktien, die ein festgelegtes Indexgewicht – zum Beispiel 0,09 Prozent – unterschreiten, werden nicht gekauft.

Häufiger als bei Aktienindizes wird die Sampling-Methode bei Anleiheindizes verwendet. Der Grund: Die Handelsumsätze an den Börsen sind bei Unternehmensanleihen, Pfandbriefen und Bankschuldverschreibungen oft so gering, dass ein Rentenindex nicht zeitnah und nur mit hohen Kosten exakt nachgebildet werden könnte. Deshalb werden die liquiden Anleihen als „Stichproben" gekauft. Meistens genügt das, um den Index fast spiegelbildlich zu kopieren. Von allen Mitte April 2020 am Hauptandelsplatz Xetra notierten 398 Anleihen-ETF wurden 227, also klar mehr als die Hälfte, nach der Sampling-Methode nachgebildet. Bei Aktien-ETF waren es nur knapp 18 Prozent.

3. Synthetische Replikation

„Synthetische Replikation", das klingt erst einmal kompliziert. Frei übersetzt bedeutet es so viel wie künstliche Nachbildung. Um die Begriffsverwirrung komplett zu machen: Swap-ETF ist ein anderer gängiger Begriff. Ein synthetisch replizierter Aktien-ETF, zum Beispiel auf den exotischen Index MSCI Pakistan, muss keine einzige Aktie aus diesem Index enthalten. Was draufsteht, muss also nicht drin sein. Das Geld der Anleger wird stattdessen in einen Aktienkorb investiert, der einen ganz anderen, viel liquideren und preiswerter zu handelnden

Inhalt aufweist, beispielsweise Dax- und Euro-Stoxx-Aktien. Das klingt verwirrend. Wie sollen Aktien aus dem Dax und dem Euro Stoxx exakt die gleiche Wertentwicklung erzielen wie der MSCI Pakistan?

Ganz einfach – indem der ETF-Anbieter mit einem anderen Finanzinstitut ein Tauschgeschäft vereinbart. Im Finanzjargon heißt so etwas Swap. Der Tauschpartner – meistens eine Investmentbank, zum Beispiel die Muttergesellschaft des ETF-Anbieters – garantiert, dass der Indexfonds die gleiche Wertentwicklung erreicht wie der Index, auf den er lautet, in dem Fall also der MSCI Pakistan. Bewerkstelligt wird das, indem der Wert des Swap-Kontrakts täglich so angepasst wird, dass das Vermögen des Indexfonds die Entwicklung „seines" Index genau widerspiegelt. Angewendet wird diese Methode nicht nur auf exotische Märkte wie Pakistan, in denen eine physische Nachbildung schwer möglich ist. Synthetische ETF werden von manchen Fondsgesellschaften auch für liquide Märkte eingesetzt, um mit dieser Konstruktion Kosten zu sparen und die Abweichung des ETF vom Indexverlauf – die Tracking-Differenz (siehe „Gut zu wissen") – zu minimieren.

Immer angewendet wird die Swap-Methode bei bestimmten ETF-Sonderformen wie gehebelten Indizes (so gibt es den LevDax, der die Dax-Entwicklung in doppeltem Ausmaß nachvollzieht), Geldmarkt-ETF oder Short-Indizes (die bei fallenden Kursen im Wert zulegen, wie der ShortDax). Auch bei Anleihe-ETF wird sie oft gewählt.

Ob nun swapbasiert oder voll replizierend, ist Geschmackssache, jede Methode hat ihre Vor- und Nachteile (siehe auch „Kritik an der Konstruktion von ETF", S. 148).

> **Gut zu wissen**
>
> **Die Tracking-Differenz** gibt an, wie stark die Rendite eines ETF vom zugrunde liegenden Index abweicht. Sie lässt sich nur im Nachhinein feststellen und ist meist negativ, da bei der Index-Nachbildung Kosten anfallen. Beispiel: Schafft der Dax eine Jahres-Rendite von 10,5 Prozent, ein Dax-ETF aber nur 10,2 Prozent, beträgt die Tracking-Differenz minus 0,3 Prozent. Je geringer dieser Wert, desto besser und kostengünstiger ist es dem ETF-Anbieter gelungen, den Index nachzubilden. In Sonderfällen kann die Differenz sogar positiv sein, wenn etwa die Einnahmen aus dem Verleih von Wertpapieren die ETF-Kosten übersteigen. Oft wird die Tracking-Differenz mit dem Tracking Error verwechselt: Er misst die durchschnittliche Schwankungsbreite der Index-Abweichungen in einer bestimmten Zeitspanne.

ETF richtig kaufen

Sie haben sich für einen oder mehrere ETF entschieden, nun geht es an die praktische Umsetzung.

→ **Ein ETF ist schnell gekauft,** wenige Mausklicks, und schon landet er im Depot, der Verwahrstelle für Wertpapiere. Doch bevor Sie einen Börsenauftrag erteilen, gilt es ein paar Entscheidungen zu fällen. Da wären die Berechnung der Stückzahl, die Wahl des richtigen Börsenplatzes, die Handelszeit und – ganz wichtig – die geeigneten Orderzusätze, sprich Bedingungen, an die eine Orderausführung geknüpft ist.

Starten wir mit der Berechnung der Stückzahl: Wenn Sie den Auftrag über Ihre Hausbank abwickeln, können Sie bequem dem Bankberater eine Summe vorgeben, und dieser führt den Auftrag aus. Im Übrigen funktioniert das auch bei den Sparplänen so. Wenn Sie eine Summe vorgeben, die Sie regelmäßig investieren wollen, wird automatisch die Zahl der Anteile ermittelt und erworben; selbst der Erwerb von Bruchstücken ist bei vielen Banken möglich.

Wer dagegen online eine Einmal-Order selbst platziert, muss kurz rechnen. Angenommen, Sie wollen bei einem ETF-Kurs von zirka 49,20 Euro ETF-Anteile im Wert von rund 5 000 Euro erwerben, kaufen Sie 100 ETF (Anzahl der ETF = Anlagesumme : Kurs). Dies entspricht einer Summe von rund 4 920 Euro zuzüglich Gebühren. Kein Problem ist es, wenn Sie 101 Stück ordern, doch Sie sollten wissen, dass die Profis gerne runde Stückzahlen handeln, sprich 10, 25, 50, 100 Stück. Das hat auch den Vorteil, dass man selbst beim Blick auf den Indexstand beim Kauf von 100 Stück den Wert des eigenen Bestands schneller überschlagen kann.

→ Nie ohne Limit!

Mit dem Limit bestimmen Sie, zu welchem Kurs höchstens gekauft beziehungsweise mindestens verkauft wird. Erfahrenere Anleger setzen das Limit beim Kauf gerne etwas tiefer – beim Verkauf analog etwas höher – und warten geduldig. Da die Kurse schwanken, kommt man im Tagesverlauf häufig irgendwann zum Zug, geht aber auch das Risiko ein, dass der Auftrag möglicherweise nicht ausgeführt wird.

Welcher Börsenplatz?

Hat man die Stückzahl errechnet, stellt sich schon die zweite Frage: welcher Börsenplatz? Die Onlinebanken haben zum Teil in ihrer Ordermaske einen Handelsplatz voreingestellt, der geändert werden kann. Der

Gut zu wissen

Indexfonds oder ETF? Die Begriffe werden häufig synonym verwendet, aber genau genommen sind nicht alle Indexfonds auch ETF. ETF werden an der Börse gehandelt. Es gibt aber auch Indexfonds, die Fondsgesellschaften direkt vertreiben, weshalb zumeist ein Ausgabeaufschlag anfällt. Bei ETF stellen sogenannte Market Maker einen liquiden Handel sicher. Werden viele ETF-Anteile nachgefragt, erwerben die Market Maker die Aktien am Markt und kreieren so neue ETF-Anteile. Damit wird erreicht, dass bei hoher Nachfrage oder großem Verkaufsdruck der ETF-Preis nicht vom Wert des Indexportfolios abweicht. Sollten Sie mal Eindruck schinden wollen: Die Profis nennen es „Creation" für die Schaffung neuer Anteile und „Redemption", wenn sie eingedampft werden – und sprechen vom „Creation Redemption Process".

weise schlechtes Geschäft zu machen, da die Spannen zwischen An- und Verkaufskursen (der Spread) größer sind als während der Haupthandelszeit. Das Gros der Akteure handelt von 9 bis 17.30 Uhr zu den offiziellen Xetra-Handelszeiten. Xetra, die vollelektronische Handelsplattform der Deutschen Börse, ist der Hauptumschlagplatz für ETF. Erteilen Sie also einen Kaufauftrag am späten Abend, kann dieser an den Regionalbörsen am nächsten Morgen ab 8 Uhr abgerechnet werden, wenn kaum Umsätze getätigt werden. Daher gilt immer: strikt limitieren! Auf Xetra landet die Order in der Eröffnungsauktion, für die üblicherweise Aufträge gebündelt werden.

An sich ist es ratsam, immer dort zu handeln, wo die höchsten Umsätze getätigt werden – also auf Xetra. Doch im Xetra-Handel, zum Teil auch an den Präsenzbörsen, tummeln sich gerne Schnäppchenjäger. Mit dem Ziel, ein paar schnelle Euros zu verdienen, platzieren sie viele Aufträge mit Limit, die von den aktuellen Marktpreisen etwas abweichen. Treffen sie auf eine unlimitierte Order, geht ihre Rechnung auf. Das ist kein Grund für Sie, die Börse zu meiden, aber ein Grund, strikte Limits zu setzen.

Am einfachsten orientieren Sie sich nah an den aktuellen Kursen, die teils bei den Anbietern oder unter anderem auch auf boerse-frankfurt.de zu finden sind.

Dabei sehen Sie gewöhnlich zwei Preise. Sagen wir zum Beispiel 24,15 – 24,20 Euro. Dies bedeutet, Sie können den ETF zu

vorgegebene Handelsplatz ist nicht zwingend der beste, denn dort wird meist schon vor dem offiziellen Börsenbeginn und auch nachbörslich gehandelt. In diesen Phasen sind aber nicht alle Marktteilnehmer aktiv. Dadurch besteht das Risiko, ein vergleichs-

24,20 Euro kaufen. Wenn Sie verkaufen, erhalten Sie 24,15 Euro. Die 5-Cent-Spanne zwischen dem An- und Verkaufskurs ist der Spread. Je geringer er ist, desto besser. Die Spreads sind bei rege gehandelten ETF – wie auf den Dax oder den Euro Stoxx 50 – minimal. Bei wenig gehandelten Indizes erreichen sie aber spürbare Größenordnungen. Beim langfristigen Sparen spielt die Höhe des Spreads zwar kaum eine Rolle, beim häufigen Handeln mit ETF kann er jedoch zu einer beachtlichen Kostengröße werden.

Zum fairen Wert handeln

Folgt man den Regeln des Aktienmarkts, müsste theoretisch der Preis steigen, wenn viele Anleger einen bestimmten ETF kaufen wollen – und vice versa. Doch der Wert des ETF bewegt sich in der Tat immer wie sein Indexportfolio.

Für diesen „fairen Wert" sorgen die Market Maker. Ihre Aufgabe ist es, dafür zu sorgen, dass der Kurs nicht vom fairen Wert, im Fachjargon Nettoinventarwert (NAV, die Abkürzung für den englischsprachigen Begriff Net Asset Value), abweicht.

Dieser NAV wird zwar nur einmal pro Werktag offiziell berechnet, aber während des gesamten Börsenhandels laufend aktualisiert, auf Xetra mindestens einmal pro Minute. Da es sich dabei nicht um den offiziellen NAV handelt, wird er iNAV genannt, die Abkürzung für indikativer NAV. Die laufende Berechnung stellt sicher, dass der Kurs des ETF stets nahezu dem Preis entspricht, der sich aus den aktuellen Kursen der Index-Mitglieder errechnet.

So weit die Theorie. Die Praxis lehrt aber, dass der Handel nicht immer perfekt funktioniert: Im „Mini Flash Crash" in den USA am 24. August 2015 (siehe S. 151) stürzten die Kurse von ETF überproportional ab, nachdem viele Wertpapiere vom Handel ausgesetzt wurden und auch kein iNAV berechnet werden konnte. Ausreißer wie diese bekommen Sie in der Regel nicht mit. Und wenn Sie langfristig orientiert agieren und immer ein Limit beim Kauf oder Verkauf setzen, sind Sie auf der sicheren Seite.

> **Gut zu wissen**
>
> **Indexzertifikat oder ETF,** worin besteht der Unterschied? Beide bilden einen Index eins zu eins nach. Die Sicherheit ist aber keineswegs identisch. Zertifikate sind Schuldverschreibungen der Emittenten und somit eine Art Kredit des Kunden an die Bank, die das Zertifikat herausgegeben hat. Geht der Emittent in Konkurs, wie das während der Finanzkrise 2008 bei der US-Investmentbank Lehman Brothers der Fall war, ist das Geld der Anleger gefährdet, bis hin zum Totalverlust. ETF indes sind Sondervermögen – somit im Konkursfall besonders geschützt.

Das Depot richtig anpassen

Ein Finanztest-Pantoffel-Portfolio ist sehr pflegeleicht – Sie können es nicht nur leicht aufbauen, sondern auch einfach anpassen. Dafür müssen Sie nur einige wenige Aspekte beachten.

Hat man einmal ein Pantoffel-Portfolio aufgebaut oder einen Pantoffel-Sparplan abgeschlossen, braucht man nicht dauernd die Börsenkurse mit Argusaugen zu verfolgen. Doch sowohl bei der Einmalanlage als auch beim Sparplan sollten Anleger darauf achten, dass die Gewichtung ihres Portfolios während der Laufzeit nicht aus dem Gleichgewicht gerät. Es empfiehlt sich, dabei nach einer bestimmten Systematik vorzugehen: Einmal pro Jahr sollte man als Erstes überprüfen, ob die ursprünglich gewählte Depotaufteilung noch zur eigenen Lebensplanung passt. Vielleicht hat sich etwas Gravierendes geändert? Zum Beispiel, weil man früher in Ruhestand gehen möchte oder weil man vorzeitig eine Erbschaft gemacht hat, die die Vermögenssituation verbessert, oder, oder. Dann sollte man die Ziel-Depotaufteilung gegebenenfalls abändern.

Als Zweites sollte man jährlich nachschauen, ob die festgelegte Ziel-Depotaufteilung noch in der Realität gegeben ist – oder ob es hier während der letzten Monate zu deutlichen Abweichungen gekommen ist. Nach Untersuchungen von Finanztest braucht man aber erst dann aktiv zu werden, wenn die Zusammensetzung des Depots um mehr als 10 Prozentpunkte von der gewünschten abweicht. Beim ausgewogenen Pantoffel-Portfolio, das je zur Hälfte aus Aktien-ETF und Zinsanlagen besteht, ist der Schwellenwert für die Anpassung dann erreicht, wenn eine der Depot-Komponenten ein Gewicht von 60 Prozent und mehr oder von nur noch 40 Prozent und darunter hat.

Dieser Richtwert von 10 Prozentpunkten hat sich als besonders vorteilhaft erwiesen – denn setzt man ihn zu niedrig an, kommt es zu häufigeren Umschichtungen. Das verursacht Kosten und drückt so auf die Rendite. Setzt man den Schwellenwert zu hoch an, verpasst man dagegen womöglich gute Kaufgelegenheiten.

Der Clou liegt darin, gegen den Trend zu handeln: Hat es an der Börse gekracht, sind also die Aktien-ETF stark im Wert gefallen und haben ein geringeres Gewicht im Depot, dann kauft man Aktien-ETF nach und verkauft einen Teil der Zinsanlagen. Läuft es an der Börse besonders gut, geht man umgekehrt vor und verkauft Aktien-ETF zugunsten der Zinsanlagen. Das mag psychologisch nicht ganz einfach sein, ist aber für das Finanztest-Pantoffel-Portfolio ein Erfolgsrezept.

Zur Anpassung kommt es nur selten

Das obere Bild zeigt die historische Vermögensentwicklung eines ausgewogenen Pantoffel-Portfolios. Wenn die Aktienmärkte stark steigen oder fallen, ist es Zeit umzuschichten. Beim ausgewogenen Depot ist das in 20 Jahren nur sechsmal vorgekommen, erkennbar an den senkrechten Linien. Das Bild unten zeigt, wie sich das Depot über die Jahre zusammensetzte.

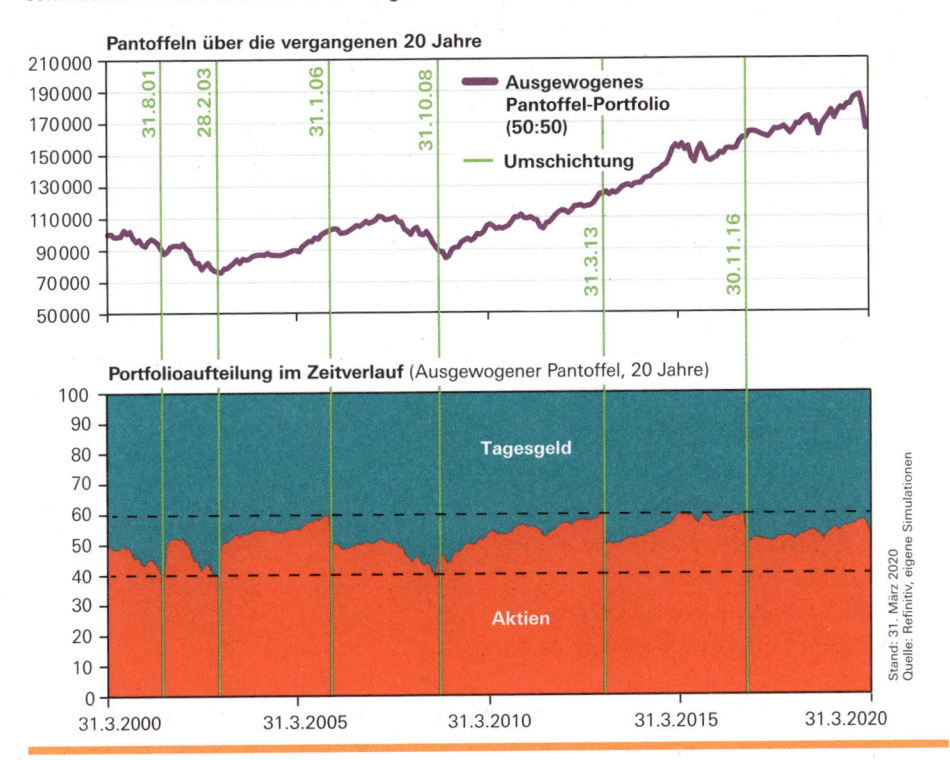

Doch wie bringen Sie das Depot wieder ins Gleichgewicht? Bei der Einmalanlage genügen zwei Aufträge: Man verkauft Teile der Depotkomponente mit Übergewicht und kauft die mit Untergewicht nach.

Bei laufenden Sparplänen kann man die regelmäßige Sparplanrate einfach umlenken, bis die gewünschte Depotaufteilung wieder erreicht ist. Ist zum Beispiel der Aktienanteil zu hoch, dann stoppen Sie für eine Weile die Sparplanrate für den Aktien-ETF und lenken zwischenzeitlich die gesamte Sparrate in den Zinsteil. Ist die gewünschte Aufteilung wieder erreicht, ändern Sie die Sparplanraten wieder ab. Das ist in aller Regel kostenlos möglich. Allerdings dauert es unter Umständen etliche Monate, bis die Gewichtung wieder stimmt.

Es wäre auch möglich, gar nichts zu machen. Buy-and-Hold ist das englische Fachwort für diese Strategie. Frei übersetzt bedeutet das: laufen lassen. Der Vorteil liegt auf der Hand: Das bereitet weder Mühe noch Kosten. Einen Nachteil hat diese Methode aber: Das Risiko kann irgendwann zu groß werden, wenn der Aktienanteil weiter steigt. Wir empfehlen das in diesem Zusammenhang daher nicht.

Wenn ETF aufgelöst werden

Es kommt zwar äußerst selten vor, doch ETF-Anbieter fusionieren, und manchmal werden ETF einfach aufgelöst. Das Risiko, dass das bei einem Ihrer ETF passiert, lässt sich aber senken.

Ärgerlich, wenn man plötzlich mitgeteilt bekommt, dass sich der ETF-Anbieter entschieden hat, den ETF aufzulösen, den man im Depot hat. Bei aktiv gemanagten Fonds war das bisher viel eher üblich, bei ETF eher weniger. Aber auch hier nehmen die Auflösungen zu. Sie sollten die Folgen kennen und richtig reagieren. Es handelt sich vor allem um ein praktisches Problem. Der nötige Anlagewechsel macht Mühe und verursacht Transaktionskosten. Ganz unabhängig von den Hintergründen gibt es für Anleger kein Entrinnen, wenn die Auflösung kommt. Denn die Fondsgesellschaft definiert bei Auflage des ETF auch die Kündigungsmöglichkeiten und -fristen.

Vorhersehbar sind diese Schritte nicht wirklich, insbesondere wenn Anbieter fusionieren oder sich die Steuergesetzgebung ändert. Dennoch gibt es Faktoren, die auf ein erhöhtes Auflösungsrisiko hindeuten. So ist ein ETF mit hohem Fondsvolumen eher vor Auflösung geschützt als einer mit geringem. Volumenstarke ETF werden nach einer Fusion oder Übernahme oft weitergeführt, da der Anbieter nicht riskieren will, die Anlagegelder an einen Konkurrenten zu verlieren. Um die Risiken einer Auflösung gering zu halten, hat Finanztest eine Hürde von 50 Millionen Euro als Mindestanlagevolumen in den Bewertungskriterien festgelegt. Das ist zwar keine Garantie, erhöht aber die Überlebenschancen eines ETF.

Gut zu wissen

Warum werden Fonds aufgelöst?
Die Gründe dafür können ganz unterschiedlich sein und werden dem Anleger normalerweise mitgeteilt. Steuerliche Gründe oder die Fusion von zwei ETF-Anbietern können ausschlaggebend sein. Sind es steuerliche Gründe, legt der Anbieter meist einen neuen vergleichbaren ETF auf und kann Bestandskunden ein Umtauschangebot machen. Es ist aber auch möglich, dass sich ein ETF für den Anbieter nicht mehr lohnt und dieser ihn einstellt, weil zu wenige Kunden investiert haben. Darauf deuten Floskeln wie „Optimierung des Produktangebots" hin.

Vor der Auflösung wird der Anleger in der Regel schriftlich informiert und kann über die Börse den ETF verkaufen und einen anderen erwerben. In diesem Fall kostet ihn das jedoch die üblichen Handelsgebühren der Bank sowie Börsengebühren. Wartet man hingegen bis zum festgesetzten Kündigungstag, ist die Rückzahlung meist kostenfrei. Der ETF-Anbieter nimmt die Anteile zurück und überweist das Geld aufs Konto.

Ärgerlicher als der zeitliche Aufwand und die Ordergebühren können die steuerlichen Folgen sein. Denn mit der Kündigung eines ETF erhält der Anleger vorzeitig sein Geld zurück, leider zu einem Zeitpunkt, den Sie nicht bestimmen können, und der Fiskus fordert eventuell seinen Anteil (siehe dazu den folgenden Abschnitt). Werden mehrere ETF fusioniert, ist das steuerneutral, sofern die ETF im selben Land aufgelegt wurden.

ETF richtig versteuern

Gewinne versteuern, Verluste verrechnen – dieses Prinzip gilt selbstverständlich auch bei ETF und Fonds. Doch es greifen auch steuerliche Spezialregeln, die Sie kennen sollten.

→ **Seit 2009 gelten in Deutschland** bei der Versteuerung von Kapitalanlagen die Regeln der Abgeltungsteuer: Auf Zinsen, Dividenden und Kursgewinne mit Wertpapieren werden grundsätzlich pauschal 25 Prozent Abgeltungsteuer fällig – und nicht der persönliche Steuersatz in Höhe von bis zu 42 Prozent (beziehungsweise 45 Prozent – die sogenannte Reichensteuer). Die inländischen Banken zwacken die Abgeltungsteuer plus Solidaritätszuschlag und etwaige Kirchensteuer automatisch für ihre Kunden ab und leiten sie an das Finanzamt weiter. Die Steuerschuld auf Kapitalerträge ist damit grundsätzlich abgegolten, wie es der Name Abgeltungsteuer schon sagt. Eine Steuererklärung auf Kapitalerträge sollte seither eigentlich nicht mehr nötig sein.

Doch was simpel klingt, ist wie so oft in der Wirklichkeit etwas komplizierter: ETF sind bekanntlich eine Spielart von Investmentfonds. Daher greifen für sie dieselben steuerlichen Vorschriften wie für alle Fonds. Zum Jahresbeginn 2018 wurden die Steuer-Spielregeln für Fonds grundsätzlich geändert, das Regime der Abgeltungsteuer gilt aber weiterhin. Auf den folgenden Seiten bekommen ETF-Anleger das nötige steuerliche Rüstzeug. Wir gehen dabei davon aus, dass Sie Ihr Depot im Inland führen.

Die Grundregeln der Abgeltungsteuer für ETF-Anleger

Die Abgeltungsteuer ist eine Art Quellensteuer. Das bedeutet: Noch bevor Ihnen Erträge aus ETF zufließen, muss Ihre Depotbank mit Sitz in Deutschland daraus 25 Prozent für den Fiskus abzweigen. Lagern Ihre ETF-Anteile und sonstigen Wertpapiere dagegen bei einer Bank im Ausland, müssen Sie sich selbst um die korrekte Versteuerung Ihrer Kapitalerträge in Deutschland kümmern und sie in der Steuererklärung angeben. Hier erhalten Sie zunächst einmal einen kurzen Überblick über die wichtigsten Regeln für die Abgeltungsteuer allgemein, die auch für andere Wertpapieranlagen als ETF gelten. Diese sind:

- **Abgeltungssatz anstatt persönlicher Steuersatz.** Wie hoch Ihr individueller Steuersatz auf Ihr übriges Einkommen etwa als Selbstständiger oder Arbeitnehmer ausfällt, ist für die Besteuerung von Kapitalanlagen zunächst grundsätzlich nicht von Bedeutung. Es gilt der Abgeltungssatz von 25 Prozent.
- **Günstigerprüfung bei niedrigem Einkommen.** Als Weniger-Verdiener müssen Sie aber nicht befürchten, dass Sie auf Ihre Erträge aus Wertpapieren mehr Steuern zahlen als auf Ihr Arbeitseinkommen: Liegt Ihr persönlicher Steuersatz unter dem Abgeltungssatz von 25 Prozent, sollten Sie Ihre Kapitalerträge freiwillig im Rahmen der jährlichen Steuererklärung dem Finanzamt melden. Der Fiskus führt dann auf Antrag (Eintragung: „1" in Zeile 4 der Anlage KAP für 2019) die Günstigerprüfung durch. Das bedeutet: Sie zahlen maximal den Abgeltungssatz auf Ihre Kapitalanlagen, eventuell auch weniger – eben nur denselben Satz, den Sie auch sonst zahlen.
- **Kirchensteuer und Soli-Zuschlag kommen obendrauf.** Mit den 25 Prozent Abgeltungsteuer ist es aber doch noch nicht ganz getan, denn der Solidaritätszuschlag in Höhe von 5,5 Prozent der Abgeltungsteuer und eventuell Kirchensteuer kommen obendrauf. Seit 2015 führen die Banken auch die Kirchensteuerschuld automatisch ab. Sie können dem Datenaustausch widersprechen, haben dann aber steuerlichen Mehraufwand.
- **Freistellungsauftrag erteilen.** Maximal über die Höhe des Sparerpauschbetrags von 801/1 602 Euro (Ledige/Verheiratete) dürfen Sie bei Ihrer Bank einen Freistellungsauftrag einreichen. Haben Sie mehrere Bankverbindungen, sollten Sie die Freistellungsaufträge sorgfältig aufteilen und unbedingt den Höchstbetrag einhalten. Der Fiskus wird sonst hellhörig. Liegt ihnen ein Freistellungsauftrag vor, ziehen die Banken erst dann Abgeltungsteuer ab, wenn Sie mehr als 801/1 602 Euro an Erträgen aus ETF-Anteilen oder sonstigen Wertpapieren erzielt haben – vorher nicht.

- **Kein Einzelnachweis von Werbungskosten.** Werbungskosten wie etwa Depotführungsgebühren werden durch den Sparerpauschbetrag bereits abgedeckt und können nicht gesondert geltend gemacht werden. Der Abzug der tatsächlich entstandenen Werbungskosten ist ausgeschlossen. Nicht zu verwechseln damit sind die Aufwendungen für den Kauf oder Verkauf von Wertpapieren. Die Banken berücksichtigen diese Spesen bei der Ermittlung eines steuerpflichtigen Gewinns oder Verlusts. Sie mindern also einen steuerpflichtigen Gewinn.
- **Altfallregelung für Aktien, Fonds & Co.** Mit Start der Abgeltungsteuer wurde eine Altfallregelung für realisierte Kursgewinne aus Aktien, Anleihen, Fonds & Co. eingeführt, die schon 2008 oder noch früher angeschafft worden waren. Bis Ende 2017 waren sie komplett steuerfrei. Zinsen oder Dividenden, die Sie auf diese Papiere bekommen, unterliegen dagegen jährlich der Abgeltungsteuer. Doch aufgepasst: Bei Fonds und damit auch bei ETF ist die komplette Steuerfreiheit für Kursgewinne aus Altanlagen Anfang 2018 entfallen – wer nicht Fonds, sondern Einzelaktien oder Anleihen im Depot hat, ist davon nicht betroffen. Details siehe „Privileg für Altanleger weggefallen", S. 125.
- **Verrechnung von Verlusten.** Verluste aus Wertpapieren, die seit 2009 angeschafft wurden, verrechnet Ihre Depotbank mit Sitz im Inland laufend automatisch mit positiven Erträgen. Verluste aus dem Verkauf von ETF-Anteilen können grundsätzlich mit Kursgewinnen, aber auch Dividendenerlösen, Zinserträgen & Co. verrechnet werden. Doch

> ## Gut zu wissen
>
> **Nichtveranlagungsbescheinigung spart Geld.** Sind Sie Geringverdiener, haben aber etwa wegen einer Erbschaft höhere Kapitaleinkünfte oberhalb des Sparerpauschbetrags? Dann können Sie beim Finanzamt eine Nichtveranlagungsbescheinigung (NV-Bescheinigung) beantragen. Sie müssen darlegen, dass Sie mit Ihren gesamten Einkünften im Jahr unter dem Grundfreibetrag von 9 408 Euro zuzüglich Sonderausgaben-Pauschbetrag (36 Euro) und Sparerpauschbetrag (801 Euro) liegen – in Summe 10 245 Euro für den Veranlagungszeitraum 2020 (Verheiratete das Doppelte). In der Praxis ist die Bescheinigung vor allem für Rentner, Studenten und Eltern interessant, die für ihre Kinder Geld zurückgelegt haben. Die NV-Bescheinigung wird für maximal drei Jahre erteilt und kann dann erneut beantragt werden.

keine Regel ohne Ausnahme – bei Miesen mit Aktien ist die Verrechnungsmöglichkeit eingeschränkt.

Spezialregelungen für ETF

Für Besitzer von Fonds und damit auch von ETF-Anteilen gelten seit 2018 zusätzlich zur Abgeltungsteuer neue Steuerregeln, die Sie kennen sollten. Vor allem Anleger mit thesaurierenden Auslands-ETF im Depot haben es seither deutlich leichter. Doch aufzupassen lohnt sich trotzdem. Das System der Fonds- und ETF-Besteuerung hat sich insgesamt erheblich geändert: Denn bislang waren in Deutschland Erträge auf der Fondsebene selbst komplett steuerfrei. Fondsanleger, egal ob bei aktiv gemanagten Fonds oder ETF, wurden im Wesentlichen genauso wie Direktanleger behandelt. Es galt das Prinzip: Nur der Anleger wird besteuert, nicht aber der Fonds. Seit dem Steuerjahr 2018 ist das anders.

Für in Deutschland aufgelegte Fonds und ETF müssen die Fondsgesellschaften 15 Prozent Körperschaftsteuer abführen. Bei Erträgen aus deutschen Immobilien sind es 15,83 Prozent. Veräußerungsgewinne von Wertpapieren bleiben auf Fondsebene weiterhin steuerfrei und unterliegen erst beim Anleger grundsätzlich der Steuer. Wegen des Steuerabzugs auf Dividenden, Mieterträgen und Co. geben die Fonds weniger Erträge an ihre Anleger weiter – bei ihnen kommt von den Erträgen eines ETF also weniger an als früher.

Teilfreistellungen je nach ETF-Typ

Aber dafür erhalten Anleger eine Kompensation. Zum Ausgleich für die steuerliche Vorbelastung auf der Fondsebene stellt der Fiskus Ausschüttungen aus den Fonds und Verkaufsgewinne bei Privatanlegern teilweise frei. Das heißt, Sie zahlen für die Ausschüttungen des Fonds und Gewinne aus dem Verkauf von Fondsanteilen teilweise keine Abgeltungsteuer. Übrigens: Erträge aus reinen Rentenfonds, die nur Zinserträge erzielen, sind wie bisher voll zu versteuern.

Ihre inländische Depotbank berücksichtigt diese Teilfreistellungen, bevor sie Abgeltungsteuer für Sie abführt. Das System der Teilfreistellung ersetzt die in der Vergangenheit komplizierte Anrechnung ausländischer Quellensteuern – als Investmentsparer hat man damit nun nichts mehr zu tun.

Die Höhe des steuerfreien Anteils richtet sich nach der Art des ETF:

- **Bei Aktienfonds und -ETF** mit mindestens 51 Prozent Aktienanteil betragen die Teilfreistellungen für Privatanleger 30 Prozent.
- **Für Mischfonds und -ETF** mit einem Aktienanteil von mindestens 25 Prozent sind Teilfreistellungen von 15 Prozent vorgesehen,
- **für Mischfonds** mit geringerem Aktienanteil dagegen keine.
- **Bei Immobilienfonds und -ETF** sind 60 Prozent freigestellt,
- **bei Immobilienfonds** mit Auslandsschwerpunkt sogar 80 Prozent.

Neue Besteuerung von Fonds und ETF im Überblick

Fonds führen auf inländische Erträge 15 Prozent Körperschaftsteuer ab, bei Immo-Erträgen zuzüglich Solidaritätszuschlag. Anleger erhalten dafür zum Ausgleich teilweise Freistellungen von der Abgeltungsteuer eingeräumt. Deren Höhe richtet sich nach dem Fondstyp.

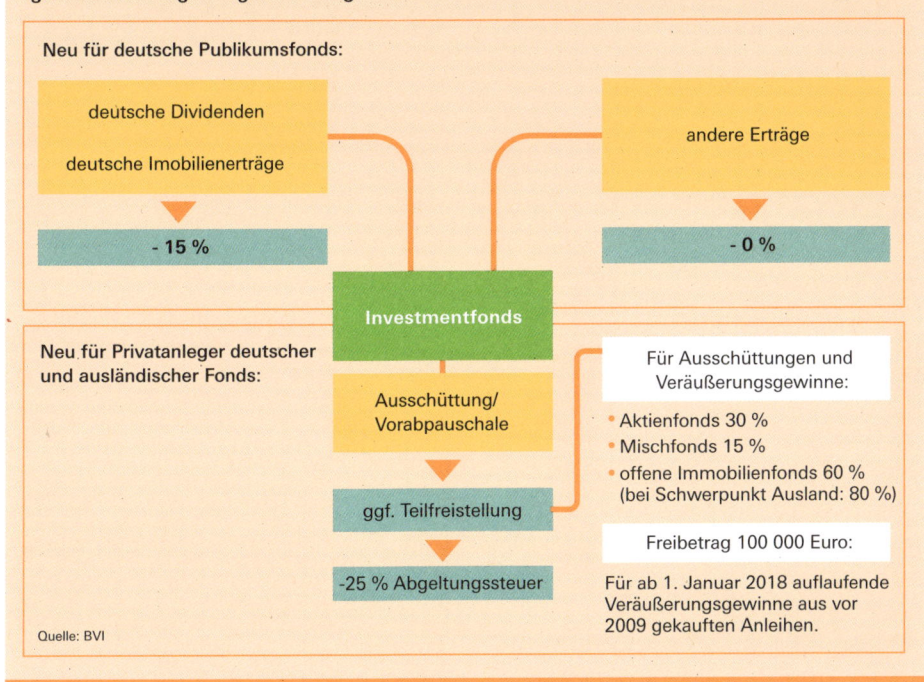

Neu für deutsche Publikumsfonds:

- deutsche Dividenden
- deutsche Imobilienerträge
- − 15 %

- andere Erträge
- − 0 %

→ Investmentfonds

Neu für Privatanleger deutscher und ausländischer Fonds:

Ausschüttung/Vorabpauschale
→ ggf. Teilfreistellung
→ −25 % Abgeltungssteuer

Für Ausschüttungen und Veräußerungsgewinne:
- Aktienfonds 30 %
- Mischfonds 15 %
- offene Immobilienfonds 60 % (bei Schwerpunkt Ausland: 80 %)

Freibetrag 100 000 Euro:
Für ab 1. Januar 2018 auflaufende Veräußerungsgewinne aus vor 2009 gekauften Anleihen.

Quelle: BVI

Vorabpauschale macht es leichter

Deutlich leichter haben es seit der Reform Anleger mit thesaurierenden Auslands-ETF im Depot – diese sind nun grundsätzlich steuerlich genauso zu handhaben wie inländische Fonds. Inländische Depotbanken kümmern sich in beiden Fällen komplett um die Versteuerung der laufenden Erträge. Verwahren Sie Ihre Fondsanteile bei einer Bank im Ausland? Dann müssen Sie wie bisher Ihre Erträge und Gewinne auf eigene Faust in der Steuererklärung angeben.

Bei sämtlichen Varianten von thesaurierenden ETF – egal, ob aus dem In- oder Ausland und unabhängig von der Replikationsmethode – wird ebenso wie bei teilausschüttenden Fonds anteilig jährlich eine Vorabpauschale als fiktiver Ertrag automatisch von den Banken errechnet. Auf diese Pauschale wird dann die 25-prozentige Abgeltungsteuer einbehalten. Hierbei wird noch die Teilfreistellung berücksichtigt, die je nach ETF-Typ anfällt. Die Vorabpauschale gilt als zentraler Teil der Reform.

Positiv für Sie als Privatanleger mit Inlandsdepot: Da Sie Abgeltungsteuer auf die Vorabpauschale abgezogen bekommen, müssen Sie seit dem Veranlagungszeitraum 2018 nicht mehr jährlich die Erträge von thesaurierenden ETF in der Steuererklärung aufführen. Auch bei einem späteren Anteilsverkauf übernimmt die Depotbank dann die nötige Gegenrechnung mit den bereits versteuerten Vorabpauschalen, um die Doppelbesteuerung zu vermeiden. Anleger dürfen also aufatmen – für sie ist das eine klare Vereinfachung.

Haben Sie einen ausländischen thesaurierenden Fonds oder ETF aber schon länger im Depot und verkaufen ihn? Dann sollten Sie dem Finanzamt nachweisen können, dass Sie für die Zeit bis Ende 2017 brav jährlich Ihre Erträge deklariert haben. Es empfiehlt sich deshalb, die Belege dafür so lange aufzubewahren, bis der Verkauf des Fonds oder ETF final mit dem Finanzamt abgerechnet wurde.

→ **Vorsicht bei Bescheinigungen**

Da die Vorabpauschale für 2019 Ihnen erst Anfang 2020 zugerechnet und besteuert wurde, taucht sie erst in Ihrer Steuerbescheinigung für 2020 auf. In der Steuerbescheinigung für 2019 finden Sie folglich die Vorabpauschale für 2018.

Die Vorabpauschale wurde eingeführt, damit der Fiskus auf jeden Fall auch bei thesaurierenden Auslands-ETF jährlich Steuern kassieren kann. Die Berechnung dieser Pauschale ist im Detail kompliziert, ihre Höhe bestimmt sich jährlich neu. Da Sie als Anleger die Arbeit abgenommen bekommen, müssen Sie sich damit im Grunde nicht beschäftigen und können den folgenden Abschnitt auch überspringen.

Die Details für Interessierte
Die Höhe der Vorabpauschale bestimmt sich nach dem Wert des Fondsanteils am Jahresanfang multipliziert mit 70 Prozent des amtlich veröffentlichten Basiszinssatzes. Diesen Basiszins ermittelt die Deutsche Bundesbank jährlich neu (0,07 Prozent beträgt er für das Jahr 2020). Die Vorabpauschale gilt mit Ablauf des Kalenderjahres als zugeflossen. Im Jahr, in dem der Fondsanteil erworben wurde, wird die Vorabpauschale zeitanteilig ermittelt.

Der Höhe nach wird die steuerpflichtige Vorabpauschale auf die Wertsteigerung des Fonds im Jahr begrenzt. Tatsächlich geleistete Ausschüttungen des Fonds (das kann bei ETF vorkommen, die Teile ihrer Erträge ausschütten, andere Teile dagegen thesaurieren) mindern die Vorabpauschale gegebenenfalls bis auf null Euro, sie kann allerdings nicht negativ werden.

Danach gilt folgende Formel für die Ermittlung der steuerpflichtigen Vorabpauschale: Rücknahmepreis des Fondsanteils zum Jahresanfang x 70 Prozent des Basiszinssatzes laut Bundesbank = Basisertrag, abzüglich etwaiger Ausschüttungen = Vorabpauschale.

Verlierer der Reform
Den Schwarzen Peter haben Anleger, die mit ihren Kapitalerträgen unterhalb des Sparerpauschbetrags von 801 Euro liegen und deshalb eigentlich gar keine Abgeltungsteuer zahlen müssen. Bei ihnen laufen die Freistel-

lungen nämlich ins Leere – sie erhalten auf Fondsebene steuerlich vorbelastete Erträge ausgeschüttet, profitieren aber nicht von den Teilfreistellungen. Auch wer aufgrund einer Nichtveranlagungsbescheinigung gar keine Steuern abführen muss, zählt zu den Verlierern.

Privileg für Altanleger weggefallen
Anleger, die ETF-Anteile noch vor 2009, also vor dem Start der Abgeltungsteuer erworben hatten, profitierten viele Jahre von dem Privileg, diese sogenannten Altanteile steuerfrei verkaufen zu dürfen, sofern man sie mindestens ein Jahr im Depot hatte.

Dieses Privileg wurde zum 31. Dezember 2017 abgeschafft, gewinnbringende Verkäufe bleiben seither nicht mehr unbegrenzt steuerfrei. Zu diesem Stichtag mussten die Depotbanken ermitteln, wie hoch die aufgelaufenen Buchgewinne auf Fonds- und ETF-Anteile waren, und diese Werte speichern. Sie dienen als Basis, von der aus künftige steuerpflichtige Kursgewinne berechnet werden.

Ab Januar 2018 begann die Uhr neu zu laufen: Verkauft man diese Fonds- oder ETF-Altanteile, dann sind Wertsteigerungen auf den Zeitraum ab Anfang 2018 nicht mehr unbegrenzt, sondern pro Anleger nur noch bis zum einem Gesamtwert von 100 000 Euro steuerfrei. Über diesen Freibetrag hinausgehende Gewinne aus Altanteilen unterliegen künftig der Abgeltungsteuer. Die Regelung zu den Altanteilen betrifft übrigens auch Anleger, die alte Anteile geschenkt bekommen oder erben.

Wichtig: Die Depotbank behält beim Verkauf unter Umständen Abgeltungsteuer ein, denn sie darf diesen gesonderten Freibetrag nicht berücksichtigen. Das darf nur das Finanzamt. Es gewährt den Freibetrag, wenn der Verkauf in der Steuererklärung mitgeteilt wird, und erstattet den zu viel gezahlten Betrag. Auch Verluste, die mit Altanteilen ab 2018 entstanden sind und bei Verkauf realisiert werden, finden Berücksichtigung: Anleger können sie wie üblich mit anderen positiven Kapitalerträgen verrechnen lassen.

Fifo-Verfahren bei Sparplänen
Sie haben sich mit ETF-Anteilen über die Jahre eines nettes Sümmchen angespart und möchten jetzt schrittweise Kasse machen? Anleger, die schon sehr lange in Fonds oder ETF sparen, haben also womöglich sogar noch Anteile im Depot, die sie schon vor dem Start der Abgeltungsteuer Anfang 2009 erworben haben. Steuerlich wertet das Finanzamt jede einzelne Sparrate als eigenen Anschaffungsvorgang. Beim Verkauf gilt das Fifo-Prinzip, also first in, first out: Die ETF-Anteile gelten als zuerst verkauft, die die Anleger als Erstes angeschafft haben. Lösen Sie also einen Sparplan teilweise auf und verkaufen Anteile, dann gelten die als Erstes gekauften Anteile als zuerst verkauft. Sie haben hier keine Wahlmöglichkeit.

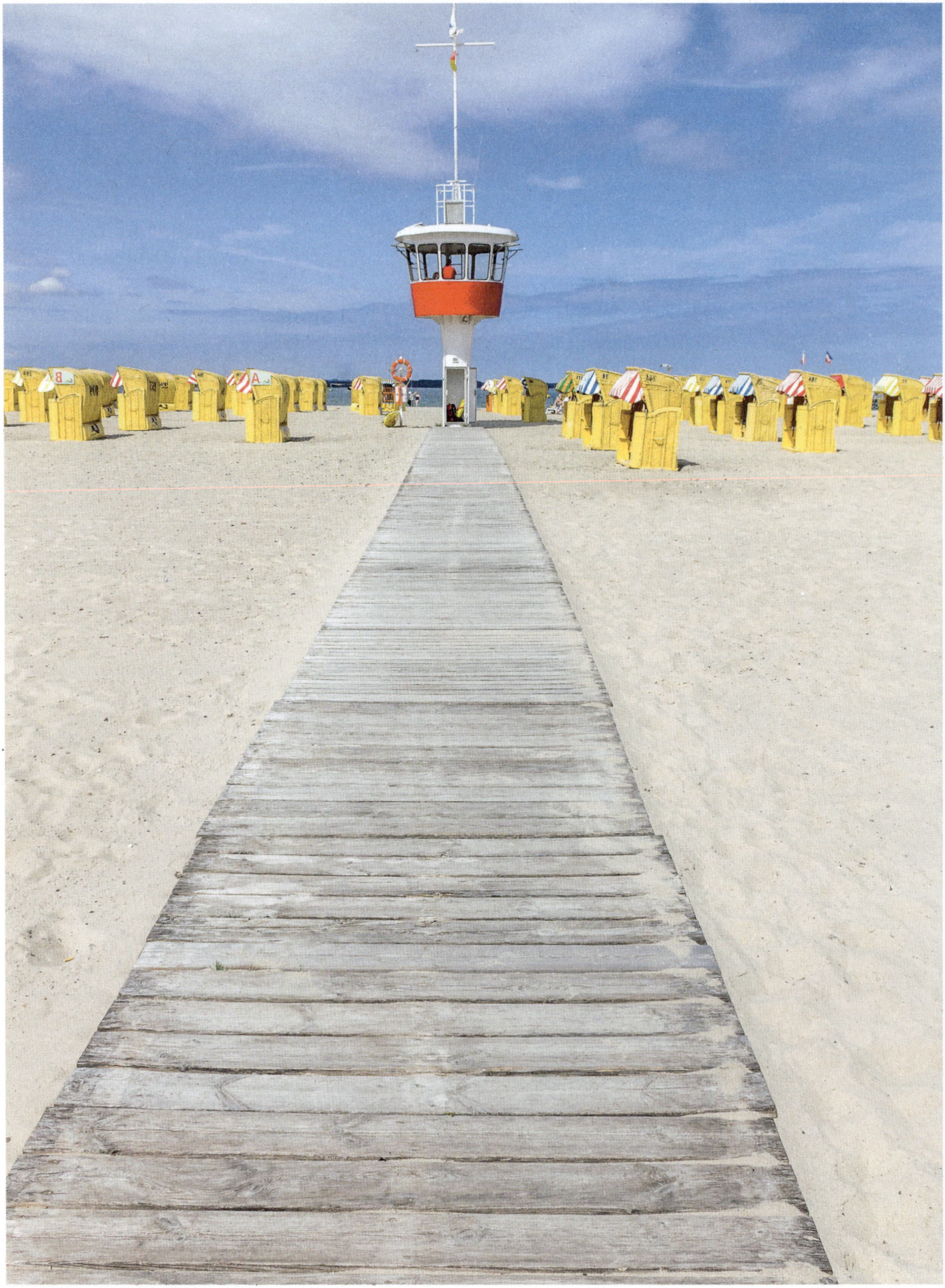

ETF für Fortgeschrittene

Sie besitzen schon Wertpapiere und suchen gezielt nach interessanten Ergänzungen? Hier sind Sie richtig. Ganz egal, ob einfach oder komplex – ETF gibt es für fast jede Anlageidee.

Wenn Sie nicht ganz tief ins Thema ETF einsteigen wollen und an dieser Stelle sagen, ein Pantoffel-Portfolio ist ideal für mich, können Sie dieses Kapitel getrost überblättern. Wenn Sie aber etwas anderes suchen, einfach mal stöbern oder mehr über die diversen Möglichkeiten mit ETF erfahren wollen, lesen Sie weiter und wägen ab. Einerseits ist das Pantoffel-Portfolio ein solides Modell – einfach, praktisch, preiswert und leistungsstark. Die Strategie ist simpel, das Investment folgt dem Index, und die Mischung ist vorgegeben. Andererseits wünscht sich manch erfahrener Anleger mehr Flexibilität. Wer schon ein gut bestücktes Depot hat und Bausteine ergänzen oder andere Strategien verfolgen will – sprich, wer bereit ist, etwas Zeit zu investieren –, ist hier richtig. Denn die ETF-Anbieter haben viel Neues entwickelt. Den Vorstellungen sind kaum Grenzen gesetzt.

Wichtig bleiben zwei Punkte: Kaufen Sie nur, was Sie verstehen, und streuen Sie das Risiko! Behalten Sie dabei stets Ihre gesamte Vermögensanlage im Auge. Denn mit den Spezial-ETF können Anleger ähnliche Fehler machen wie Aktionäre und damit viel Rendite verschenken (siehe „Schluss mit falscher Geldanlage", S. 33). Dabei sollten Sie stets auf die Balance des Depots achten. Enthält es vor allem breit streuende ETF, können Sie beim Rest etwas mehr riskieren.

Geografisch: Länder und Regionen

Hier ist Musik drin: Länder- und Regionen-ETF sind interessant, wenn die konjunkturellen Aussichten stimmen. Das Risiko: Sie unterliegen oft starken Schwankungen.

Kein Index ist so perfekt, dass er den Anforderungen aller Investoren gerecht wird. Selbst der renommierte MSCI World hat eine Schwäche, die manchem nicht gefällt: Den Ländermix bestimmt allein der Börsenwert. Daher sind die USA als Börsennation Nummer eins im Weltindex ein Schwergewicht. Amerika hat eine sehr lange Börsentradition und eine ausgeprägte Aktienkultur. Das ist in Deutschland anders. Hier gibt es immer noch jede Menge mittelständische Familienbetriebe, während die Zahl der Aktiengesellschaften überschaubar ist. Ihr gesammelter Börsenwert ist deshalb kein guter Indikator für die Wirtschaftskraft unseres Landes. In den Vereinigten Staaten hingegen sitzen nicht nur die meisten klassischen Aktiengesellschaften von Weltrang, sondern auch die schnell emporgekommenen Platzhirsche aus der Internetbranche: Konzerne wie Apple, Microsoft, Amazon, Alphabet (ehemals Google) und Facebook haben ihren Börsenwert in den vergangenen Jahren vervielfacht und gehören nun zu den Top 10 im Weltindex. Denn für die Gewichtung zählt der Börsenwert.

Börsenwert versus BIP
Der übliche Maßstab für die Bedeutung einer Volkswirtschaft ist das Bruttoinlandsprodukt (BIP). Vereinfacht ausgedrückt ist es die Summe aller Güter und Dienstleistungen, die eine Volkswirtschaft innerhalb eines Jahres erzeugt.

> **Börsenwert und Wirtschaftskraft klaffen bei einigen Ländern sehr stark auseinander.**

Doch Börsenwert und Wirtschaftskraft klaffen bei einigen Ländern sehr stark auseinander (siehe Grafik „Große Kluft", rechts). Die Vereinigten Staaten sind zwar auch beim BIP Spitze, aber der Anteil ihres Bruttoinlandsprodukts an dem der gesamten Weltwirtschaft ist um einiges geringer als ihre Marktkapitalisierung in den globalen Aktienindizes. In Zahlen ausgedrückt heißt das: Dem US-amerikanischen BIP-Anteil von knapp 25 Prozent (2019) steht eine

Gut zu wissen

Länder- und Regionen-ETF im Portfolio. Mehrere Länder- und Regionen-ETF können die Basis für ein Depot bilden, sie sollten dann aber gut gemischt werden. Der Depotanteil an Aktien-ETF hängt von der persönlichen Risikobereitschaft ab, risikofreudige Naturen mischen tendenziell mehr Wachstumsmärkte bei als vorsichtige Anleger.

Chance/Risiko. Ist die Mischung ausgewogen, sind es auch die Chancen und Risiken.

Aktivitätsfaktor. Niedrig. Die Zusammensetzung des Basisportfolios sollte auf zehn Jahre ausgerichtet und jährlich überprüft werden. Risikobehaftetere Märkte gilt es aber dennoch regelmäßig zu beobachten.

Große Kluft zwischen Börsengewicht und Wirtschaftsleistung

Das Börsengewicht der USA ist, gemessen an ihrer Ökonomie, viel zu groß. Bei China ist es umgekehrt.

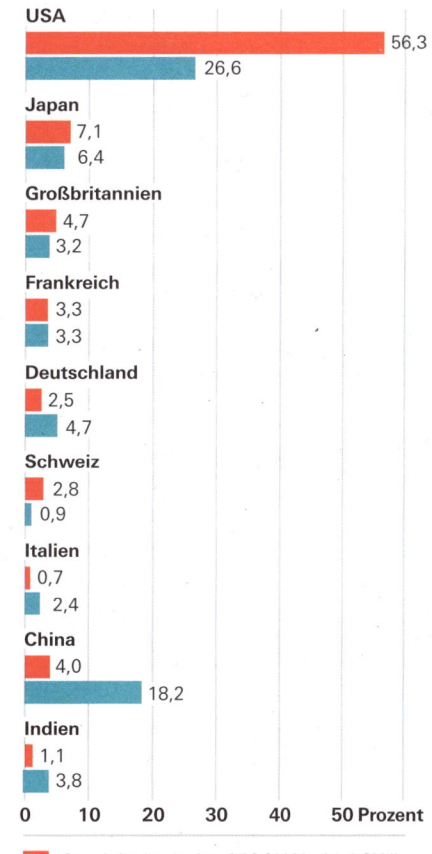

Land	Gewicht im Index MSCI World ACWI	Anteil an der globalen Wirtschaftsleistung (BIP)
USA	56,3	26,6
Japan	7,1	6,4
Großbritannien	4,7	3,2
Frankreich	3,3	3,3
Deutschland	2,5	4,7
Schweiz	2,8	0,9
Italien	0,7	2,4
China	4,0	18,2
Indien	1,1	3,8

Quellen: MSCI, Internationaler Währungsfonds, eigene Berechnungen
Stand: Gewichte im MSCI Index und Schätzungen für Wirtschaftsleistung 2020 jeweils vom 31. Januar 2020

gut 56-prozentige Partizipation am MSCI All Country World gegenüber.

Umgekehrt sieht es bei China aus. Sein Anteil am summierten BIP der Industrie- und Schwellenländer ist mit knapp 17 Prozent viel höher als die bescheidenen 4,2 Prozent, die ihm zurzeit im MSCI All Country World zustehen. Auch Deutschland, Italien und Indien hätten eine klar höhere Indexgewichtung, wenn statt des Börsenwertes das Bruttoinlandsprodukt der Maßstab wäre.

Das globale Wirtschaftskraftdepot mit Schwellenländern

Mit folgender Depotmischung aus vier ETF lässt sich das Missverhältnis zwischen Börsenwert und Wirtschaftskraft weitgehend beheben. Das Vierer-Depot kommt den aktuellen Proportionen für die Wirtschaftskraft sehr nahe. Frankreich ist darin allerdings etwas zu stark, Japan etwas zu schwach gewichtet.

Indizes im Vierer-Portfolio
52 % MSCI All Country World (ACWI)
30 % MSCI Emerging Markets (EM)
12 % MSCI EMU
 6 % MSCI China

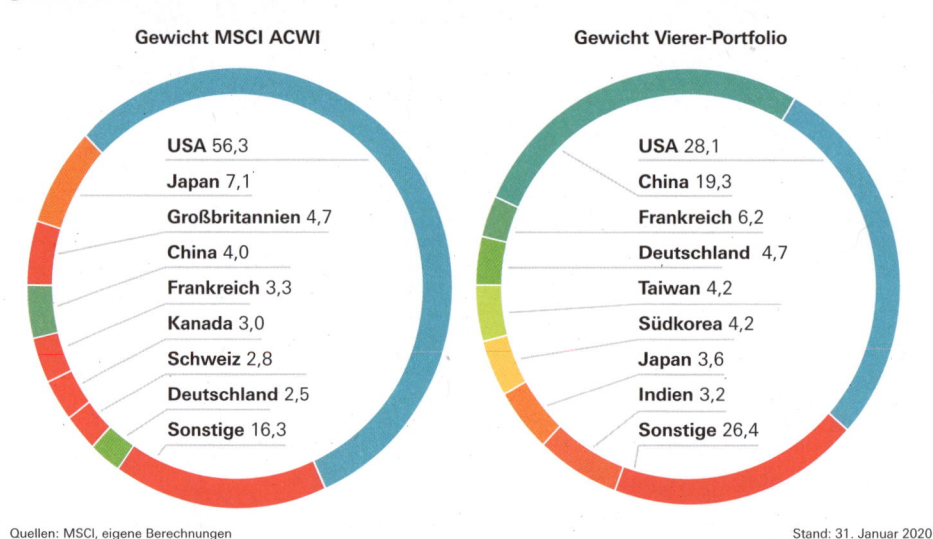

Gewicht MSCI ACWI
USA 56,3
Japan 7,1
Großbritannien 4,7
China 4,0
Frankreich 3,3
Kanada 3,0
Schweiz 2,8
Deutschland 2,5
Sonstige 16,3

Gewicht Vierer-Portfolio
USA 28,1
China 19,3
Frankreich 6,2
Deutschland 4,7
Taiwan 4,2
Südkorea 4,2
Japan 3,6
Indien 3,2
Sonstige 26,4

Quellen: MSCI, eigene Berechnungen. Stand: 31. Januar 2020

Für Anleger, die sich mit diesem Ungleichgewicht nicht abfinden wollen, hat Finanztest zwei einfach umsetzbare Depotvorschläge entwickelt (siehe Diagramme „Das globale Wirtschaftskraftdepot"). Sie können damit ihr ETF-Depot an der Wirtschaftskraft der Länder ausrichten. Der Charme der beiden Vorschläge liegt darin, dass sie ohne Radikalumbau auskommen. Anleger können vielmehr vorhandene Fonds auf den MSCI World oder MSCI ACWI als Ausgangsbasis nehmen und ergänzen.

Die BIP-Depots sind bewusst möglichst simpel gehalten und nach der Methode Pi mal Daumen konstruiert. Die Länderproportionen in den Depots geben die Wirtschaftskraft sogar recht gut wieder. Mit kleineren Abweichungen, zum Beispiel einem Übergewicht von Frankreich und einem Untergewicht von Italien, können die meisten Anleger gut leben. Dagegen würde eine exakte Nachbildung der Länderproportionen gemäß BIP einen ungleich höheren Aufwand erfordern.

Geeignete ETF auf die globalen Indizes MSCI World, MSCI All Country World und MSCI Emerging Markets finden Sie in der Tabelle „Diese ETF sind 1. Wahl", S. 166.

Der MSCI EMU beschränkt sich auf Euroland, das heißt, anders als im MSCI Europe, sind Großbritannien und die Schweiz beispielsweise nicht enthalten. Markttypisch sind zum Beispiel die ETF mit der Isin IE00B53QG562F sowie LU0147308422. Für Japan und China gibt es zahlreiche ETF. Aus Platzgründen nennen wir hier beispielhaft

Das globale Wirtschaftskraftdepot ohne Schwellenländer

Ein Depot mit drei ETF bildet die Wirtschaftskraft der Industrieländer deutlich besser ab als ein ETF auf den MSCI World allein. In dem Dreier-Portfolio wären die USA und Frankreich deutlich zu stark gewichtet.

Indizes im Dreier-Portfolio
73 % MSCI World
22 % MSCI EMU
5 % MSCI Japan

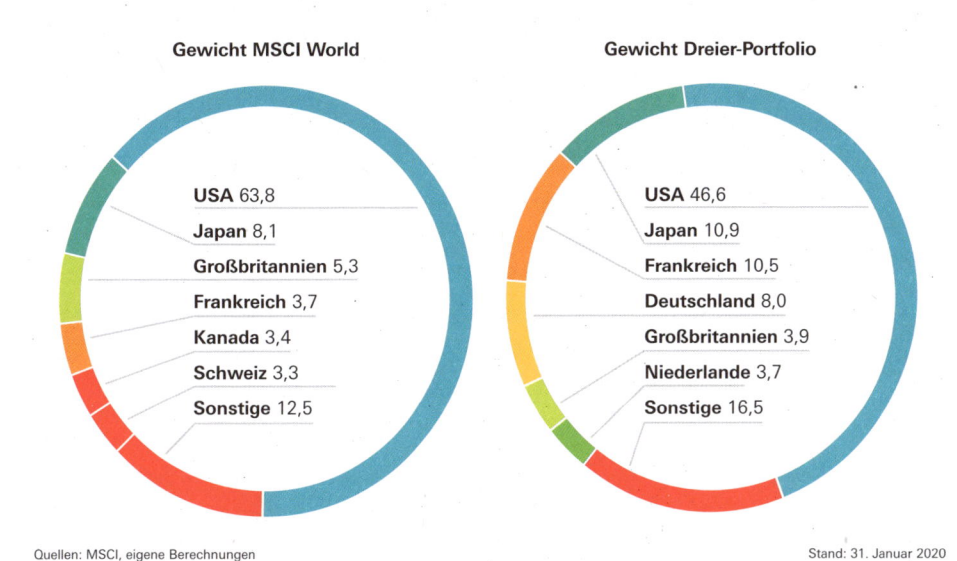

Gewicht MSCI World
- USA 63,8
- Japan 8,1
- Großbritannien 5,3
- Frankreich 3,7
- Kanada 3,4
- Schweiz 3,3
- Sonstige 12,5

Gewicht Dreier-Portfolio
- USA 46,6
- Japan 10,9
- Frankreich 10,5
- Deutschland 8,0
- Großbritannien 3,9
- Niederlande 3,7
- Sonstige 16,5

Quellen: MSCI, eigene Berechnungen Stand: 31. Januar 2020

jeweils nur einen markttypischen ETF. MSCI China-ETF Isin: LU 051 469 569 0 und MSCI Japan-ETF Isin: FR 001 024 5514.

Über eines sollten sich Anleger, die von den Weltaktienindizes abweichen, im Klaren sein: Es gibt keine Garantie dafür, dass ihr Depot besser abschneidet als der Index, von dem sie sich entfernen. Das gilt auch für die Idee der Ländergewichtung nach BIP. Niemand kann vorhersagen, ob sich etwa der Börsenwert Chinas langfristig dem der USA annähern wird.

Blick auf das Jahr 2050

Wenn Sie den Fokus weniger auf das aktuelle Wirtschaftswachstum und weiter in die Zukunft richten wollen, lohnt sich ein anderer Ansatz. In seinem Anfang 2017 veröffentlichten Bericht zur Welt im Jahr 2050 prognostiziert das Beratungsunternehmen PricewaterhouseCoopers (PwC), dass heutige Schwellenländer bis 2050 sechs der sieben größten Volkswirtschaften der Welt stellen werden (siehe Grafik „Die Welt im Jahr 2050", S. 132).

Erwartete Veränderungen wie diese können Anleger frühzeitig berücksichtigen und ihrem Depot einen ETF auf die Schwellenländer beimischen. Denn deren Anteil an der globalen Wirtschaftsleistung – gemessen am BIP – liegt bei rund 38 Prozent, während der Anteil der Schwellenländer im MSCI All Country World nur knapp 12 Prozent beträgt. Und die Wirtschaft wächst in vielen Schwellenländern rasant. Chinas Wirtschaftsleistung legte 2019, so die offiziell gemeldete

Die Welt im Jahr 2050

PricewaterhouseCoopers sieht die Schwellenländer stark nach vorn drängen. Nach der PwC-Studie werden sie im Jahr 2050 unter den Top-Ten-Ländern mit der stärksten Wirtschaftsleistung das größte Gewicht haben (gemessen am BIP, gewichtet nach Kaufkraftparität).

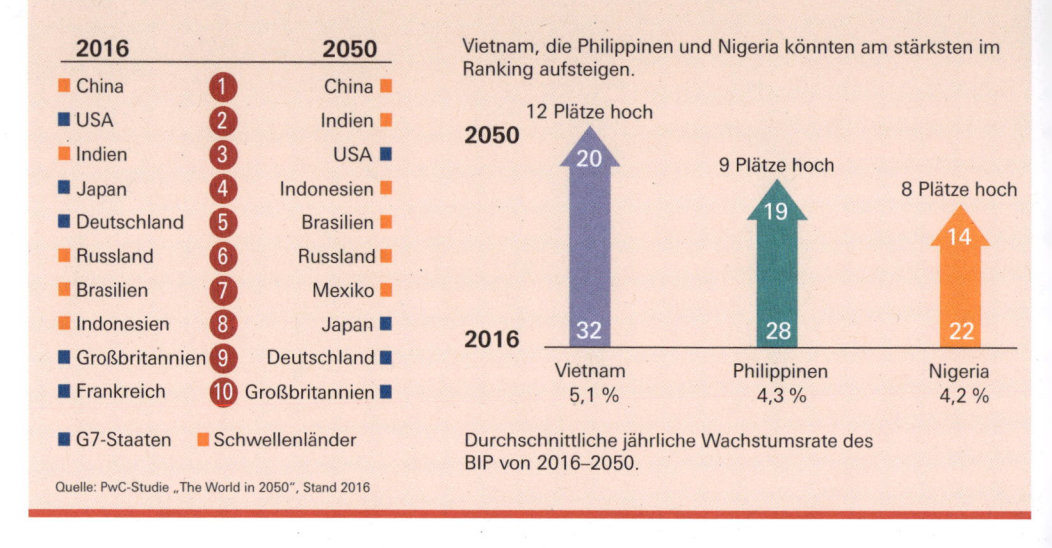

2016		2050
China	1	China
USA	2	Indien
Indien	3	USA
Japan	4	Indonesien
Deutschland	5	Brasilien
Russland	6	Russland
Brasilien	7	Mexiko
Indonesien	8	Japan
Großbritannien	9	Deutschland
Frankreich	10	Großbritannien

■ G7-Staaten ■ Schwellenländer

Quelle: PwC-Studie „The World in 2050", Stand 2016

Vietnam, die Philippinen und Nigeria könnten am stärksten im Ranking aufsteigen.

2050 — 12 Plätze hoch: Vietnam 20 | 9 Plätze hoch: Philippinen 19 | 8 Plätze hoch: Nigeria 14
2016 — Vietnam 32 (5,1 %) | Philippinen 28 (4,3 %) | Nigeria 22 (4,2 %)

Durchschnittliche jährliche Wachstumsrate des BIP von 2016–2050.

Zahl, um 6,1 Prozent zu. In den Industrieländern hingegen sind jährliche Zuwachsraten von deutlich mehr als 2 Prozent bereits ein Grund zur Freude. Wie stark der Rückschlag durch die Corona-Krise ausfiel, war bei Redaktionsschluss offen. Das im Vergleich zu den Industrieländern stürmische Wachstum macht Emerging Markets für Investoren interessant. Geeigneter Index ist der MSCI Emerging Markets, der die Risiken breit streut. Er enthält rund 1400 Aktien aus 26 Ländern. Fast alle namhaften Anbieter offerieren ETF auf ihn.

Asien dominiert heute den Index

Beim MSCI Emerging Markets liegt das Schwergewicht heute ganz eindeutig in Fernost: China liefert den mit Abstand größten Beitrag, es folgen Südkorea und Taiwan. Chinas Anteil am MSCI Emerging Markets wächst zudem signifikant. Anfang 2016 betrug der Anteil chinesischer Aktien im Index noch knapp 25 Prozent, Anfang 2020 – also lediglich vier Jahre später – waren es bereits mehr als 34 Prozent (siehe Grafik „Die Ländergewichtung im Index MSCI Emerging Markets").

Die lateinamerikanischen Schwellenländer spielen dagegen lediglich eine Nebenrolle, europäische Börsenplätze wie Warschau, Budapest oder Prag sind zurzeit bloß eine Randnotiz. Gleiches gilt für den afrikanischen Kontinent. Er ist nur durch Ägypten und Südafrika vertreten – mit einem Anteil von deutlich weniger als 10 Prozent.

Wer es noch exotischer liebt, kann einen ETF auf den S&P Select Frontier Index (Isin LU 032 847 641 0) in Betracht ziehen. Damit setzen wagemutige Anleger auf potenzielle Emporkömmlinge unterhalb der Emerging Markets. Angesichts der ökonomischen, häufig auch politischen Unwägbarkeiten

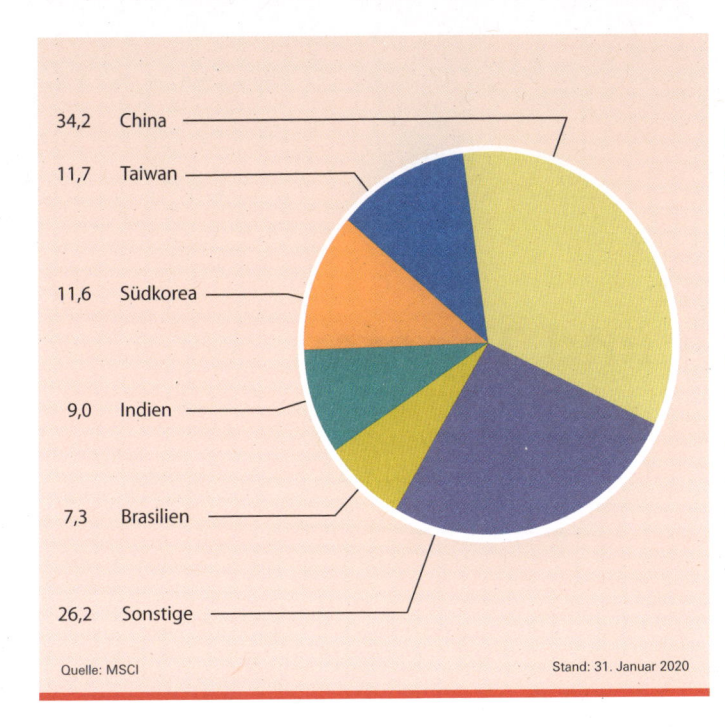

Die Ländergewichtung im Index MSCI Emerging Markets

- 34,2 China
- 11,7 Taiwan
- 11,6 Südkorea
- 9,0 Indien
- 7,3 Brasilien
- 26,2 Sonstige

Der asiatische Raum dominiert den MSCI Emerging Markets. Lateinamerika spielt nur eine Nebenrolle. Europäische Börsen wie Warschau, Budapest oder Prag finden sich unter „Sonstige" wieder.

Quelle: MSCI. Stand: 31. Januar 2020

---

sind Anlagen in Frontier Markets sehr spekulativ. Obendrein sind die Gebühren weitaus höher als bei gewöhnlichen ETF. Zu den bereits hohen Pauschalgebühren von 0,95 Prozent kommen rund ein Prozent Swapkosten hinzu. Der ETF spiegelt die Wertentwicklung von 30 Aktiengesellschaften aus Ländern wie Pakistan, Vietnam und Kasachstan wider. Wie exotisch die Anlage ist, zeigt die von Finanztest ermittelte Entfernung zum Referenzindex MSCI Emerging Markets: In den vergangenen fünf Jahren betrug die sogenannte Marktnähe ausgesprochen niedrige 30 Prozent.

Da sich die wirtschaftlichen und politischen Rahmenbedingungen schnell ändern können, sollten Sie Länder- und Regionenfonds – vor allem die exotischeren Varianten – stärker im Visier behalten.

Werden Länder- oder Regionen-Aktien-ETF nur kurzfristig eingesetzt, kann eine Währungssicherung sinnvoll sein. Für Langfristanleger lohnt sie hingegen nicht (siehe auch „Was ist mit dem Währungsrisiko?", S. 56). Ein Währungsrisiko geht im Übrigen auch ein, wer den MSCI Europa – und das ist auch beim Konkurrenzindex Stoxx Europe 600 der Fall – wählt, da mit Großbritannien und der Schweiz auch Nicht-Euro-Länder vertreten sind.

▶ **Eine Auswahl** von Aktien-ETF Schwellenländer global und Deutschland, die Finanztest als empfehlenswert einstuft, gibt es im Hilfeteil in der Tabelle „Diese ETF sind 1. Wahl" auf S. 170. Weitere Regionen- und Länderfonds finden Sie gegen eine geringe Gebühr im Finanztest-Produktfinder unter test.de/fonds. Im Produktfinder Fonds können Sie bei Bedarf auch gezielt nach ETF mit Währungsabsicherung suchen, indem Sie unter „Weitere Filter" den Punkt „Währungsabsicherung" wählen.

Angesagt: Branchen und Themen

Neben Ländern oder Regionen können Sie mit ETF auch gezielt in Branchen oder Themen investieren. Die Angebote sind vielfältig, die Unterschiede groß.

Branchen- und Themen-ETF ähneln der Mode – der eine bevorzugt bei der Kleiderwahl zeitlose Klassiker, während der andere sich an aktuellen Trends orientiert oder der Dritte beide geschickt miteinander kombiniert. Auch mit ETF kann jeder seinen persönlichen Stil verwirklichen. Wichtig ist aber, dass Sie auf die äußeren Einflüsse achten und bei einem Wetterumschwung die kurzen Hosen gegen lange eintauschen. Anders ausgedrückt: Ändert sich das Umfeld, weil zum Beispiel eine neue Technologie die alte ablöst oder sich die konjunkturelle Entwicklung verschlechtert, muss die Depotzusammensetzung überprüft werden. Wer auf Themen- und Branchen-ETF setzt, sollte die aktuellen Entwicklungen intensiv verfolgen und muss bereit sein, schneller und häufiger zu reagieren als mit einem konservativen, global ausgerichteten Indexportfolio.

Megatrends fürs Portfolio

Themen- und Branchen-ETF sind eine mögliche Ergänzung zu einem bestehenden Portfolio, um individuelle Akzente zu setzen. Megatrends wie die Überalterung der Gesellschaft, Klimawandel, Künstliche Intelligenz oder Automatisierung sind spannende Themen. Mit einem ETF auf Wasser, Gesundheitsaktien oder Internettechnologie lassen sich die Bereiche gut ins Depot hieven – und das zu überschaubaren Kosten. Die sind zwar etwas höher als bei ETF auf die großen, etablierten Aktienindizes, aber immer noch weit unter denen von aktiv gemanagten Fonds. Wer den richtigen Riecher hat und frühzeitig in die großen Trendthemen einsteigt (aber auch rechtzeitig wieder aussteigt), hat Chancen auf überdurchschnittliche Gewinne. Trotz allem sollten aber die Gesamtkombination stimmig und das Depot breit aufgestellt sein. Im Klartext: keinesfalls nur auf eine Branche setzen!

Die Angebote am ETF-Markt sind äußerst unterschiedlich, doch der letzte Schrei ist nicht immer verfügbar. Denn die „Herstellung" eines ETF kostet Zeit und Geld, weshalb die Anbieter sie nur auf den Markt bringen, wenn sie die Chance sehen, dass sie sich langfristig halten und nicht nur eine Saison angesagt sind. Kann ein ETF nicht genügend Geld einsammeln, wird er mögli-

> **Gut zu wissen**
>
> **Branchen- und Themen-ETF im Portfolio.** Sie sind sehr praktisch, um eigene Ideen umzusetzen. Anstatt die Zahlen vieler Unternehmen zu analysieren und den attraktivsten Einzelwert auszuwählen, packt man die ganze Branche ins Depot und verteilt so das Risiko auf mehrere Titel.
> **Chance/Risiko.** Im Gegensatz zum Erwerb einer Einzelaktie ist das Risiko verteilt und damit geringer. Dafür sind die Chancen nicht ganz so hoch. Gute Nerven sind gefragt, denn Branchenindizes schwanken stärker als marktbreite Börsenbarometer.
> **Aktivitätsfaktor.** Mittel. Das Timing, der Zeitpunkt des Ein- und Ausstiegs, ist ein wichtiger Erfolgsfaktor. Daher gilt es, das Investment kontinuierlich zu beobachten und Anlageentscheidungen immer kritisch zu überprüfen – denn nur wenige Profis oder Privatanleger erzielen so einen Mehrwert.

cherweise wieder vom Markt genommen, da sich das Angebot dann nicht rechnet (siehe „Wenn ETF aufgelöst werden", S. 118). Daher existieren weniger ETF auf Modetrends als beispielsweise bei Zertifikaten.

ETF auf große und zukunftsträchtige Themen sind üblicherweise im Angebot, wenn Indizes dafür vorhanden sind, die mit liquide handelbaren Aktien bestückt sind. Aber selbst wenn das der Fall ist, sind Branchen- oder Themen-ETF etwas teurer in den Gebühren als ein ETF auf einen großen Standardindex. Aussichtsreiche Themen wie Informations- oder Robotertechnologie locken dann auch entsprechend Investoren an, und die ETF sammeln Millionen- oder gar Milliardenbeträge ein.

Spannende Branchen locken

Mehr als 800 Millionen Euro verwaltet zum Beispiel ein World Water ETF, der sich ausschließlich auf das Trendthema Wasser konzentriert und bereits 2007 von der Société-Générale-Tochter Lyxor aufgelegt wurde (Isin FR 0010527275). Noch viel mehr – 2,6 Milliarden Dollar – wurde in den deutlich jüngeren iShares Automation and Robotics ETF (Isin IE 00B YZK 455 2) investiert, der seit 2016 am Markt ist und dem iStoxx FactSet Automation&Robotics Index folgt.

Fließend sind die Übergänge zwischen Branchen- und Themen-ETF. So kann ein Technologie- oder Wasser-ETF den Branchen zugeordnet werden, aber ebenso den Themen. Trendthemen sind häufig ein weltweites Phänomen.

Ein anderer Ansatz sind Branchen-ETF, die gezielt nach den Phasen der Konjunkturentwicklung eingesetzt werden. Da sich die Konjunktur hingegen auf den einzelnen Kontinenten oft in unterschiedlichen Stadien befindet, greifen Sie für konjunktur-

DIE 3 BESTEN TIPPS ZU BRANCHEN-ETF

1 Vorauswahl. Überlegen Sie sich, ob Sie lieber ein relativ breites oder ein fokussiertes Spektrum haben wollen. Bei den in Deutschland erhältlichen ETF auf MSCI-Indizes sind teilweise recht unterschiedliche Unternehmen zusammengefasst. Für speziellere Anlageideen eignen sich daher eher die Europaindizes von Stoxx, auch wenn dort US-Marktführer fehlen.

2 Mischung. Branchen-ETF sind nicht als Basisanlage geeignet. Wir empfehlen, sie mit Aktien-ETF Welt oder Europa zu kombinieren und gegebenenfalls mehrere zu mischen. Dabei sollten die Branchen-ETF insgesamt höchstens 10 bis 20 Prozent Depotanteil haben.

3 Kontrolle. Überprüfen Sie regelmäßig, ob Sie Ihre ursprüngliche Anlageidee weiterverfolgen wollen. Ist das nicht mehr der Fall, sollten Sie über einen Verkauf des ETF nachdenken.

sensitive Investments in Branchen-ETF bevorzugt zu den Subindizes des Stoxx Europe 600. In den Fondstabellen im monatlichen Finanztest-Magazin finden Sie dazu jeweils die neuesten Bewertungen.

Schwierige Sektorrotation

Die Wirtschaft bewegt sich in Zyklen, nach einem Abschwung oder einer Rezession dauert es oft ein paar Quartale, bis sich erste Anzeichen einer Besserung zeigen. Nach dieser Phase folgen gute Jahre, die Wirtschaft prosperiert, und die Gewinne der Unternehmen wachsen – bis eines Tages das Top erreicht ist. Dann flaut der Zyklus wieder ab und endet meist in einer Rezession, bevor der Kreislauf von Neuem beginnt. Schön – aber vermutlich langweilig – wäre es, wenn die Phasen immer identisch verlaufen würden und klar bestimmbar wären. Doch das Umfeld ist immer wieder ein wenig anders, und manche Zyklen sind länger, andere kürzer. Im Klartext: Die Trendwende lässt sich nicht berechnen.

Am Anfang eines Börsenaufschwungs – und der eilt meist dem realen Wirtschaftsaufschwung voraus – laufen typischerweise Branchen gut, die stark auf Zinsänderungen reagieren wie Maschinenbau, Stahl- oder Bauindustrie, etwas später folgen Autohersteller sowie Handel- und Konsumtitel. Im späteren Zyklus folgen defensive Titel wie Nahrungsmittelhersteller oder Versorger, bevor dann Rohstoffproduzenten auf ein nahendes Ende des Abschwungs hindeuten.

Aktien für jede Konjunkturphase

Manche Branchen sind abhängiger von der Konjunkturentwicklung als andere. Zyklische Aktien laufen meist besser, wenn sich die Konjunktur erholt oder boomt. Nicht- oder antizyklische Aktien sind bei ihrer Wertentwicklung vom Konjunkturzyklus weniger abhängig oder spielen in einer schwachen Wirtschaftsphase ihre Stärken aus.

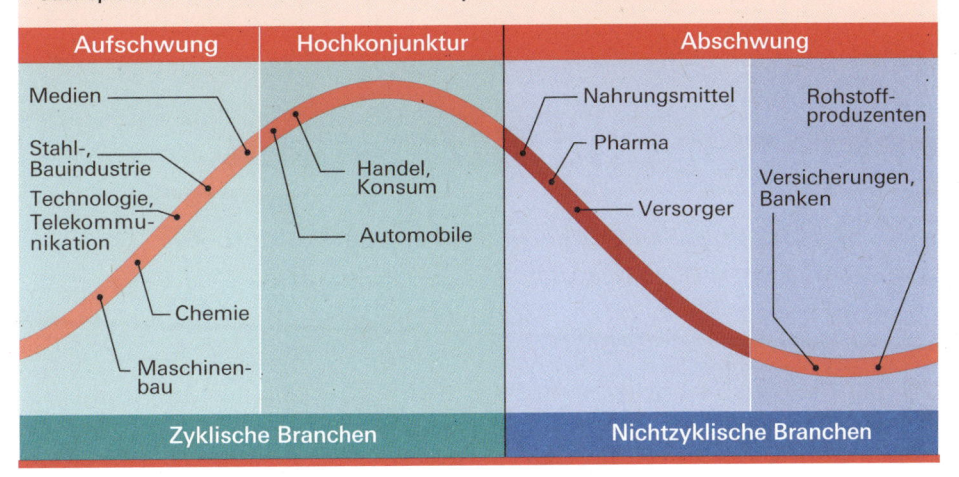

Aufschwung
- Medien
- Stahl-, Bauindustrie
- Technologie, Telekommunikation
- Chemie
- Maschinenbau

Hochkonjunktur
- Handel, Konsum
- Automobile

Abschwung
- Nahrungsmittel
- Pharma
- Versorger
- Rohstoffproduzenten
- Versicherungen, Banken

Zyklische Branchen | **Nichtzyklische Branchen**

Wird an den Märkten eine Abschwächung erwartet, sehen die Konjunkturdaten meistens noch rosig aus. Doch mit dem zukunftsgerichteten Blick kaufen die Investoren in dieser Phase bevorzugt die weniger konjunktursensitiven Aktien wie Nahrungsmittelhersteller oder Pharmatitel und schichten später in Versorgeraktien um. Wenn dann die Wirtschaftsleistung tatsächlich abflaut, greifen die Börsianer zu niedrigeren Kursen bei Finanzwerten oder in Erwartung des nächsten Aufschwungs bei Rohstoffproduzenten zu.

Branchenindizes unterscheiden sich von marktbreiten Kursbarometern wie dem S&P 500 oder dem MSCI World in einem Punkt erheblich: Sie umfassen deutlich weniger Titel, weshalb das Risiko auf weniger Aktien und oft zudem auf weniger Länder verteilt ist. Auch die großen bekannten Unternehmen eines Sektors stecken in den Branchenindizes und haben in der Regel dort ein höheres Gewicht als in einem branchenübergreifenden Index. Das kann bei einem Branchen-ETF schnell eine starke Präsenz eines Einzelwertes oder eines Landes bedeuten.

US-Titel sind oft hoch gewichtet

So sind Facebook und die Google-Mutter Alphabet im MSCI World Telecommunication Services zusammen mit rund 35 Prozent gewichtet, die Top-4-Unternehmen machen fast die Hälfte des Index aus.

Wer hingegen Technologietitel ins Visier nimmt, landet schnell beim MSCI World Information Technology-Index und stellt fest, dass das Kursbarometer extrem USA-lastig ist: US-Titel machten Anfang 2020 über 85 Prozent des Index aus. Schwergewichte sind Apple mit gut 17 Prozent und Microsoft mit fast 15 Prozent. Deshalb gilt es immer zu prüfen, welche Einzelaktien- und Länderrisiken man sich mit Branchenstrategien ins Depot holt.

Trendig:
Faktoren und Strategien

Mit ETF können Sie die unterschiedlichsten Strategien umsetzen. Besonders populär sind ETF, die auf eine Aktienauswahl mit akademischen Modellen setzen.

→ **Natürlich gibt es nichts,** was man nicht noch besser machen könnte. Vielleicht geht das ja auch bei ETF? Vermutlich werden Sie denken, was soll das denn? Jetzt haben Sie x-mal gelesen, dass Indexinvestments die beste Wahl sind, und nun wird der Ansatz infrage gestellt. Keineswegs! Strategie-ETF sind keine Alternative zu klassischen marktbreiten globalen ETF, sondern eine Depotbeimischung. Wir sprechen hier weiter über Indizes, doch diese sind leicht modifiziert, zum Beispiel werden nur dividendenstarke Aktien aufgenommen oder nur kleinere Aktiengesellschaften. Immerhin hat die Wissenschaft in den vergangenen Jahrzehnten eifrig geforscht und spannende Erkenntnisse dazugewonnen.

Ein Nobelpreisträger zeigt, wie man den Index schlagen kann

Sogenannte Faktor-ETF basieren zum Teil auf den Forschungen des amerikanischen Nobelpreisträgers Eugene Fama. Er wurde 2013 ausgezeichnet, weil er auf Basis der Modernen Portfoliotheorie (siehe dazu „ETF vertrauen auf wissenschaftliche Erkenntnisse", ab S. 22) in empirischen Versuchen herausgefunden hatte, dass es langfristig drei Faktoren gibt, die den Großteil der Risiken und damit der Renditen eines Aktienportfolios bestimmen:

❶ **das höhere Risiko** von Aktien generell im Vergleich zu risikolosen Anlagen,

❷ **das höhere Risiko** von Aktien mit geringer Marktkapitalisierung (Small Caps oder Nebenwerte) und

❸ **das höhere Risiko** niedrig bewerteter Aktien (Value- oder Substanzwerte genannt).

Diese kurzfristigen Risiken – in Form starker Kursschwankungen – werden gemäß der Theorie langfristig mit einer höheren Rendite belohnt: Erstens bringen Aktien auf lange Sicht mehr Ertrag als risikolose Zinsanlagen, etwa Tagesgeld oder kurz laufende Staatsanleihen. Kleine Aktien und Value-Aktien rentieren sich zweitens auf Dauer aber noch besser als der Durchschnitt der Aktien. Dieser Zusammenhang ist als Famas „Small-Cap-Value-Prämie" berühmt geworden und hat dazu geführt, dass vor allem Profi-Inves-

> **Gut zu wissen**
>
> **Faktor- und Strategie-ETF im Portfolio.** Clevere Strategien sollen die Risiken im Portfolio reduzieren, ohne dabei große Abstriche in Bezug auf die Rendite hinzunehmen. Die Ansätze sind sehr unterschiedlich und reichen vom Fokus auf Dividenden über die Gleichgewichtung der Einzelaktien im Index bis zu komplexen Auswahlmodellen. Teils ist es auch eine Kombination aus mehreren Strategien.
>
> **Chance/Risiko.** Strategien funktionieren oft gut in bestimmten Börsenphasen. Erfüllen sich die Erwartungen aber nicht, sind die Verluste manchmal auch überproportional.
>
> **Aktivitätsfaktor.** Mittel bis hoch – abhängig von der Strategie. Hinter Strategie- und Faktor-ETF stecken ausgeklügelte Ideen, die mehr oder weniger zyklisch sind. Daher sollten sie laufend verfolgt werden.

toren den Ertragsvorteil der beiden Faktoren Nebenwerte und Value auszunutzen versuchen, indem sie Small-Cap- und Value-Aktien in ihren Depots höher gewichten.

Bestätigt wird diese Strategie durch wissenschaftliche Studien in verschiedenen Ländern. Aber es sei angemerkt, dass diese Strategien ihre Schwächen haben, wie wir gleich noch ausführen werden.

Die Indexanbieter haben auf diese „Gesetzmäßigkeit" reagiert und eine breite Palette an globalen, regionalen und nationalen Value- und Small-Cap-Indizes entwickelt, die als Basis für ETF dienen. Zudem haben Ökonomen Famas Erkenntnisse zum Anlass genommen, um nach weiteren Faktoren zu forschen, die einen langfristigen Ertragsvorsprung im Vergleich zum gesamten Aktienmarkt versprechen. Sie fanden folgende Faktoren:

- **Niedrige Volatilität** (Low Volatility). Aktien, deren Kurse in der Vergangenheit weniger stark geschwankt haben, also stabiler waren als der Gesamtmarkt, erzielen Mehrrenditen.
- **Momentum.** Aktien, die in jüngster Zeit besser abgeschnitten haben als der Gesamtmarkt und somit ein starkes „Momentum" (Impuls/Trend) aufweisen, bringen höhere Renditen. Nach den Daten der Vergangenheit ist die Wahrscheinlichkeit groß, dass Aktien mit relativer Stärke noch eine Weile gut laufen werden nach der Devise: „the trend is your friend". Auf ähnliche Überlegungen stützen sich auch schon länger bekannte Trendfolgemodelle.

Und da auch bei solchen Strategien keiner genau weiß, wie lange welche noch gut läuft, werden oft verschiedene Ansätze gemischt, dann nennen es die Profis Multi-Faktor-ETF.

Neuere Theorien müssen den Praxistest erst bestehen

Nun stellt sich die Frage, ob es sich lohnt, auf die neuen Trends und ETF-Produkte zu setzen und welche man wählen sollte. Kritiker bemängeln, dass es hier inzwischen zu einem Wildwuchs gekommen ist und nicht alle Faktor-Indizes die Erwartungen erfüllen. In der Theorie funktionieren die Modelle, doch wenn zu viele daran verdienen wollen, geht die Rechnung oft nicht mehr auf.

Hinzu kommt ein weiterer Schwachpunkt: Um die Theorien zu belegen, werden in der Regel historische Rückrechnungen durchgeführt, die je nach Parametern und Beobachtungszeitraum zu unterschiedlichen Ergebnissen führen.

Fraglich ist dabei auch, ob die Strategien, wenn sie in der Praxis umgesetzt worden wären, die Kursentwicklung der Aktien beeinflusst hätten. Kaufen nämlich ganz viele Investoren Aktien einer Gruppe, steigen deren Kurse, und theoretische Ergebnisse sehen in der Praxis dann nicht mehr ganz so rosig aus. Wirklich belastbare Erkenntnisse hat man – abhängig von der Strategie – oft erst nach jahrzehntelangem Praxiseinsatz.

An dieser Stelle müssen Sie für sich entscheiden, ob Sie mit Ihrem Geld das „Versuchskaninchen" sein wollen und einen Teil auf theoretische Erkenntnisse setzen oder lieber altbewährte Faktoren wie Substanztitel und Small Caps bevorzugen, die den Praxistest längst bestanden haben.

Dabei sollten Sie wissen, dass auch diese Strategien nicht immer Top-Performer sind, in bestimmten Marktphasen schneiden sie weniger gut ab. So hinkten Small Caps 2018 ihren großen Brüdern streckenweise deutlich hinterher. In den Jahren davor machten

> **Gut zu wissen**
>
> **Der Begriff Smart Beta** lässt sich nur schwer übersetzen. Er bezeichnet ausgeklügelte Strategien mit dem Ziel, eine bessere Performance als der Marktindex zu erwirtschaften. Die Auswahl der Aktien erfolgt anhand bestimmter Faktoren. Die bekanntesten sind:
>
> **Die Werthaltigkeit** (Value) eines Unternehmens, sie wird zum Beispiel am Verhältnis vom Börsenwert zum Buchwert gemessen. Je niedriger, desto besser.
>
> **Die Kursstabilität** (Low Volatility), denn Aktien mit niedriger Schwankungsbreite bringen solide Gewinne und verringern den Stress.
>
> **Die Dynamik** der Kursbewegungen (Momentum), Aktien, die zuletzt am besten gelaufen sind, entwickeln sich meist weiterhin gut.
>
> **Die Größe** der Gesellschaft. Kleinere Firmen entwickeln sich oftmals besser als große.

die Nebenwerte hingegen häufig das Rennen: Auf Sicht der 10 Jahre bis Ende 2019 legte denn auch der MSCI World Small Cap Index mit durchschnittlich 11,02 Prozent Rendite pro Jahr stärker zu als der MSCI World, der vorwiegend aus Aktien großer Unternehmen besteht und mit 10,08 Prozent fast einen Prozentpunkt weniger rentierte.

Bei den Substanzwerten sieht es etwas anders aus: Der MSCI World Value Index hinkt schon eine Weile hinter dem MSCI World her und verbuchte in den letzten 10 Jahren mit durchschnittlich 8,62 Prozent eine deutlich geringere jährliche Durchschnittsrendite. Doch ganz langfristig – seit dem Start 1974 – hat er mit 11,62 Prozent Rendite klar die Nase vorn, da der MSCI World seither mit 7,91 Prozent erheblich weniger jährliche Rendite einbrachte.

Ein Absatzrenner seit Jahren sind Dividenden-ETF, sie haben am meisten Geld von allen Strategie-ETF eingesammelt. Der Kauf von dividendenstarken Aktien gilt sowohl als Strategie als auch als „Smart Beta" (Erläuterung siehe „Gut zu wissen", links). Dieses Segment ist gerade in Zeiten mickeriger Zinsen gefragt. Denn Anleger suchen Unternehmen, die regelmäßig attraktive Dividenden auszahlen, weshalb Dividenden-ETF auch gerne als Sparbuchalternative betrachtet werden. Dividenden-ETF sind wie alle Smart-Beta-ETF keine Alternative zu reinen Aktienindex-ETF, bei denen der Fokus auf einer ausgewogenen Mischung der einzelnen Titel liegt. Diese ist beim Dividendenansatz nicht immer gegeben, wie sich am Beispiel DivDax, der die dividendenstärksten Dax-Werte umfasst, nach der Finanzkrise 2009 gezeigt hat. Banken und Versicherer schütteten in den Jahren vorher hohe Dividenden aus und dominierten den DivDax. Aufgrund der Finanzkrise brachen diese Aktien ein, und als die Dividendenzahlungen ausblieben, wurden die Titel aus dem Index verbannt. Der DivDax hat die Verluste der Finanzkrise allerdings wieder aufgeholt und hat in den 10 Jahren bis Ende 2019 etwas besser als der Dax abgeschnitten.

Auch die beiden populärsten Dividenden-ETF, der SPDR S&P US Dividend Aristocrats (Isin IE00B6YX5D40) und der iShares Stoxx Global Select Dividend 100 (Isin DE000A0F5UH1), sind keine typischen Aktien-ETF, bei denen eine ausgewogene Mischung im Vordergrund steht. Ersterer fokussiert sich auf den US-Markt und bildet die Unternehmen aus dem S&P Composite 1500 Index ab, die mindestens über 20 Jahre hinweg ihre Ausschüttung kontinuierlich steigern konnten. Übrigens: 112 US-Aktien erreichten dieses Ziel, Schwergewichte sind AT&T, Abbvie und Amcor mit jeweils rund 2 Prozent Indexanteil.

Atypisch für einen globalen Index ist auch die Zusammensetzung des Stoxx Global Select Dividend 100: Grundsätzlich stammen 40 Prozent der Aktien aus Nordamerika sowie je 30 Prozent aus Europa und der Asien-Pazifik-Region.

Eine ganz andere Variante, auf solide Unternehmen zu setzen, ist der Amundi MSCI Europe Buyback ETF (Isin FR0012805687). Er bildet die Kursentwicklung von Unternehmen ab, die Aktienrückkaufprogramme durchführen. Dies können in der Regel nur kapitalkräftige Unternehmen.

Neben diesen tendenziell defensiven Strategien existiert aber auch eine Reihe äußerst spekulativer Varianten, über die sich ohne Probleme ein eigenes Buch verfassen ließe, weshalb wir sie an dieser Stelle nur kurz anreißen, um die Vielfalt des Marktes zu zeigen. So können Anleger mit ETF auch auf fallende Kurse setzen. An sich klingt das nach Zockerei, doch wer eine Korrektur an den Börsen fürchtet und seine Bestände kurzfristig vor Kursverlusten schützen will, kann dies mit solchen sogenannten Short-ETF bewerkstelligen.

Noch spekulativer sind ETF mit Hebeleffekt, mit ihnen kann die Kursveränderung verdoppelt oder vervielfacht werden. Diese Varianten eignen sich nur für Anleger, die über umfangreiche Kenntnisse mit Wertpapieren verfügen.

Dies gilt im Übrigen auch für ETF, denen Volatilitätsindizes zugrunde liegen, denn diese setzen nicht auf eine Veränderung der tatsächlichen Schwankungsbreite der Wertpapierkurse, sondern auf eine Veränderung der erwarteten Schwankungsbreite.

Nicht ganz so spekulativ sind hingegen ETF auf den HFRX, den globalen Hedgefonds Index. Doch auch Hedgefonds haben langfristig gegenüber Indexanlagen das Nachsehen. 2007 wettete US-Starinvestor Warren Buffett eine Million Dollar darauf, dass der S&P 500 binnen zehn Jahren besser als Hedgefonds abschneiden würde. Die Wette gewann Buffett haushoch – und spendete obendrein den Gewinn an eine Wohltätigkeitsorganisation.

Gut zu wissen

Faktor-ETF, Smart Beta und Strategic Beta – worin liegt der Unterschied? Kurz und knapp: in nicht viel. Faktor-ETF steht eigentlich für Faktoren, die die Entwicklung eines Investments beeinflussen und welche Akademiker in Anlehnung an Eugene Fama hergeleitet haben. Das sind zum Beispiel die Größe eines Unternehmens, die Werthaltigkeit oder das Risiko. Diese Faktoren und ähnliche Ansätze haben findige Marketingexperten unter dem Begriff „Smart Beta", teils auch „Strategic Beta" genannt, zusammengefasst. Smart Beta ist zwar ein großer Trend der vergangenen Jahre, aber Mitte 2019 waren erst rund 8 Prozent aller in Europa in ETF angelegten Gelder in Smart-Beta-Produkten investiert.

Andersartig: Rohstoffe und Edelmetalle

Nur auf marktbreite Rohstoffindizes existieren ETF, außer bei Gold. Die Papiere sind zum Teil anders strukturiert als ein klassischer Aktien-ETF und unterscheiden sich in puncto Sicherheit.

→ **Börsengehandelte Indexpapiere** auf Rohstoffe und Edelmetalle sind ganz klar Nischenpapiere. Dabei galten Gold und Silber über Jahrhunderte weg als Zahlungsmittel – oft im Tausch gegen andere Rohstoffe. Heute ist Gold vor allem in Krisenzeiten gefragt, und professionelle Anleger setzen sowohl Edelmetalle als auch andere Rohstoffe ein, um die Risiken breit zu streuen. Ihre Kurse entwickeln sich selten im Gleichschritt mit Aktien oder Anleihen.

Die Möglichkeiten, in Edelmetalle oder andere Rohstoffe zu investieren, sind einfach. Man kann über die Börse ein Indexpapier erwerben, das sich entweder auf den Rohstoff oder einen Rohstoffindex bezieht. Da Rohstoffe aber physischer Natur sind und eigentlich im Warenlager oder Tresor aufbewahrt werden, gilt es die Eigenheiten dieses Marktes zu kennen.

Reisen auf Terminkontrakt

Um den Rohstoff nämlich nicht lagern zu müssen, wird in Terminkontrakte investiert. Das funktioniert ähnlich wie die Buchung einer Reise: Sie zahlen sofort, geliefert wird

> **Gut zu wissen**
>
> **Rohstoff-ETF im Portfolio.** Rohstoffe und Edelmetalle entwickeln sich oft nicht im Gleichtakt mit Aktien- und Anleihekursen, weshalb sie zur Depot-Streuung taugen.
> **Chance/Risiko.** Die Wertentwicklung wird von diversen Faktoren beeinflusst: Wetter, Lagerbestände, konjunkturelle Entwicklungen, politische Unruhen, etc. spielen eine gewichtige Rolle und sorgen oftmals für intensivere Schwankungen. Die Risiken sind höher, die Chancen ebenfalls.
> **Aktivitätsfaktor.** Mittel bis hoch. Die Märkte verändern sich schnell, marktbreite Indizes dämpfen die Ausschläge. Wer jedoch auf einzelne Rohstoffe setzt, sollte stets ein Auge auf die Entwicklung – auch an den Terminmärkten – haben.

später. Doch während Sie die gebuchte Urlaubsreise tatsächlich gerne antreten möchten, wollen Sie die Rohstoffe auf keinen Fall geliefert bekommen. Was auch tun mit 1 000 Barrel Rohöl oder zehn Tonnen Stahl? Daher buchen Sie einfach um und verschieben die Lieferung auf später.

Das funktioniert beliebig oft. In der Praxis wird daher kurz vor Fälligkeit der Terminkontrakt auf den entsprechenden Rohstoff verkauft und mit dem Geld ein später fälliger Terminkontrakt erworben. Dafür fallen zum einen Gebühren an, und zum anderen kann es sein, dass der später fällige Terminkontrakt günstiger oder teurer ist. Die Profis sprechen daher von Rollgewinnen oder -verlusten, diese werden an den Anleger weitergereicht.

Den Preis eines Terminkontrakts beeinflussen unterschiedlichste Faktoren, wie zum Beispiel das Wetter oder politische Unruhen. Um das Risiko in Grenzen zu halten, sollten Sie keinen Einzelrohstoff wählen, sondern eher mit einem ETF auf breite Rohstoffindizes setzen wie mit dem Lyxor ThomsonReuters CRB Ucits ETF (Isin LU 1829218749).

Alternative zu Goldbarren

Einzelrohstoffe werden üblicherweise als Exchange Traded Commodities (ETC – diese werden von Finanztest nicht bewertet) angeboten und zusätzlich besichert. Populärstes Papier in Deutschland ist Xetra-Gold (Isin DE 000 A0S 9GB 0), ein ETC, der von der Deutsche Börse Commodities GmbH aufgelegt wurde. Dahinter steht eine Anleihe, die in Euro notiert und mit physischem Gold hinterlegt ist. Anleger können sich das Gold ausliefern lassen, was jedoch zusätzliche Kosten verursacht. Im Gegensatz zu physischem Gold haben die börsengehandelten Papiere den Vorteil, dass Sie sich keine Gedanken über die Lagerung machen müssen und der Kurs für die Feinunze Gold hier umgerechnet niedriger ist als beim Kauf von Münzen oder Barren.

→ Verwechslungsgefahr

Häufig werden Begriffe ETF oder ETP gleichgesetzt, doch Vorsicht: ETF sind Sondervermögen und Anlegergelder daher bei einer Pleite des Emittenten geschützt. ETP hingegen ist der Oberbegriff für alle börsengehandelten Indexprodukte. Er umfasst neben ETF auch ETC und ETN. ETC steht für Exchange Traded Commodities (Rohstoffe) oder Exchange Traded Currencies (Währungen) und ETN für Exchange Traded Notes. ETC und ETN sind rechtlich keine Sondervermögen, sondern de facto Anleihen des Produktanbieters. Das bedeutet: Im Pleitefall müssen die Anleger um ihr Geld bangen. Bei ETC haben sie es allerdings meist etwas besser als bei ETN, denn die Papiere sind im Regelfall zumindest besichert.

Kompakt: Paketlösungen

Ähnlich unserem Pantoffel-Portfolio existieren am Markt fertige Lösungen für ganze Portfolios. Sie sind teils vollständig passiv, aber zum Teil legen Manager die Zusammensetzung fest.

→ **Fertiglösungen mit ETF** gibt es reichlich, jede von ihnen hat einen etwas anderen Ansatz. Zudem bieten auch viele Banken eine indexorientierte Vermögensverwaltung und managen das Portfolio aktiv mit ETF. Die Gebühren dafür liegen bei etwa 1 Prozent für das Management, hinzu kommen die laufenden Kosten des ETF.

Ein Beispiel für eine Fertiglösung ist der Xtrackers Portfolio Total Return Ucits ETF (Isin LU 039 722 194 5), der in den vergangenen fünf Jahren im Schnitt 5,3 Prozent (Stand: Mitte Januar 2020) einbrachte. Komplett passiv ist hingegen der noch junge Comstage Vermögensstrategie ETF (Isin DE 000 ETF 701 1), ein Dachfonds, der zu 60 Prozent in Aktien-ETF, 30 Prozent in Anleihen-ETF und 10 Prozent in Rohstoff-Papiere aus aller Welt investiert. Einmal jährlich stellt der Anbieter Lyxor automatisch die ursprüngliche Gewichtung wieder her (Rebalancing).

Generell stellt sich bei diesen Papieren die Frage: Entsprechen Fertiglösungen der klassischen Idee des Indexinvestments? Nicht immer. Wenn die Fondsgesellschaft aktiv die einzelnen Indexanteile gewichtet oder verändert, haben Sie als Anleger meist wenig Kontrolle über das, was hinter den Kulissen läuft, und sehen die Ergebnisse erst um einiges später. Daher sollten Sie sich gut überlegen, ob Sie Ihr Geld Dritten zur Verwaltung überlassen und bereit sind, dafür höhere Gebühren zu bezahlen, oder doch lieber den „Pantoffel" wählen, bei dem Sie stets wissen, in welchen Indizes Sie zu welchen Teilen investiert sind.

Gut zu wissen

Paketlösungen im Portfolio. Die Idee ist einfach, die Umsetzung nicht ganz so simpel: ein Papier, das alle Assetklassen abdeckt und sich den Marktgegebenheiten anpasst.
Chance/Risiko. Tendenziell moderat. Allerdings sind die Transaktionen des Fondsmanagements üblicherweise nicht nachvollziehbar, das erhöht die Unsicherheit.
Aktivitätsfaktor. Niedrig. Funktioniert das Konzept gut, können sich Anleger gelassen zurücklehnen.

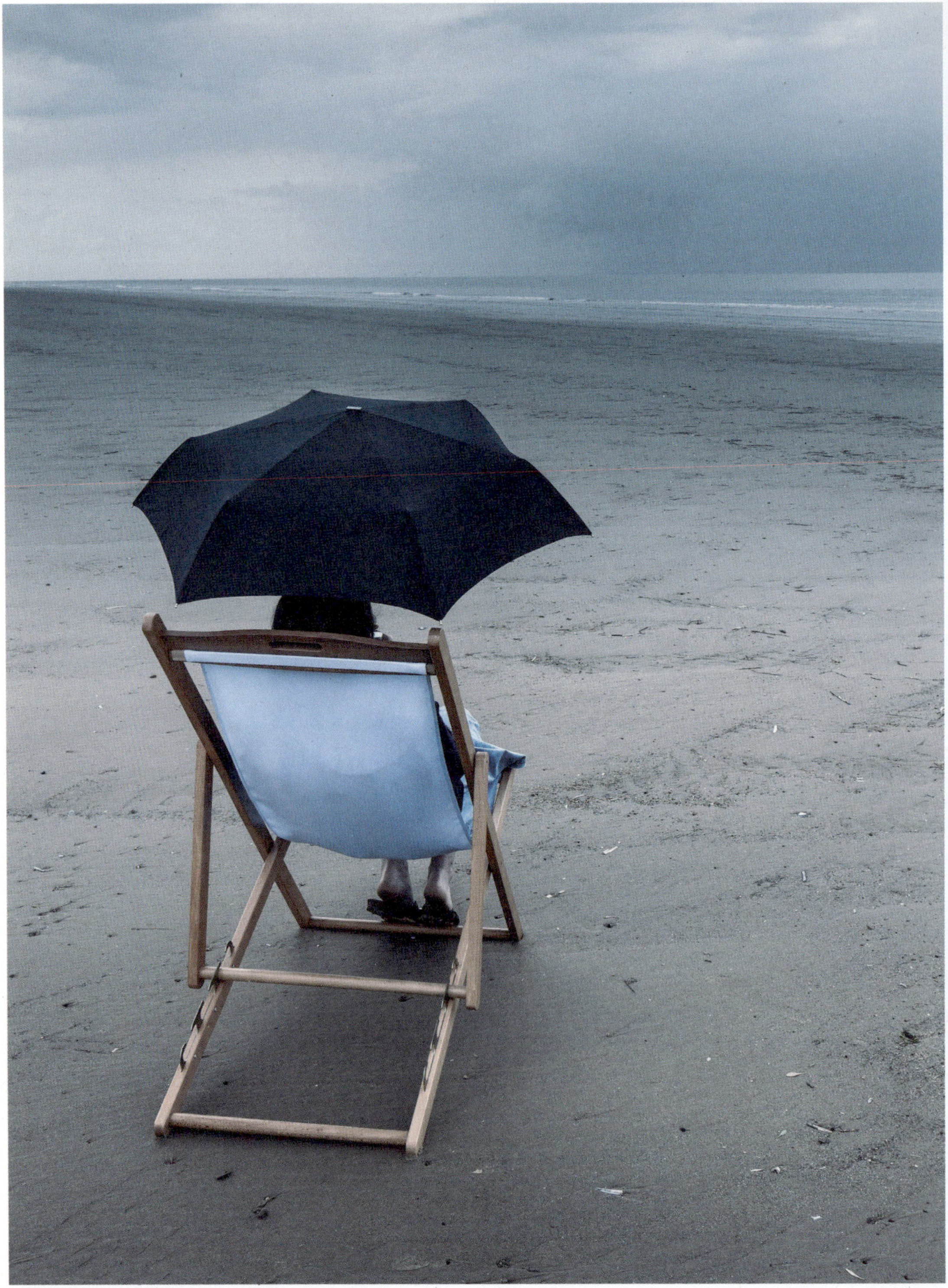

Echte und vermeintliche Risiken

Kein Finanzprodukt ist vollkommen. Das gilt selbstverständlich auch für ETF. Nicht alle Kritikpunkte sind jedoch berechtigt. Sie sollten sie trotzdem kennen.

→ **Neues und Unbekanntes** gerät oft schnell in die Kritik. Als in den USA die ersten Eisenbahntrassen gebaut wurden, argumentierten die Pessimisten, dass die Passagiere sich bei den hohen Geschwindigkeiten auflösen könnten. Auch ETF werden seit ihrem Bestehen ständig kritisiert. Und je populärer ein Produkt wird, desto lauter wird meistens auch die Kritik. Auslöser der Kritik ist aber weniger die Konstruktion der ETF, sondern die Tatsache, dass sie langfristig bessere Erträge liefern als die hoch bezahlten Manager von aktiven Fonds und Vermögensverwaltungen. Kein Wunder, dass von deren Seite einige der Vorwürfe kommen. Die Eisenbahn ist eben auch effizienter und schneller als die Pferdekutsche. Viele Marktteilnehmer – auch die meisten Bankberater – haben kein Interesse daran, dass Sie ETF kaufen. Der Grund: Sie verdienen daran bei Weitem nicht so viel wie an anderen Produkten.

Aber selbst so erfolgreiche Anlageprodukte wie ETF sind nicht ohne Fehl und Tadel. In der Tat gibt es einige Risiken, über die Sie Bescheid wissen sollten. Allerdings sind nicht alle Risiken, die Kritiker den Indexinvestments in die Schuhe schieben, tatsächlich vorhanden – und manches Risiko wird stark aufgebauscht. Aber um welche Punkte handelt es sich dabei im Einzelnen?

Wenn es um die Risiken und Grenzen von Indexfonds geht, verweisen die Kritiker besonders häufig auf Warnungen, die nach der Finanzkrise zeitweise in den Schlagzeilen waren. Mit dem IWF (Internationaler Währungsfonds), der BIZ (Bank für Internationalen Zahlungsausgleich) und dem Finanzstabilitätsrat der G-20-Staaten haben gewichtige internationale Institutionen 2011 gemeinsam vor der komplexen Struktur und der mangelhaften Transparenz synthetisch nachgebildeter ETF (siehe dazu „Kritik an der Konstruktion" unten) gewarnt. Sie wurden von den drei Organisationen sogar als potenzielle Gefahr für die Stabilität des globalen Finanzsystems bezeichnet.

Diese Kritik ist jedoch nicht unbeachtet geblieben. Sie hat schnell Wirkung gezeigt, sowohl bei den Finanzaufsehern als auch bei den Emittenten von Indexfonds. In den Jahren nach 2011 hat sich viel getan: Die staatlichen Regulierungsbehörden haben weltweit strengere Vorschriften erlassen, und die ETF-Anbieter haben freiwillig ihre Sicherungsvorkehrungen erheblich verstärkt. Die damals beanstandeten Probleme gelten deshalb schon seit einigen Jahren als größtenteils beseitigt.

Kritik an der Konstruktion von ETF

Um einen Index abbilden zu können, müssen die ETF-Anbieter entweder Aktien kaufen oder Alternativen suchen.

Ein gewisses Risiko besteht bei synthetisch konstruierten Indexfonds, die nicht die tatsächlich im Index enthaltenen Wertpapiere erwerben, sondern die Entwicklung des Index über eine Swap-Konstruktion (Tauschgeschäft) künstlich nachbilden, noch immer. (Mehr zu Swaps, siehe „Die Konstruktionsmethode kennen", S.109). Denn mit dem Partner des Swap-Geschäfts, meistens einer Bank, wird ein zusätzliches Finanzinstitut in den Prozess der Nachbildung von Indizes eingebunden. Wenn dieser Swap-Partner zahlungsunfähig wird, kann ein Teil des ETF-Vermögens verloren gehen. Das gilt dann, wenn die Wertpapiere, die der ETF-Anbieter in seinem

Ersatz-Aktienkorb (auch Trägerportfolio genannt) hält, schlechter laufen als der Index und die Differenz durch den Swap nicht mehr ausgeglichen werden kann. Das Risiko ist allerdings durch regulatorische Vorschriften auf 10 Prozent des ETF-Vermögens begrenzt worden, denn der Wert sämtlicher Index-Swaps darf diese Grenze nicht überschreiten. In der Praxis reduzieren die ETF-Anbieter das Risiko zusätzlich, indem sie üblicherweise von ihren Swap-Partnern Sicherheiten verlangen.

Hinzu kommt, dass der Gesetzgeber hohe Anforderungen an die Trägerportfolios der ETF-Anbieter stellt. Als Sondervermögen weisen sie den gleichen hohen Sicherheitsstandard auf wie physisch replizierende ETF. Sie müssen breit gestreut und liquide sein. Anleger können den Inhalt dieser Ersatz-Aktienkörbe bei den Anbietern in der Regel im Internet einsehen. Das Risiko eines Verlustes ist deshalb auch bei synthetisch nachgebildeten ETF selbst dann relativ gering, wenn der Swap-Partner zahlungsunfähig werden sollte.

Aber nicht nur bei synthetisch, sondern auch bei physisch nachbildenden ETF kann es Risiken geben. Ein Teil der Anbieter verleiht nämlich die Aktien aus dem Sondervermögen des Fonds zeitweise und streicht dafür Erträge ein. Damit senken die ETF-Häuser die Kosten, die Einnahmen kommen zu einem Teil den Kunden zugute.

Wozu aber verleihen die Anbieter überhaupt Wertpapiere aus dem ETF-Portfolio? Hedgefonds und andere spekulative Anleger nutzen die ausgeliehenen Aktien für Leerverkäufe. Bei diesem Geschäft verkaufen sie die geliehenen Aktien an der Börse und spekulieren darauf, dass der Kurs fällt. Dann können sie bei niedrigeren Notierungen die Aktien zurückkaufen. Die Differenz ist ihr Gewinn. Nach Ablauf der Wertpapierleihe müssen sie die Aktien wieder an den ETF zurückgeben, egal ob sie Gewinn oder Verlust gemacht haben.

Auch aktiv gemanagte Fonds verleihen Aktien

Das Risiko besteht nun darin, dass der Entleiher der Wertpapiere insolvent wird und die Wertpapiere nicht an den Indexfonds zurückübertragen kann. Um dieses Risiko ganz auszuschalten oder möglichst gering zu halten, verlangen ETF-Anbieter von der Gegenpartei üblicherweise umfangreiche Sicherheiten, meistens in Form von Staatsanleihen.

Da Wertpapierleihen aber nicht nur bei Indexfonds praktiziert werden, sondern auch bei aktiv gemanagten Aktienfonds gang und gäbe sind, ist das damit verbundene theoretische Risiko keineswegs eine Besonderheit von ETF.

Weltweit gibt es einen immer stärker werdenden Trend zu physisch replizierenden ETF. Fondsgesellschaften, die anfänglich bevorzugt auf Swap-basierte ETF gesetzt hatten wie die Deutsche Bank mit ihren Xtrackers, haben vor einigen Jahren umgesteuert und einen erheblichen Teil in physisch nachbildende ETF umgewandelt. Das geschah vor allem, weil viele Anleger synthetischen ETF noch immer misstrauen und deshalb zunehmend physisch nachbildende bevorzugen. Nach Ansicht von Finanztest spielt es unter Risikogesichtspunkten allerdings kaum eine Rolle, welche der Nachbildungsmethoden für einen ETF verwendet wird.

Angst vor dem Herdenverhalten

Der Markt wächst rasant. Daher diskutieren Wissenschaftler wie Börsianer, was passieren würde, wenn alle Investoren nur noch die Indizes kaufen.

→ **Weitere Kritikpunkte,** die gegen ETF laut werden, zielen in ganz andere Richtungen. So warnen Kritiker davor, dass ETF einen Aktiencrash massiv verstärken könnten – oder anders gesagt, sie könnten einem Zug im Rückwärtsgang zusätzlichen Schub verleihen. Warum? Weil es so einfach sei, ETF jederzeit während des Börsenhandels zu verkaufen, könnten sie womöglich das Herdenverhalten der Anleger verstärken, weil diese sich leicht und schnell von ihnen trennen könnten. Das beschleunige einen bestehenden Abwärtstrend zusätzlich. Denn die ETF-Anbieter müssten in diesem Fall die in den verkauften Indexfonds-Anteilen enthaltenen Aktien auf den Markt werfen, und zwar sofort und egal zu welchem Preis.

❝ **Manche Experten nehmen an, dass ETF einen Kursabschwung eher dämpfen könnten.**

Der Internationale Währungsfonds sieht jedoch keine Anhaltspunkte dafür, dass ETF sich hier von aktiven Fonds unterscheiden. Auch sie können relativ schnell verkauft werden. Manche Experten nehmen sogar an, dass ETF einen Kursabschwung eher dämpfen könnten, weil Aktien nur genau im Umfang der Rückgabe von ETF-Anteilen durch Anleger verkauft werden müssten. Bei aktiv gemanagten Fonds könnten zusätzlich noch Fondsmanager den Aktienanteil im Fonds durch Umschichtungen in Anleihen und Cash verringern und mit diesen zusätzlichen Verkäufen weiteren Druck auf die Aktienkurse erzeugen. Bei ETF können also nur die Anleger in Panik geraten, bei aktiven Fonds die Anleger und die Fondsmanager – sozusagen ein doppeltes Risiko. Abgesehen davon ist die Marktmacht der ETF keineswegs so groß, wie es Kritiker behaupten. Trotz des immensen Wachstumstempos verwalten sie weltweit bislang nur einen kleinen Teil der Vermögen.

Risiken im Börsenhandel vermeiden

Ein anderer Vorwurf lautet, ETF könnten in Börsenturbulenzen stärker an Wert verlieren als der zugrunde liegende Index. Anlass für diese Befürchtungen war ein Kurssturz an der US-Börse am 24. August 2015, als dies bei rund 300 ETF kurzfristig tatsächlich der Fall war – zum Teil deutlich (siehe „Hätten Sie's gewusst" rechts). Die Börse reagierte an diesem „schwarzen Montag" mit vorübergehenden Handelsstopps für viele Aktien und ETF. Die Deutsche Bundesbank hat verschiedene dieser – in der Regel auf wenige Minuten – beschränkten Crashs analysiert: Solche Handelsstopps sind für sie ein probates Mittel, um die Märkte in Stressphasen stabilisieren zu können. Anleger, die langfristig investieren und in Börsenturbulenzen ruhig Blut bewahren, bleiben von derartigen kurzfristigen Risiken ohnehin verschont.

Eng mit dieser nicht immer exakt gleichzeitigen Nachbildung des Index durch einen

HÄTTEN SIE'S GEWUSST?

Der **24. August 2015** ging als einer der größten Blitz-Crashs in die Geschichte ein.

Nach Kursrückschlägen in China wurden die Anleger in den USA nervös und verkauften in großem Stil Aktien und Indexprodukte.

Die Kurse sackten innerhalb weniger Minuten drastisch ab und erholten sich im Anschluss schnell wieder. Einige ETF-Kurse fielen bis zu **30 Prozent** unter ihren Nettoinventarwert (NAV). Am Ende des Tages sah es fast so aus, als sei nichts geschehen.

Zwar war dergleichen in Europa nicht zu beobachten, doch eine Garantie auf Schutz vor heftigen Turbulenzen gibt es nicht. Am besten warten Sie in solchen Fällen ab, bis sich die Lage beruhigt. Geben Sie Verkaufsorders generell nur limitiert, mit Preisvorgabe, auf.

ETF hängt das Problem zusammen, dass die Rendite eines ETF von der des Index üblicherweise leicht abweicht. Das kann verschiedene Gründe haben, die wichtigsten sind die Gebühren und Steuern. Beim Dax beispielsweise wird die Dividende im Zeitpunkt der Ausschüttung sofort in voller Höhe als wieder angelegt betrachtet, während der ETF nur den Teil der Ausschüttung reinvestieren kann, der um Steuern verringert ist. Auch die Anlage von Geldern, die neu in einen ETF fließen, kann zu leichten Abweichungen des ETF-Werts vom Index führen, falls nicht alle Aktien der Indexmitglieder exakt gleichzeitig gekauft werden. All dies kann dazu beitragen, dass der Kurs eines ETF untertägig während des Börsenhandels von seinem indikativen Nettoinventarwert (iNAV) abweicht, der jederzeit den fairen Wert eines ETF ausdrückt, also alle Vermögenswerte (Wertpapiere, Cash) pro ETF-Anteil. Beim Kauf oder Verkauf sollten Sie deshalb im Internet den ETF-Kurs mit dem laufend von den Börsen veröffentlichten iNAV vergleichen und immer ein Limit setzen (siehe „ETF richtig kaufen", S. 113).

Wenn alle Anleger nur noch Indexfonds kaufen ...

Seit ETF weltweit ihren Siegeszug angetreten haben und ihnen die Anlegergelder nur so zufließen, wird eine Frage immer häufiger kontrovers diskutiert: Was passiert eigentlich, wenn alle Anleger nur noch Indexfonds kaufen und aktiv gemanagte Fonds und Depots aus einzelnen Aktien keine Rolle mehr spielen? Dann käme es „zu Chaos und Katastrophe", wie selbst John C. Bogle, der Indexfonds populär gemacht hat, in einem Vortrag eingeräumt hat. Warum? Weil es dann keine Differenzierung bei den einzelnen Aktien gäbe. Gute Aktien würden genauso stark steigen und fallen wie schlechte, weil ETF nun einmal die Indizes am Stück kaufen und verkaufen. Die darin enthaltenen Aktien würden im Gleichschritt steigen und fallen.

> **❝ Es wird wohl immer Marktteilnehmer geben, die es sich zutrauen, den Index zu schlagen.**

Dass dies bisher nicht so ist, sondern die Kursentwicklung höchst unterschiedlich verläuft, hängt damit zusammen, dass es genügend Anleger gibt, die Aktien nach ihren wirtschaftlichen Kennzahlen, Bewertungen und Aussichten auswählen. Analysten, Marktstrategen und Börsenexperten wären brotlos, wenn alle Anleger nur noch den Index kaufen würden. Ohne verschiedene Meinungen, ohne Kapitalmarkt- und Unternehmens-Research würden die Börsen ihre Funktionsfähigkeit einbüßen.

Wie groß aber ist dieses Risiko? Vermutlich nicht sehr. Denn es wird wohl immer Marktteilnehmer geben, die es sich zutrau-

Der ETF-Anteil ist gering

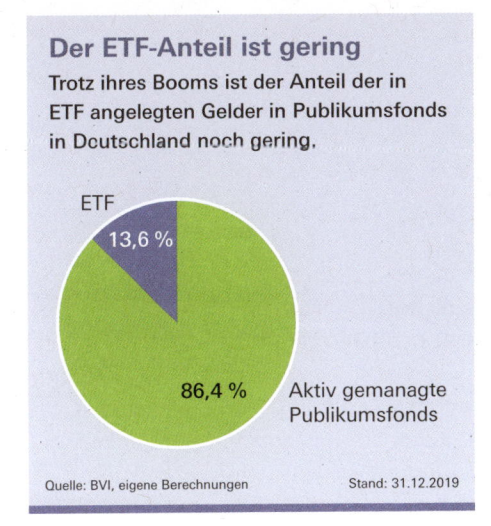

Trotz ihres Booms ist der Anteil der in ETF angelegten Gelder in Publikumsfonds in Deutschland noch gering.

- ETF: 13,6 %
- Aktiv gemanagte Publikumsfonds: 86,4 %

Quelle: BVI, eigene Berechnungen Stand: 31.12.2019

en, den Index zu schlagen. Eine ganze Industrie lebt davon, von den Investmentbanken über die Vermögensverwalter, Aktienfonds, Börsenhändler und, nicht zu vergessen, die Hedgefonds und Private Equity Fonds. Auch Unternehmen, die kleinere Firmen übernehmen wollen, kaufen selektiv. Und nicht zuletzt sind die Zeitdimensionen der verschiedenen Anlegergruppen höchst unterschiedlich – vom Hochfrequenzhandel, bei dem es um Bruchteile von Sekunden geht, bis zu Pensionsfonds oder Privatanlegern, die sehr langfristig für die Altersvorsorge sparen. Das bürgt für differenzierte Strategien und damit für differenzierte Aktien-Auswahlmechanismen.

Ein weiterer Grund, warum aktive Aktienanleger nie ganz aussterben werden, liegt darin, dass es wieder reizvoll wird, selbst die besten Aktien auszuwählen, wenn die Bewertungen völlig aus dem Ruder laufen. Wenn es nur noch ETF und andere passive Instrumente gäbe, wären nach einiger Zeit gute Unternehmen spottbillig, weil der Kursverlauf ihrer Aktien die weitaus bessere Geschäftsentwicklung gegenüber dem Rest der Index-Mitglieder nicht mehr widerspiegelt – und dann lohnt es sich wieder, zu analysieren und die guten von den schlechten Aktien zu trennen.

Ben Johnson von der US-Analysefirma Morningstar glaubt deshalb auch nicht, dass die Märkte ins Chaos stürzen werden, denn „es reicht ja, wenn es einige wenige sehr aktive Manager gibt, zum Beispiel Hedgefonds, die den Markt am Laufen halten". Bogle ist ähnlicher Ansicht und meint, dass es erst kritisch wird, wenn der Anteil der Indexfonds an allen Kapitalanlagen 90 Prozent überschreitet.

Davon sind wir aber noch weit entfernt, auch wenn ETF kontinuierlich an Bedeutung gewinnen. Im Sommer 2019 verwalteten amerikanische Fonds, die sich auf einen US-Aktienindex beziehen, erstmals mehr Geld als von Profis gemanagte Fonds auf US-Aktienbarometer. Bei den deutschen Privatanlegern ist der Anteil der ETF deutlich niedriger: Nach den Zahlen des Fondsverbands BVI machten ETF Ende 2019 mit gut 150 Milliarden Euro erst 13,6 Prozent des Vermögens aller Publikumsfonds aus.

→ **Lassen Sie sich nicht verunsichern**

Privatanleger sollten sich von dieser Diskussion nicht verunsichern lassen, sondern ihre Anlageentscheidungen einzig und allein danach treffen, welche Produkte für ihre persönlichen

Ziele besonders geeignet sind. Und da sollte Ihre Wahl angesichts der niedrigen Kosten, der langfristig besseren Wertentwicklung, die passive Fonds im Durchschnitt erzielen, der einfachen Handhabung und der hohen Transparenz immer öfter auf ETF fallen.

Sind ETF oder aktiv gemanagte Fonds riskanter?

Wie wir gesehen haben, hat das Risiko nichts mit der Fondsart zu tun, sondern vielmehr mit der Anlagekategorie oder dem Markt. Investiert ein ETF oder ein Fonds in Anleihen, ist dies in der Regel weniger spekulativ als ein Investment in Aktien. Denn Aktienindizes schwanken stärker als Rentenindizes. Ebenso macht es einen Unterschied, ob ein Fonds oder ETF weltweit investiert und die Risiken breit streut oder ob er nur lokal in einer Region aktiv ist. ETF und aktiv gemanagte Fonds sind also vom Risiko her vergleichbar, vorausgesetzt, sie sind im selben Anlagesegment unterwegs.

ETF sind die Lieblinge der Profis

Profis lieben ETF. Warum warnen Kritiker aber vor allem vor den Gefahren für Privatanleger? Zunächst muss man klarstellen: Privatanleger gehen mit einem Aktien-ETF das gleiche Risiko ein wie ein professioneller Investor. Dieser hat zum Teil sogar zu noch spekulativeren Papieren Zugang als ein Privatanleger. Daher ist es nicht so ganz nachvollziehbar, warum sich die Kritik vornehmlich an die Privatanleger richtet.

Vielleicht ist es die enorme Beliebtheitssteigerung, die Unsicherheit hervorruft. Die Kunden bekannter deutscher Banken und Onlinebroker wie Commerzbank, Comdirect, Consorsbank (inklusive DAB), DKB, ebase, Finvesto, Flatex, ING und Onvista Bank hatten Anfang 2020 in ihren Depots ETF im Wert von mehr als 30 Milliarden Euro liegen. Die Statistiken von extra-funds.de belegen, dass sich der Markt innerhalb von zwei Jahren etwa verdoppelt hat.

Viele, die vor ETF warnen, tun das also in eigenem Interesse, weil sie am Verkauf von aktiv gemanagten Fonds mehr verdienen. Ein weiterer Grund, warum Privatanleger das Ziel der Warnungen sind, könnte sein, dass sie empfänglicher für die teils sachlich unrichtigen Darstellungen sind. Profis lassen sich davon nicht beeindrucken.

Warum stehen Market Maker in Verruf?

Market Maker sollen für faire Preise sorgen. Dennoch werden sie von den Kritikern als die „bad guys" am ETF-Markt abgestempelt. Doch die Kritik hat häufig wenig mit ihrer Aufgabe als Market Maker von ETF zu tun, sondern bezieht sich auf ihre sonstigen Geschäfte. Dafür ein kurzer Blick hinter die Kulissen: Aufgabe eines Market Makers ist es, dafür zu sorgen, dass der Kurs des ETF an der Börse nicht stark vom iNAV – das ist der

Wert des Fondsportfolios pro Anteil (siehe S. 115) – abweicht.

> **Vor den Wegelagerern schützt ein enges Limit beim Kauf oder Verkauf von ETF-Anteilen.**

Wenn viele Anleger einen ETF kaufen wollen, erschaffen die Market Maker neue ETF-Anteile, indem sie dem ETF-Anbieter im Gegenzug die Aktien des Index liefern. Wenn viele Anleger verkaufen wollen, läuft es umgekehrt. Der Kauf und Verkauf von Aktien zu diesem Zweck ist also ein ganz normales Geschäft. In der Praxis passiert das in Sekundenbruchteilen, die Handelsvolumina sind immens, weshalb die Market Maker große Akteure an der Börse sind. Damit stehen sie schnell unter Generalverdacht.

Natürlich machen sie ihre Geschäfte nicht aus Altruismus, sondern weil sie daran Geld verdienen wollen. Dank Hochleistungsrechnern und schnellen Datenleitungen fahren sie mit dem Handel von Wertpapieren auch satte Gewinne ein. Doch die kommen aus der Masse der Aufträge, die sie aus den unterschiedlichsten Gründen an der Börse platzieren, und nicht nur als Market Maker von ETF.

Die Kritiker machen jedoch keinen Unterschied. Sie schauen nicht danach, woher die Erträge stammen. Durchaus berechtigt sind die Vorwürfe gegenüber Market Makern, sich an den Anlegern bereichern zu wollen, wenn die Händler quasi als Wegelagerer bei normalen Kundenaufträgen Geld einstreichen. Es sollte aber differenziert werden, ob dies der Fall ist oder ob sie eine Dienstleistung erbringen und wie im ETF-Geschäft neue Anteile schaffen und daran ein paar Cent verdienen. Nochmals sei daher an dieser Stelle (siehe „ETF richtig kaufen", S. 113) betont: Vor den Wegelagerern schützt ein enges Limit beim Kauf oder Verkauf von ETF-Anteilen.

Die Deutsche Bundesbank sowie der Ausschuss für Finanzstabilität haben sich im Hinblick auf mögliche Risiken der Finanzmarktstabilität auch die Rolle der Market Maker von ETF angeschaut. Dabei wurde aber nicht das Geschäftsmodell infrage gestellt, sondern vielmehr darauf verwiesen, dass für die Market Maker keine Verpflichtung zum Handel bestehe und diese im Falle eines externen Schocks ihre zentrale Funktion für die Rücknahme von ETF-Anteilen und die Liquiditätsbereitstellung möglicherweise nicht mehr erfüllen könnten. In der Regel existieren für einen ETF aber mehrere Market Maker, und der Anbieter hat sich verpflichtet, für Liquidität zu sorgen. Sollten sich im Falle eines externen Schocks tatsächlich alle Market Maker gleichzeitig zurückziehen, dürften die Auswirkungen vermutlich nicht allein auf den ETF-Markt beschränkt bleiben, sondern auch andere Investments betroffen sein.

Hilfe

Fachbegriffe erklärt

1 Fachbegriffe erklärt
Die wichtigsten Begriffe, die Anleger im Zusammenhang mit Exchange Traded Funds (ETF) verstehen sollten, finden Sie hier kurz erklärt.

2 Die großen Indexanbieter
S. 161

3 Die großen ETF-Anbieter
S. 162

4 Die günstigsten Depotanbieter auf einen Blick
S. 163

5 Die Kosten für ETF-Sparpläne
S. 164

6 Diese ETF sind 1. Wahl
S. 166

7 Stichwortverzeichnis
S. 172

Abgeltungsteuer. Erträge, die Privatanleger mit ETF, Fonds, aber auch anderen Anlageformen, zum Beispiel in Form von Kursgewinnen, Dividenden oder Zinsen, erzielen, unterliegen in Deutschland dieser Steuer in Höhe von pauschal 25 Prozent.

Aktie. Ein Anteilsschein, der Anleger zu Miteigentümern an einem Unternehmen macht. Meist ist das Eigentum der Aktie mit einem Stimmrecht in der Hauptversammlung des Unternehmens verbunden. Zudem hat der Anleger einen Dividendenanspruch, wenn ein Teil des Gewinns ausgeschüttet wird, und kann die jährliche Hauptversammlung besuchen.

Aktienfonds. Ein Gemeinschaftsvermögen, das aus vielen verschiedenen Aktien besteht und das strenger gesetzlicher Regulierung unterliegt. Zu unterscheiden sind aktiv gemanagte Aktienfonds und ETF, die bestimmte Börsenindizes nahezu exakt nachbilden.

Aktiv gemanagter Fonds. Investmentfonds, bei dem ein Fondsmanagement aktiv einzelne Papiere auswählt, von denen es hofft, dass sie sich besser entwickeln werden als der Börsenindex, anhand dessen der Fonds seine Leistung misst.

Anleihe. Ein festverzinsliches Wertpapier, über das sich Staaten oder Unternehmen Geld leihen. Dafür bezahlen sie dem Käufer der Anleihe Zinsen. Den Kredit zahlen sie nach einer bestimmten Laufzeit zurück. Anleihen werden auch Renten genannt.

Anleihenindex. Siehe Rentenindex.

Ausgabeaufschlag. Kaufgebühr, die ein Anleger, der einen aktiv gemanagten Fonds kauft, an die Fondsgesellschaft zahlt. Üblicherweise ist das eine bestimmte prozentuale Gebühr vom Kaufbetrag.

Ausschüttung. Ein ETF kann seine Einnahmen aus Zinsen oder Dividenden an seine Anleger weiterreichen und somit ausschütten. Alternativ kann er sie direkt wieder dem Fondsvermögen hinzufügen (Thesaurierung). In beiden Fällen profitieren die Fondsanleger.

Benchmark. Vergleichsmaßstab oder Bewertungsmethode, um den Anlageerfolg einer Geldanlage festzustellen. Häufig wird ein Börsenindex als Benchmark genommen. ETF entwickeln sich stets so gut oder schlecht wie ihre Benchmark, bei aktiv gemanagten Fonds kann es dagegen auch zu einem überdurchschnittlichen (Outperformance) oder unterdurchschnittlichen (Underperformance) Abschneiden kommen.

Blue Chips. Sammelbegriff für die bedeutendsten börsennotierten Aktiengesellschaften eines Landes.

Börsenhandel. Wie andere Wertpapiere auch werden ETF an der Börse gehandelt. Dort können Anleger daher jederzeit ETF-Anteile über ihre Bank kaufen oder verkaufen. Anders als bei herkömmlichen aktiv gemanagten Fonds ist es normalerweise nicht üblich, ETF direkt bei der Fondsgesellschaft zu erwerben. Dadurch entfällt der Ausgabeaufschlag, den viele Anleger noch vom Kauf herkömmlicher Fonds kennen.

Börsenindex. Bildet die Entwicklung eines bestimmten Wertpapiermarktes ab. In den Indexstand fließen die Kursentwicklungen aller im Index enthaltenen Wertpapiere in unterschiedlicher Gewichtung ein. Es gibt eine Vielzahl von Indizes auf Aktien, aber auch auf Anleihen und Rohstoffe. Bekanntester deutscher Aktienindex ist der Dax (Deutscher Aktienindex).

Börsenwert. Er zeigt den Wert der frei an der Börse gehandelten Aktien eines Unternehmens (Free Float) an. Der Wert ergibt sich, indem man die Zahl der gehandelten Aktien mit dem Kurs der Aktie multipliziert. Ein anderer Ausdruck hierfür lautet Marktkapitalisierung.

Briefkurs. Er bezeichnet den Kurs, zu dem ein anderer Marktteilnehmer bereit ist, ein Wertpapier zu verkaufen. Das Pendant zum Briefkurs ist der Geldkurs. Der Briefkurs liegt in der Regel immer über dem Geldkurs.

Buy-and-Hold-Ansatz. Übersetzt bedeutet das „kaufen und liegenlassen". Man erwirbt also ein Wertpapier, um es langfristig zu halten. Mit international breit gestreuten ETF ist das gut umzusetzen.

Diversifikation. Bezeichnet die Aufteilung von Anlagegeldern auf viele verschiedene Investmentformen. Dadurch ergibt sich eine Streuung des Anlagerisikos.

Dividende. Unternehmen schütten die Erträge, die sie während eines Geschäftsjahres erwirtschaften, zumeist nicht vollständig, aber in Teilen an ihre Aktionäre aus. Diese Auszahlung heißt Dividende. Sie ist für die langfristige Wertentwicklung einer Aktie sehr wichtig.

Duration. Die modifizierte Duration zeigt an, um wie viel sich der Anleihekurs verändert, wenn es zu einer einprozentigen Zinssatzänderung kommt. Sie ist damit ein Maß für die Zinssensitivität von Anleihen.

Emerging Markets. Darunter versteht man die aufstrebenden Schwellenländer wie China, Indien, Brasilien & Co. In Emerging Markets zu investieren kann mit höheren Chancen, dafür aber auch höheren Risiken einhergehen.

Exchange Traded Commodity (ETC). Indexpapiere auf Rohstoffe. Sie sind kein Sondervermögen wie ETF.

Exchange Traded Fund (ETF). Das heißt übersetzt: börsengehandelter Indexfonds. ETF sind Investmentfonds, die einen Börsenindex nahezu vollständig abbilden und an einer Börse ähnlich wie Aktien gehandelt werden.

Free Float. Auf Deutsch: Streubesitz. Der Free Float umfasst nur den Börsenwert der Aktien eines Unternehmens, die frei an der Börse gehandelt werden und sich nicht in festen Händen von einzelnen Großaktionären befinden.

Full Replication. Methode zur Abbildung eines Börsenindex. Auf Deutsch: vollständige Abbildung eines Index. Die im Index enthaltenen Wertpapiere werden gemäß ihres Anteils am Index gekauft.

Geldkurs. Kurs, zu dem ein anderer Marktteilnehmer bereit ist, ein Wertpapier zu kaufen. Das Pendant ist der Briefkurs. Der Geldkurs liegt in der Regel immer unter dem Briefkurs.

Hedged. Heißt übersetzt so viel wie „abgesichert". Bei ETF sind zum Beispiel Absicherungen gegen Währungsschwankungen („currency hedged") gängig.

Index. Siehe Börsenindex.

Indextracking. Das Bemühen, die Entwicklung eines Index möglichst genau nachzuvollziehen. Dies kann entweder dadurch geschehen, dass ein Fonds die dem Index zugrunde liegenden Werte hält (Full Replication), oder aber durch den Einsatz derivativer Instrumente (Synthetische Replikation).

Isin. Abkürzung für International Securities Identification Number, die zwölfstellige internationale Wertpapierkennnummer. Anhand der Isin ist jedes Wertpapier und jeder ETF oder Fonds auf der Welt eindeutig gekennzeichnet. Man braucht sie, um einen ETF handeln zu können.

Limit. Wertpapieraufträge zum Kauf oder Verkauf lassen sich mit einer Preisbegrenzung versehen. Man kann einen Kurs festlegen, bis zu dem man maximal noch bereit ist, ein Wertpapier zu kaufen, oder für den man minimal noch bereit ist, es zu verkaufen.

Market Maker. Händler, die für einen bestimmten ETF garantieren, dass ständig Kauf- und Verkaufskurse gestellt werden, die sich am fairen Wert der ETF orientieren. Sie ermöglichen damit den jederzeitigen Handel des ETF.

Marktkapitalisierung. Siehe Börsenwert.

NAV (Net Asset Value). Auf Deutsch: Nettoinventarwert. Bezeichnet den tatsächlichen Wert der in einem ETF enthaltenen Wertpapiere, bewertet zu Marktpreisen. Er wird einmal täglich berechnet. Der iNAV ist der indikative Nettoinventarwert und wird während der Handelszeiten fortlaufend ermittelt.

Nominalzins / Realzins. Der Nominalzins gibt an, wie viel Zinsen man auf eine bestimmte Geldanlage bekommt, zum Beispiel wie viel man auf einem Tagesgeldkonto, verdient. Der Realzins dagegen gibt an, wie viel Zinsen man bekommt, wenn man auch die Inflationsrate mitberücksichtigt. Ist der Realzins negativ, wird die Kaufkraft des angelegten Geldes weniger anstatt mehr.

Renten-ETF. Ein ETF, der in Anleihen investiert. Anleihen werden auch Renten genannt.

Rentenindex. Ein Börsenindex, der Anleihen enthält.

Sampling. Auf Deutsch „Stichprobe"; Methode zur Abbildung eines Börsenindex: Von den im Index enthaltenen Papieren wird nur eine Auswahl direkt gekauft, die dem Kursverlauf möglichst gut entspricht.

Sondervermögen. Fonds und ETF stellen Sondervermögen dar. Im ETF angelegte Kundengelder müssen vom Vermögen der Gesellschaft strikt getrennt aufbewahrt werden. Somit existiert für Anleger im Fall der Pleite einer Kapitalverwaltungsgesellschaft kein Risiko, Geld zu verlieren.

Spread. Andere Bezeichnung: Geld-Brief-Spanne. Der Spread ist die Differenz zwischen niedrigerem Ankaufskurs (Geld) und höherem Verkaufskurs (Brief), zu denen Anleger ein Papier an der Börse verkaufen beziehungsweise kaufen können. Eine breite Geld-Brief-Spanne deutet darauf hin, dass es selten gehandelt wird.

Synthetische Replikation. Methode zur Indexabbildung bei ETF – künstliche Nachbildung: Die Performance des Index wird erreicht, indem der ETF-Anbieter mit einem Swap- (Tausch-)Partner vereinbart, dass dieser die Performance garantiert.

TER. Steht für Total Expense Ratio, auf Deutsch: Gesamtkostenquote. Sie gibt an, welche laufenden Kosten pro Jahr bei einem ETF entstehen. Die TER ist ein Anhaltspunkt und ein Vergleichsmaßstab für Kosten.

Thesaurierung. Investmentfonds können laufende Erträge aus Zinsen oder Dividenden an ihre Anleger ausschütten oder sie im Fonds behalten und gleich wieder anlegen (thesaurieren). Thesaurierung mehrt das Fondsvermögen also unmittelbar. Sowohl ausgeschüttete als auch thesaurierte Erträge unterliegen in Deutschland der Abgeltungsteuer.

Tracking-Differenz. Sie zeigt an, wie stark die Rendite eines ETF vom zugrunde liegenden Index abweicht. Sie lässt sich nur im Nachhinein feststellen und ist normalerweise negativ, da bei der Indexnachbildung Kosten für den Emittenten anfallen. Je geringer die Tracking-Differenz, desto besser und kostengünstiger ist es dem ETF-Anbieter gelungen, den Index nachzubilden. Sie dient also als Maßstab für die Qualität der Indexabbildung.

Transaktionskosten. Gebühren, die für die Ausführung eines Wertpapiergeschäftes anfallen. Dies können Broker-, Bankgebühren, aber auch der Spread sein.

Ucits. Abkürzung für „Untertakings for Collective Investments in Transferable Securities". Dieses wenig eingängige Kürzel trägt fast jeder ETF im Produktnamen. Es besagt, dass der Fonds den EU-Fondsregeln entspricht. Deutsche Bezeichnung ist OGAW.

Verwaltungsvergütung. Vergütung, welche eine Kapitalanlagegesellschaft für die Verwaltung und das Management eines Sondervermögens erhebt. Für passive Produkte liegt diese Gebühr üblicherweise deutlich unter der für aktiv gemanagte Produkte.

Volatilität. Begriff für die Schwankungsintensität eines Wertpapiers und damit für das Risiko der Anlage. Je höher die Volatilität, desto riskanter ist ein Investment.

Wertpapierdepot. Konto, das als Verwahrstelle von Wertpapieren dient. Es ist daher Voraussetzung, um ETF zu kaufen. Wie ein Girokonto auch hat es eine bestimmte Kontonummer, die Depotnummer.

Xetra. Die vollelektronische Handelsplattform der Deutschen Börse ist der Hauptumschlagplatz für ETF in Deutschland und Europa.

Zinseszinseffekt. Erhält ein Anleger auf sein investiertes Geld eine Zinszahlung, die der Sparsumme hinzugefügt wird, wird diese Zinszahlung beim nächsten Zahlungstermin mitverzinst. Auf diese Weise mehrt sich das Geld schneller als ohne Zinseszinseffekt. Je länger man spart, desto stärker wirkt sich der Effekt aus.

Die großen Indexanbieter

Im Aktienbereich gibt es vier große Indexanbieter:
MSCI ist ein inzwischen bankenunabhängiges Unternehmen. Es wurde zwar von der US-Investmentbank Morgan Stanley und der Capital Group International als Morgan Stanley Capital International (abgekürzt MSCI) gegründet, ist aber seit 2009 selbstständig. MSCI ist nicht nur Marktführer bei globalen Indizes wie dem MSCI World und dem MSCI Emerging Markets, sondern bietet auch eine große Auswahl an Länder-, Branchen-, Themen- und Strategie-Indizes an, die bei der Konstruktion von ETF breite Verwendung finden.

Die Deutsche Börse AG besitzt gleich zwei große Indexfamilien: Die Stoxx-Indizes, die insbesondere bei europäischen Kursbarometern mit dem Euro Stoxx 50 oder dem Stoxx Europe 600 eine starke Stellung haben, aber auch weltweit aktiv sind, und die Dax-Familie. Neben den Auswahlindizes Dax, MDax, SDax und TecDax werden viele Spezialindizes berechnet, nicht nur im Aktien-, sondern auch im Anleihebereich.

FTSE Russell ist aus der Fusion der Indizes der britischen Financial Times/London Stock Exchange und der amerikanischen Russell Investment Group entstanden und ist inzwischen voll im Besitz der Londoner Börse. FTSE Russell berechnet eine breite Palette britischer, amerikanischer und globaler Indizes und hat für Aufsehen gesorgt, weil Indexfonds-Pionier Vanguard aus Kostengründen bei globalen Produkten von MSCI-Indizes zu FTSE-Russell-Indizes gewechselt ist.

S&P Dow Jones Indices, die Tochter der US-Ratingagentur S&P, hat mit dem S&P 500 und dem Dow Jones Industrial die vermutlich bekanntesten Indizes der Welt im Programm – und mit dem Dow Jones Transportation Index auch den ältesten (1882 gegründet, der Dow Jones Industrial folgte erst 1896). Das Unternehmen bietet eine breite Palette weltweiter Indizes an.

Im Rentenbereich werden zwei Anbieter besonders häufig genutzt:
Barclays Indices ist eine Tochter der britischen Barclays Bank und berechnet Indizes für alle Anleihetypen, Laufzeiten und wichtige Währungen. Neben den in ETF häufig verwendeten Anleihenindizes offeriert Barclays auch Aktien, Rohstoff- und Währungsindizes.

Markit iBoxx mit Sitz in London ist auf Rentenindizes spezialisiert, die zum Teil in Echtzeit veröffentlicht werden. Die Muttergesellschaft Markit ist auch bekannt für ihre monatlichen Einkaufsmanagerindizes, die als gute konjunkturelle Frühindikatoren für viele Länder weltweit gelten und deshalb an der Börse stark beachtet werden.

Die großen ETF-Anbieter

Wer bringt eigentlich ETF auf den Markt? Hier finden Sie Kurzporträts der zehn größten ETF-Anbieter hierzulande in der Rangfolge ihres verwalteten Vermögens. Wichtig: Die Angaben zum „verwalteten Vermögen" beziehen sich auf das Fondsvolumen der ETF, die auf Xetra gehandelt werden (Stand: 31. Dezember 2019; Quelle: Deutsche Börse). In jüngster Zeit gab es einige Übernahmen zu verzeichnen.

iShares. Der Branchenprimus gehört zum weltweit größten Vermögensverwalter, der US-amerikanischen BlackRock.
Verwaltetes Vermögen: 356,3 Mrd. Euro.
Xtrackers. Die Nummer zwei der Branche ist eines der wenigen deutschen Häuser am Markt. Xtrackers ist Teil der DWS, der Fondsgesellschaft der Deutschen Bank.
Verwaltetes Vermögen: 88,2 Mrd. Euro.
Lyxor. Frankreichs Großbank Société Générale ist die Mutter von Lyxor, die 2018 die Commerzbank-ETF-Tochter ComStage übernommen hat.
Verwaltetes Vermögen: 55,5 Mrd. Euro.
Vanguard. Der US-Pionier von Indexfonds ist zwar erst 2017 in Deutschland gestartet, hat aber schnell Marktanteile gewonnen.
Verwaltetes Vermögen: 45,6 Mrd. Euro.
State Street Global Advisors (SSGA). Ganz typisch für die ETF des Anbieters ist der Zusatz im Namen SPDR (gesprochen: Spider), der in den USA sehr bekannt ist.
Verwaltetes Vermögen: 37,4 Mrd. Euro.
Amundi. Hinter Amundi steckt Frankreichs größte Vermögensverwaltung, die Amundi-Gruppe. Sie hat sich 2016 die Fondsgesellschaft Pioneer einverleibt.
Verwaltetes Vermögen: 36,1 Mrd. Euro.
Invesco. Der US-Vermögensverwalter kaufte 2017 das in Großbritannien ansässige ETF-Haus Source und legte die ETF-Sparten Invesco Powershares und Source ETF zusammen.
Verwaltetes Vermögen: 26,4 Mrd. Euro.
UBS-ETF. Der ETF-Anbieter stammt aus der Schweiz und gehört zum Vermögensverwalter UBS Asset Management.
Verwaltetes Vermögen: 22,3 Mrd. Euro.
BNP Paribas Easy. Frankreichs Großbank BNP Paribas nennt ihre börsengehandelten Indexfonds Easy-ETF.
Verwaltetes Vermögen: 11,4 Mrd. Euro.
Deka ETF. Die ETF-Sparte ist unter dem Dach der Deka Investments angesiedelt, der 100-prozentigen Tochter der DekaBank Deutsche Girozentrale, dem Wertpapierhaus der hiesigen Sparkassen.
Verwaltetes Vermögen: 9,0 Mrd. Euro.

Die günstigsten Depotanbieter auf einen Blick

Mittleres Depot (50 000 Euro, 13 Positionen, 12 Orders pro Jahr, Ordergrößen 6 000 und 2 500 Euro)

Anbieter	Depotname	Bundesweit	Preis pro Jahr (Euro)
Top-Ten-Filialdepots			
Leipziger Volksbank	Depot	☐	313
Targobank	Klassik-Depot	■	451
GLS Bank	Depot	■	483 [1]
Santander Consumer Bank	Stardepot	■	490
Hamburger Sparkasse	Klassikdepot	☐	507
Postbank	Depot	■	514
Volksbank Köln Bonn	Depot	☐	545
BBBank	Depot	■	578
Deutsche Apotheker- und Ärztebank	Apoklassik Depot	■	594
Kreissparkasse Köln	Depot	☐	612
Top-Ten-Internetdepots			
Onvista Bank	Festpreis-Depot	■	84
Flatex	Depot	■	100
DKB	Depot	■	131
BBBank	Depot	■	158
Genobroker	Online Basis Modell [2]	■	159
Deutsche Bank Maxblue	Depot	■	175
Targobank	Klassik-Depot	■	176
Commerzbank	Direktdepot	■	195
NIBC Direct	Depot	■	195
Berliner Volksbank	Depot Aktiv	☐	196

[1] Inklusive Mitgliedsbeitrag von jährlich 60 Euro.
[2] Eröffnung nur für Girokonto-Inhaber einer genossenschaftlichen Bank möglich.
Die genauen Berechnungen für die Depots können Sie unter test.de/depot nachlesen.

■ = Ja.
☐ = Nein.

Stand: 1. September 2019

Die Kosten für ETF-Sparpläne

Die Tabelle zeigt, was Banken und Broker für Depot und Sparplanausführung berechnen. Bei den Filialbanken nennen wir nur die Banken, die ein bundesweites Angebot machen.

Anbieter / Depotname	Depotpreis (Euro und/ oder Prozent)	Monatliche Mindestrate (Euro)
Onlinedepots		
1822direkt	0 [1]	50
Comdirect	0 [1]	25
Commerzbank / DirektDepot	0 [1]	25
Consorsbank	0	25
Deutsche Bank maxblue	0	50
DKB	0	50
DWS / Depot Classic Online	8,00 €	25
Finvesto / Depot Basis / Depot	15,00 € [2]	10
Flatex	0,119 % [3]	50
ING	0	50
Netbank	0 [1]	25
Onvista Bank / Festpreis-Depot	0	50
Postbank	0	25
S Broker	0 [1]	50
Targobank / Direkt-Depot	0	50
Filialbankdepots		
Commerzbank / KlassikDepot	0,25 %, mind. 79,80 €	25
Hypovereinsbank / Investmentdepot	48,00 € [6]	25
Targobank / Klassik-Depot	30,00 € [8]	50
Depots bei Fondsbanken – in Verbindung mit Fondsvermittlern		
Augsburger Aktienbank / Service-Konto inkl. Wertpapierdepot	44,90 € [9]	25
Ebase / Flex Basic	15,00 € [10]	10
Fil Fondsbank / FFB Fondsdepot [11]	0,25 % (25 – 50 €) [12]	25
Fondsdepot Bank / Fondsdepot Online	30,00 €	25

1) Bei Depots ohne aktiven Sparplan können Depotentgelte anfallen.
2) Bei mehr als einer Depotposition landet man im Depotmodell „Depot" mit einem einem Jahrespreis von 30 Euro.
3) Auf Guthaben auf dem Verrechnungskonto fallen negative Zinsen von 0,5 Prozent pro Jahr an.
4) Bei unterstellten ATC (Additional Trading Costs) – Zusatzkosten der Abwicklungsstelle – von 0,25 Prozent.
5) Gesamtkosten hängen vom Volumen ab. Angegebene Jahreskosten basieren auf dem Mindestdepotpreis.
6) Für die Positionen aus ETF-Sparplänen fallen keine Extra-Kosten an. Das HVB-Depot kostet allerdings mindestens 48,00 Euro.
7) Bei den Gesamtkosten wurde der jährliche Mindestpreis für das Depot berücksichtigt.
8) Bei Nutzung des Online-Postfachs oder ab 50000 Euro Gesamtguthaben entfällt der Depotpreis.

Stiftung Warentest | Hilfe

Für eine langfristige Sparplan-Anlage bietet sich ein thesaurierender ETF an. Bei ausschüttenden Fonds ist die direkte Wiederanlage der Dividendenzahlungen empfehlenswert.

Reguläre Kosten pro Sparplanausführung (Euro und/oder Prozent)	Jahreskosten für Sparplanausführung und Depot bei Monatsraten von ... in Prozent		
	50 Euro	100 Euro	200 Euro
2,95 €	5,9	1,48	0,59
1,50 %	1,5	1,5	1,5
2,50 € + 0,25 %	5,25	1,5	0,75
1,50 %	1,5	1,5	1,5
1,25 %	1,25	1,25	1,25
1,50 €	3	0,75	0,3
ohne Kosten	1,33	0,33	0,13
0,20 %	2,7	0,83	0,45
1,50 € + 0,25 %[4]	3,32	1,07	0,62
1,75 %	1,75	1,75	1,75
0,30 % (0,95 € bis 19,50 €)	1,9	0,48	0,3
1,00 €	2	0,5	0,2
0,90 €	1,8	0,45	0,18
2,50 %	2,5	2,5	2,5
2,50 % (1,50 € bis 3,00 €)	3	1,5	0,6
2,50 € + 1,00 %	19,27 [5]	5,57 [5]	2,83 [5]
2,50 %	10,50 [7]	4,50 [7]	3,30 [7]
2,50 % (1,50 € bis 3,00 €)	8	2,75	1,1
0,20 %	7,68	2,07	0,95
0,20 %	2,7	0,83	0,45
0,45 %[4]	4.67 [13]	1,55 [14]	0,92 [15]
0,25 %[4]	5,25	1,5	0,75

9) In der Basisvariante. Das Augsburger Service-Konto inklusive Wertpapierdepot Komfort kostet 59,90 Euro jährlich.
10) Bei zwei Depotpositionen landet man im Depotmodell „Flex Select" mit einem Jahrespreis von 30 Euro, bei mehr als zwei Depotpositionen im Depotmodell „Flex Standard" mit einem Jahrespreis von 45 Euro.
11) Das FondsdepotPlus wird mit einem Abrechnungskonto angeboten.
12) Das FondsdepotPlus mit Abrechnungskonto kostet pauschal 45 Euro pro Jahr.
13) Bei höherem Depotvolumen kann die gesamte Belastung bis zu 8,84 Prozent betragen.
14) Bei höherem Depotvolumen kann die gesamte Belastung bis zu 2,59 Prozent betragen.
15) Bei höherem Depotvolumen kann die gesamte Belastung bis zu 1,34 Prozent betragen.

Stand: 1. April 2020

Diese ETF sind 1. Wahl

Die Tabelle bietet eine Übersicht über die besten ETF für die wichtigsten Fondsgruppen. ETF auf marktbreite Aktienindizes Welt oder Europa sind eine ideale Basisanlage und ein Baustein fürs Pantoffel-Portfolio (siehe S. 70). Renten-ETF Euro haben kein Währungsrisiko und eignen sich als

Fonds		Risikoklasse (1–12)[1]	Isin
Aktien-ETF Welt			
HSBC MSCI World Ucits ETF	Ⓐ	7	IE00B4X9L533
Lyxor Comstage MSCI World Ucits ETF I D	Ⓐ	7	LU0392494562
iShares Core MSCI World Ucits ETF USD Acc	Ⓣ	7	IE00B4L5Y983
Xtrackers MSCI World Ucits ETF 1C	Ⓣ	7	IE00BJ0KDQ92
Invesco MSCI World Ucits ETF	Ⓣ	7	IE00B60SX394
Vanguard FTSE Developed World Ucits ETF USD Dist	Ⓐ	7	IE00BKX55T58
Lyxor MSCI World Ucits ETF Dist	Ⓐ	7	FR0010315770
Amundi MSCI World Ucits ETF EUR C	Ⓣ	7	LU1681043599
UBS MSCI World Ucits ETF A	Ⓐ	7	LU0340285161
Aktien-ETF Welt inklusive Schwellenländer			
SPDR MSCI ACWI (All Country World) Ucits ETF	Ⓣ	7	IE00B44Z5B48
Vanguard FTSE All–World Ucits ETF USD Dist	Ⓐ	7	IE00B3RBWM25
iShares MSCI ACWI (All Country World) Ucits ETF	Ⓣ	7	IE00B6R52259
Xtrackers MSCI AC World Ucits ETF 1C	Ⓣ	7	IE00BGHQ0G80
Lyxor MSCI All Country World Ucits ETF Acc EUR	Ⓣ	7	LU1829220216
SPDR MSCI ACWI IMI (All Country World Inv. Market) Ucits ETF	Ⓣ	7	IE00B3YLTY66
Aktien-ETF Europa			
Lyxor Stoxx Europe 600 (DR) Ucits ETF C– EUR	Ⓣ	8	LU0908500753
iShares Stoxx Europe 600 Ucits ETF (DE)	Ⓐ	8	DE0002635307
Vanguard FTSE Developed Europe Ucits ETF EUR Dist	Ⓐ	8	IE00B945VV12

Sicherheitsbaustein fürs Pantoffel-Portfolio. Ferner haben wir mit Aktien Schwellenländer global, Aktien Deutschland und Renten-ETF Unternehmensanleihen die 1.-Wahl-ETF für beliebte Beimischungen zusammengestellt. Auf S. 170 / 171 finden Sie die Fußnoten der Tabelle.

Max. Verlust (%) [2]	Rendite (% p.a.) [3]		Kosten (% p.a.) [4]
	5 Jahre	1 Jahr	
−19,8	3,0	−7,9	0,15
−19,9	3,0	−8,0	0,20
−19,9	3,0	−8,1	0,20
−19,8	2,9	−8,1	0,19
−19,8	2,9	−7,9	0,19
−19,8	2,8	−8,1	0,12
−19,8	2,8	−8,3	0,30
−19,8	2,7	−8,4	0,38
−19,9	2,6	−8,3	0,30
−19,8	2,6	−9,2	0,40
−19,8	2,5	−9,0	0,22
−19,9	2,3	−9,2	0,60
−19,7	2,2	−9,3	0,40
−19,7	2,2	−9,4	0,45
−20,7	2,1	−10,5	0,40
−22,5	−1,3	−12,8	0,07
−22,6	−1,3	−12,9	0,20
−22,7	−1,4	−13,4	0,10

Fonds		Risiko-klasse (1–12)[1]	Isin
Aktien-ETF Europa			
Invesco Stoxx Europe 600 Ucits ETF	Ⓣ	8	IE00B60SWW18
Xtrackers Stoxx Europe 600 Ucits ETF 1C	Ⓣ	8	LU0328475792
BNP Easy Stoxx Europe 600 Ucits ETF C	Ⓣ	8	FR0011550193
Lyxor Comstage Stoxx Europe 600 Ucits ETF I D	Ⓐ	8	LU0378434582
iShares Core MSCI Europe Ucits ETF EUR Dist	Ⓐ	8	IE00B1YZSC51
Amundi MSCI Europe Ucits ETF EUR C	Ⓣ	8	LU1681042609
UBS MSCI Europe Ucits ETF A	Ⓐ	8	LU0446734104
Lyxor MSCI Europe (DR) Ucits ETF Dist	Ⓐ	8	FR0010261198
SPDR MSCI Europe Ucits ETF	Ⓣ	8	IE00BKWQ0Q14
Deka MSCI Europe Ucits ETF	Ⓐ	8	DE000ETFL284
HSBC MSCI Europe Ucits ETF	Ⓐ	8	IE00B5BD5K76
Invesco MSCI Europe Ucits ETF	Ⓣ	8	IE00B60SWY32
Renten-ETF Staatsanleihen Euroland (Euro)			
Lyxor Comstage iBoxx EUR Liquid Sovereigns Div. Overall Ucits ETF D	Ⓐ	4	LU0444605645
iShares Core Euro Government Bond Ucits ETF	Ⓐ	4	IE00B4WXJJ64
Xtrackers Eurozone Government Bond Ucits ETF 1C	Ⓣ	4	LU0290355717
SPDR BB Barclays Euro Gov Bond Ucits ETF	Ⓐ	4	IE00B3S5XW04
iShares Euro Gov. Bond Capped 1.5–10.5 Ucits ETF (DE)	Ⓐ	4	DE000A0H0785
Amundi Gov. Bond EuroMTS Broad IG Ucits ETF EUR A	Ⓣ	4	LU1681046261
Renten-ETF Euroland (Euro)			
SPDR BB Barclays Euro Aggregate Bond Ucits ETF	Ⓐ	4	IE00B41RYL63
iShares Euro Aggregate Bond Ucits ETF	Ⓐ	4	IE00B3DKXQ41

Max. Verlust (%) [2]	Rendite (% p.a.) [3]		Kosten (% p.a.) [4]
	5 Jahre	1 Jahr	
−22,6	−1,4	−13,0	0,19
−22,6	−1,4	−13,0	0,20
−22,4	−1,4	−12,5	0,20
−22,6	−1,5	−13,1	0,20
−22,6	−1,6	−13,4	0,12
−22,6	−1,6	−13,4	0,15
−22,6	−1,6	−13,5	0,20
−22,6	−1,6	−13,4	0,25
−22,6	−1,6	−13,4	0,25
−22,5	−1,6	−13,4	0,30
−22,6	−1,7	−13,4	0,10
−22,6	−1,7	−13,4	0,19
−4,5	1,8	2,7	0,12
−5,5	1,6	4,3	0,09
−5,4	1,6	4,3	0,15
−5,5	1,6	4,3	0,15
−3,8	1,6	2,6	0,16
−5,6	1,5	4,1	0,14
−4,4	1,2	2	0,17
−4,4	1,2	2	0,25

Fonds	Risikoklasse (1–12)[1]		Isin
Renten-ETF Unternehmensanleihen Euroland (Euro)			
iShares Core Euro Corp Bond Ucits ETF EUR Dist	Ⓐ	4	IE00B3F81R35
SPDR BB Barclays Euro Corp Bond Ucits ETF	Ⓐ	4	IE00B3T9LM79
Aktien-ETF Schwellenländer global			
Vanguard FTSE EM Ucits ETF USD Dist	Ⓐ	8	IE00B3VVMM84
UBS MSCI EM Ucits ETF A	Ⓐ	8	LU0480132876
SPDR MSCI Emerging Markets Ucits ETF	Ⓣ	8	IE00B469F816
Lyxor Comstage MSCI Emerging Markets Ucits ETF I D	Ⓐ	8	LU0635178014
HSBC MSCI Emerging Markets Ucits ETF	Ⓐ	8	IE00B5SSQT16
Amundi MSCI EM Ucits ETF EUR C	Ⓣ	8	LU1681045370
iShares Core MSCI EM IMI Ucits ETF USD Acc	Ⓣ	8	IE00BKM4GZ66
iShares MSCI EM Ucits ETF USD Acc	Ⓣ	8	IE00B4L5YC18
Xtrackers MSCI EM Swap Ucits ETF 1C	Ⓣ	8	LU0292107645
Invesco MSCI EM Ucits ETF A	Ⓣ	8	IE00B3DWVS88
Lyxor MSCI EM Ucits ETF Acc EUR	Ⓣ	8	FR0010429068
Aktien-ETF Deutschland			
Lyxor Comstage FAZ Ucits ETF I D	Ⓐ	9	LU0650624025
Deka Dax Ucits ETF	Ⓣ	9	DE000ETFL011
iShares Core Dax Ucits ETF (DE)	Ⓣ	9	DE0005933931
Lyxor Comstage Dax Ucits ETF I D	Ⓐ	9	LU0378438732
Xtrackers Dax Ucits ETF 1C	Ⓣ	9	LU0274211480
Lyxor Dax (DR) Ucits ETF Acc	Ⓣ	9	LU0252633754

Basisfondsgruppen und beliebte Gruppen zur Beimischung. Dargestellt werden alle marktbreiten ETF, welche über eine 5-jährige Kurshistorie ohne Strategiewechsel verfügen und über 50 Mio. Euro groß sind. Pro Anbieter und Index wird jeweils nur ein ETF dargestellt.

Reihenfolge nach Rendite 5 Jahre und nach Kosten.

Ⓣ = Thesaurierender Fonds. Die laufenden Erträge verbleiben im Fondsvermögen.
Ⓐ = Ausschüttender Fonds. Teilthesaurierungen sind dennoch möglich.

Max. Verlust (%)[2]	Rendite (% p.a.)[3]		Kosten (% p.a.)[4]
	5 Jahre	1 Jahr	
−7,5	0,6	−3,6	0,20
−7,5	0,5	−3,6	0,20
−26,2	−1,0	−15,6	0,22
−26,1	−1,0	−15,7	0,23
−26,1	−1,0	−15,7	0,42
−25,9	−1,1	−15,8	0,14
−26,1	−1,2	−16,2	0,15
−25,8	−1,2	−16,2	0,20
−25,4	−1,3	−17,0	0,18
−26,0	−1,3	−16,2	0,18
−26,3	−1,3	−16,1	0,49
−26,3	−1,4	−16,0	0,29
−26,0	−1,5	−16,5	0,55
−27,3	−3,7	−15,9	0,15
−25,8	−3,9	−14,3	0,15
−25,8	−4,0	−14,3	0,16
−25,6	−4,1	−14,2	0,08
−25,7	−4,1	−14,2	0,09
−25,8	−4,1	−14,2	0,15

1) Je höher die Risikoklasse, desto riskanter der ETF.
2) Der maximale Verlust gibt an, wie stark ein Fonds in den vergangenen fünf Jahren unter einen zuvor erreichten Höchststand gefallen ist.
3) Die Rendite wird in Euro unter Berücksichtigung der Kurssteigerungen und aller Ausschüttungen sowie der internen Fondskosten berechnet. Steuern und Handelskosten des Anlegers fließen nicht ein.
4) Laufende Kosten laut „Wesentliche Anlegerinformationen" (KIID).

Quellen: FWW, Thomson Reuters, Bundesanzeiger; Börsen Frankfurt, Berlin, Düsseldorf, Hamburg-Hannover, München, Stuttgart, Tradegate; Comdirect, Consorsbank, Ebase, ING, Lang & Schwarz, Maxblue, S Broker; eigene Erhebungen und Berechnungen

Bewertungszeitraum: 5 Jahre.
Stand: 31. März 2020

Stichwortverzeichnis

A

Abgeltungsteuer 119, 156
– Besonderheiten für ETF 122
– Grundregeln 120
Aktien 34, 46, 156
– Auswahl 36
– Einzeltitel 25, 36
– Leitindizes 46
Aktien-ETF 6, 46
–, nachhaltige 65
Aktienfonds 156
Altersvorsorge 30, 43, 76
– Pantoffel-Sparplan (siehe Pantoffel-Sparplan für Altersvorsorge)
Altfallregelung 121
– ab 2018 125
Amundi ETF 162
Anlagen, risikoarme 57
Anlageziel festlegen 42
Anlegen im Alter 84
Anlegerfehler 33
Anleihen 156
Anleiheemittent 58
Anleihekurse, Entwicklung 61
Anleihen-ETF (siehe Renten-ETF)
Anleihenindizes 157
Asset Allocation 25
Auflösungen 118
Ausgabeaufschlag 157
Ausschüttung 157
Auszahlplan mit ETF 85

B

Barclays Indices 161
Basis-ETF 53
– auf Aktienindizes 54
– auf Anleiheindizes 62
– Definition 49
Basis-Indizes 49
Benchmark 157
Beratung 99
Betriebsrente 76
Black Rock 53
Blue Chips 47, 104, 157
BNP Paribas Easy 162
Bonität 58
Börsenhandel 21, 157
Börsenindex 157
Börsenplatz wählen 113
Börsenwert 47, 128, 157
– Verhältnis zur Wirtschaftskraft 128
Branchen-ETF 134
Briefkurs 157
Bruttoinlandsprodukt (BIP) 128
Bundesanleihen 59
Buy-and-Hold-Ansatz 40, 49, 117, 157

C

ComStage 162
Corona-Krise 74, 94
Corporate Bonds (siehe Unternehmensanleihen)
Crash 74, 94
Creation 114
– Redemption Prozess 114

D

Dax (Deutscher Aktienindex) 12, 16, 46
– Basisinvestment 49
– Berechnungsbesonderheit 48
– Schwächen 47
Dax-ETF 49
Dax-Familie 48
Deka ETF 162
Depot 98, 160
– anpassen/umschichten 74, 116
– Auswahl 98
– eröffnen 102
– ETF-Einmalkauf 99
– ETF-Sparplan 100
–, kostenloses 100
– Risiken 102
–, Schritte zum 102
– wechseln 101
Depotanbieter 163
Deutsche Börse AG 161
Direktbank 98
Dispositionskredit 29
DivDax 141
Diversifikation (siehe Streuung)
Dividenden 20, 48, 158
– Varianten 108
Dividenden-ETF 141
Dow Jones 46, 52
– Sustainability Indizes 91
Duration 64, 158
–, modifizierte 64
Dynamik (siehe Momentum)

E

Edelmetalle-ETF 143
Einlagensicherung 85
Einmal-Order platzieren 113
Emerging Markets 158
Entnahmestrategie 85
ETC (Exchange Traded Commodities) 65, 144, 158
ETF (Exchange Traded Fund) 4, 11, 15, 114, 158
– 1. Wahl 166
– Anbieter 162
– auf Branchen und Themen 65
– auf Länder und Regionen 65
– auf Rohstoffe 65
– , ausländische thesaurierende 122, 123
– , ausschüttende 21, 108, 123
– Auswahl 103, 108
– Erfindung 11
– Funktion 13
– Hauptmerkmale 16
– , im Ausland aufgelegte 122
– , im Inland aufgelegte 122
– kaufen 113
– langfristige Entwicklung 19
– , nachhaltige 88
– Portfolios 145
– , spezielle 127
– , thesaurierende 21, 108, 122
– Überblick 45
– , währungsgesicherte 56
– , wissenschaftliche Basis 22

ETF-Plan 67
– umsetzen 97
ETN (Exchange Traded Note) 65, 144
ETP (Exchange Traded Product) 144
Exchange Traded Fund (siehe ETF)

F

Factsheets 20
Faktor-ETF 65, 138, 142
Filialbanken 98
Finanzplanung 28
Finanztest-Rating 104
Fonds, aktiv gemanagte 156
Fondsmanager 12
Free Float (siehe Streubesitz)
Freistellungsauftrag 120
FTSE All World 17, 49, 52
FTSE Developed World 17
FTSE Emerging Markets 17
FTSE Russell 17, 52, 161
Full Replication 158

G

Gebühren 109
Geldanlage 27
– , langfristige 70
– , Liquidität 32
– , nachhaltige 88
– , Regeln 27, 41
– , Rendite 32
– , Rentabilität 32
– , Risiko 32
– , Sicherheit 32
– , Ziele 31
Geldkurs 158

Girokonto 28
Government Bonds (siehe Staatsanleihen)

H

Handelskosten 39
– , fondsinterne 19
Handelsplatz 113
Handelsvolumen 109
Haushaltsbuch führen 28
Hedged 158
Home Bias 37

I

Index 12, 16, 158
– Bestandteile 17
– für langfristiges Sparen geeignet 49
Indexanbieter 12, 17
– Aktienbereich 161
– Rentenbereich 161
Indexfonds 13, 114
– , börsengehandelte (siehe ETF)
Indexing 14
Indexnachbildung 20
– Arten 109
– physische Nachbildung 110
– Risiken 149
– Sampling-Methode 110
– Swap-ETF 110
– synthetische Replikation 111
Indextracking 158
Indexwert 115
Indexzertifikat 115
Informationen erhalten 20

Investieren, passives
    (siehe Indexing)
iShares 53, 162
Isin 158
IWF (Internationaler Wäh-
    rungsfonds) 148

K

Kapitalbindung (siehe
    Duration)
Kauf 113
Klumpenrisiko 36
Konjunkturentwicklung 137
Kosten 19, 21
– Preisunterschiede 108
Kreditwürdigkeit (siehe
    Bonität)
Krisenzeiten 94
Kritik 147
– an der Konstruktion 148
– Herdenverhalten 150
Kursstabilität (Low
    Volatility) 140

L

Länder-ETF 128
Large Caps 104
Laufende Kosten (siehe
    Ongoing Charges)
Limit 113, 159
Lyxor 162

M

Magisches Dreieck der
    Geldanlage 31
Market Maker 114, 159
– Kritik 155
Market Timing 25

Markit iBoxx 161
Marktkapitalisierung
    (siehe Börsenwert)
Mid Caps 104
Moderne Portfoliotheorie 22
Momentum 139
MSCI 17, 161
– All Country World
    (ACWI) 17, 49, 51, 54
– Emerging Markets 17, 51
– Europe 49, 52, 54
– Nachhaltigkeit 91
– World 17, 49, 50, 54
Multi-Faktor-ETF 139

N/O

Nachbildung 20, 110
–, physische 20, 110, 149
–, synthetische 111, 149,
    169
Nachhaltigkeit 88
– Auswahlmethoden 89
– Rendite 93
Nebenwerte 104
Nettoinventarwert
    (NAV) 115, 159
–, indikativer (iNAV) 115
Nichtveranlagungsbeschei-
    nigung (NV-Bescheini-
    gung) 121
Nikkei 225 46
Nominalzins 159
Notfallreserve 290
Öko-Pantoffel 72
Ongoing Charges 109
Onlinebank (siehe
    Direktbank)
Ordergebühren 98

P

Pantoffel-Portfolio
    (Finanztest) 70
– anpassen 116
– Auszahlplan 86
– Bausteine 70
– Crash 74
– langfristige Entwick-
    lung 75
– pflegen (siehe Depot
    anpassen)
– Varianten 71
Pantoffel-Sparplan für
    Altersvorsorge 76
– Risiken 79
– Steuern 79
– Varianten 77
Physische Nachbildung 20,
    110, 149
Powershares & Source
    162

R

Ratingagenturen 58
Realzins 159
Redemption 114
Regionen-ETF 128
Rendite 32
Rente, gesetzliche 76
– aufbessern 76
Renten-ETF 57, 159
– auf Unternehmens-
    anleihen 64
Rentenindizes 159
Rentenniveau 76
Replikation 111, 123
–, optimierte (siehe
    Sampling-Methode)
–, synthetische 111
Riester-Rente 76

Stiftung Warentest | Hilfe

Risiken 147
– vermeiden 151
Risikobereitschaft 69
Risikoneigung 68
Risikoträgfähigkeit 68
Robo-Advisor 105
Rohstoff-ETF 143

S

S&P Dow Jones Indices 161
Sampling-Methode 110
Schwankungen aussitzen 34
Schwellenländer-ETF 104
Sicherheit 18
Small Caps 65, 104
Smart-Beta-ETF (siehe Faktor-ETF)
Solidaritätszuschlag 120
Sondervermögen 12, 18, 159
Sovereign Bonds (siehe Staatsanleihen)
Sparpläne 19, 30, 70
– Kosten 164
Sparplanrate 117
SPDR 162
Spezial-ETF 65, 127
Spread 114, 159
Staatsanleihen 57, 60, 104
– Risiken 59
Steuerregelungen 119
– ab 2018 125
Stockpicking 25
Stoxx 600 Europe 49, 52, 54
Strategic Beta (siehe Smart-Beta-ETF)
Strategie-ETF 138
Streubesitz 47, 158
Streuung 14, 23, 25, 158
–, mangelnde 36

Stückzahl berechnen 113
Swap (Tauschgeschäft) 112
– Risiko 148
Swap-ETF 110
Synthetische Replikation 159

T / U

Tauschgeschäft (siehe Swap)
TER (Total Expense Ratio) 109, 160
Terminkontrakt 143
Terrassenmodell 28
Themen-ETF 134
Thesaurierung 160
Tracking-Differenz 112, 160
Transaktionskosten 109, 160
Transparenz 19
Treasuries (siehe Staatsanleihen)
UBS-ETF 162
Ucits 160
Unternehmensanleihen 59, 64, 104

V

Value-Aktien (Substanz) 65
Vanguard 13
Verlustverrechnung 121
Vermögensaufbau 28
–, langfristiger 31
– staatliche Förderung 81
Vermögensbildungsgesetz 80
Vermögenswirksame Leistungen (VL) 80
–, Anspruch auf 80
– Sparverträge auf 31, 81
– Rendite 83

– Sperrfrist 81
Verwaltung, treuhänderische 18
Verwaltungsvergütung 160
VL (siehe Vermögenswirksame Leistungen)
Volatilität 160
–, niedrige 139
Vorabpauschale, steuerpflichtige 123

W

Währungsrisiko 56
Währungssicherung 56, 133
Werbungskosten 121
Wert, fairer 115
Werthaltigkeit (Value) 140
Wertpapierdepot (siehe Depot)
Wesentliche Anlegerinformationen 20

X / Z

Xetra 21, 160
– Handelszeiten 114
Xetra-Gold 144
Xtrackers 162
Zertifikate 115
Zinseszinseffekt 19, 77, 160

Die Stiftung Warentest wurde 1964 auf Beschluss des Deutschen Bundestages gegründet, um dem Verbraucher durch vergleichende Tests von Waren und Dienstleistungen eine unabhängige und objektive Unterstützung zu bieten.

Wir kaufen – anonym im Handel, nehmen Dienstleistungen verdeckt in Anspruch.

Wir testen – mit wissenschaftlichen Methoden in unabhängigen Instituten nach unseren Vorgaben.

Wir bewerten – von sehr gut bis mangelhaft, ausschließlich auf Basis der objektivierten Untersuchungsergebnisse.

Wir veröffentlichen – anzeigenfrei in unseren Büchern, den Zeitschriften test und Finanztest und im Internet unter www.test.de

Wir haben für dieses Buch 100 % Recyclingpapier und mineralölfreie Druckfarben verwendet. Stiftung Warentest druckt ausschließlich in Deutschland, weil hier hohe Umweltstandards gelten und kurze Transportwege für geringe CO_2-Emissionen sorgen. Auch die Weiterverarbeitung erfolgt ausschließlich in Deutschland.

Die Autoren: Brigitte Wallstabe-Watermann, Antonie Klotz, Gisela Baur und Hans G. Linder sind freie Journalisten und Gründer von finanzjournalisten.de. Sie sind auf Anlegerthemen spezialisiert und arbeiten für namhafte Print-, Online- und TV-Medien. Zuvor zählten sie jahrelang zum Führungsteam eines renommierten deutschen Anlegermagazins. Für die Stiftung Warentest haben sie die Bücher „Geldanlage für Mutige" und „Immobilien verschenken und vererben" geschrieben.

2. Auflage
© 2020 Stiftung Warentest, Berlin

Stiftung Warentest
Lützowplatz 11–13
10785 Berlin
Telefon 0 30/26 31–0
Fax 0 30/26 31–25 25
www.test.de
email@stiftung-warentest.de

USt-IdNr.: DE136725570

Vorstand: Hubertus Primus
Weitere Mitglieder der Geschäftsleitung:
Dr. Holger Brackemann, Julia Bönisch, Daniel Gläser

Alle veröffentlichten Beiträge sind urheberrechtlich geschützt. Die Reproduktion – ganz oder in Teilen – bedarf ungeachtet des Mediums der vorherigen schriftlichen Zustimmung des Verlags. Alle übrigen Rechte bleiben vorbehalten.

Programmleitung: Niclas Dewitz

Projektleitung/Lektorat: Ursula Rieth
Mitarbeit: Merit Niemeitz
Korrektorat: Christoph Nettersheim
Fachliche Unterstützung: Roland Aulitzky, Karin Baur, Dr. Bernd Brückmann, Simeon Gentscheff, Tom Krüger, Yann Stoffel
Titelentwurf: Josephine Rank, Berlin
Layout, Grafik, Satz: Büro Brendel, Berlin
Bildredaktion: Sylvia Heisler
Bildnachweis: Fotolia (Titel); getty images (Umschlag Rückseite, S. 44); avenue images (S. 2, 3, 10, 66, 96, 126, 146); istock (S. 3); shutterstock (S. 4, 14, 28, 38)
Infografiken/Diagramme: Michael Römer, Berlin (S. 18, 32, 37, 39, 50, 53, 60, 132, 133, 137, 153); Finanztest/René Reichelt (S. 35, 51); Finanztest/Martina Römer (S. 71, 86, 110, 111, 117, 129, 130, 131); Florian Brendel (S. 87)
Produktion: Vera Göring
Verlagsherstellung: Rita Brosius (Ltg.), Romy Alig, Susanne Beeh
Litho: tiff.any, Berlin
Druck: brandenburgische universitätsdruckerei, potsdam

ISBN: 978-3-7471-0128-5